Das Anekdoten-Buch

Das Anekdoten-Buch

Herausgegeben von
Peter Köhler

Philipp Reclam jun. Stuttgart

Umschlagabbildung:
Werner Rüb, Bietigheim-Bissingen
unter Verwendung des Gemäldes *Mann mit Maske*
von Adolph v. Menzel, 1883

Universal-Bibliothek Nr. 18096
Alle Rechte vorbehalten
© 2001 Philipp Reclam jun. GmbH & Co., Stuttgart
Gesamtherstellung: Reclam, Ditzingen. Printed in Germany 2001
RECLAM und UNIVERSAL-BIBLIOTHEK sind eingetragene Marken
der Philipp Reclam jun. GmbH & Co., Stuttgart
ISBN 3-15-018096-1

Inhalt

Nachwort
Dichtung als Wahrheit: die Anekdote

Antike Anekdoten

Ein Bewaffneter verfolgte einen Flüchtenden und rief Sokrates zu: »Halt ihn auf!« Sokrates rührte sich nicht, der Mann entkam, und der Verfolger fragte den Philosophen, warum er den Mörder nicht aufgehalten habe. »Ein Mörder? Was verstehst du unter einem Mörder?« »Was für eine Frage! Ein Mörder ist jemand, der tötet.« »Also ein Metzger?« »Unsinn, ich meine einen Menschen, der einen anderen Menschen tötet.« »Aha – ein Soldat.« »Aber nein, ich meine jemand, der einen im tiefsten Frieden umbringt.« »Ach so, ein Henker.« »Bei Zeus! Der einen anderen in seinem Haus tötet!« »Jetzt verstehe ich dich. Du meinst einen Arzt!«

Der Philosoph Aristippos bat Dionysios, den Tyrannen von Syrakus, um einen Gefallen, fand aber kein Gehör. Da fiel er zu Boden und küßte dem Tyrannen die Füße. Die Bitte wurde gewährt. Später warf man ihm sein unterwürfiges Verhalten vor. »Wieso?« fragte Aristippos. »Was kann ich dafür, daß Dionysios seine Ohren nicht am Kopf, sondern an den Füßen hat?«

Der wahre Philosoph könne nie in Verlegenheit geraten, hatte Aristippos gelehrt. Als er wieder einmal Dionysios um Geld bat, hielt der ihm den Satz vor. »Gib mir das Geld«, sagte Aristippos, »und ich werde dir beweisen, daß ich recht habe.« Dionysios war gespannt und gab Aristippos das Geld. »Nun«, sagte Aristippos, »bin ich in Verlegenheit geraten?«

Platon hatte nach langem Nachdenken die Definition aufgestellt, der Mensch sei ein federloses zweifüßiges Tier. Als Diogenes aus Sinope davon hörte, besorgte er sich einen Hahn, rupfte ihm die Federn aus und rief: »Hier hast du deinen Menschen, Platon!« – Platon hielt seine Definition trotzdem aufrecht, fügte aber künftig hinzu: »Mit platten Nägeln.«

»Warum freust du dich?« fragte Diogenes einen jungen Mann. »Ich habe den Sieg bei der Olympiade errungen«, erwiderte der stolz. »Also du hast bewiesen, daß deine Mitstreiter im Kampf schwächer waren?« »Selbstverständlich, man hat mir doch den Lorbeerkranz verliehen.« »Was für eine Ehre ist es, daß man Schwächere besiegt?« fragte Diogenes.

Als einer im Heiligtum von Samothrake die vielen Votivgaben bestaunte, die die aus Seenot Geretteten aufgestellt hatten, versetzte Diogenes ruhig: »Es wären noch viel mehr, wenn auch die nicht Geretteten etwas gestiftet hätten.«

Crates, ein thebanischer Zyniker, wurde nach einem Mittel gegen die Liebesleidenschaft gefragt. Er antwortete: »Ein Mittel ist Hunger. Ein besseres – die Zeit. Das beste – ein Strick.«

Thales von Milet lehrte, der Tod unterscheide sich in keiner Hinsicht vom Leben. »Warum«, fragte ihn einer, »stirbst du dann nicht?« »Weil es«, entgegnete Thales, »keinen Unterschied macht.«

Ein zerstreuter Gelehrter sah auf seinem Landgut einen Brunnen und fragte, ob das Wasser gut sei. Die Bauern antworteten: »Aber ja, auch deine Eltern haben daraus getrunken.« »Was müssen die für lange Hälse gehabt haben«, wunderte sich der Gelehrte, »daß sie aus einer solchen Tiefe trinken konnten!«

Drei Gelehrte debattierten miteinander. »Es ist nicht recht, ein Schaf zu schlachten«, sagte der eine, »denn es versorgt uns mit Milch und Wolle.« »Sehr richtig«, meinte der andere. »Es ist auch nicht recht, eine Kuh zu schlachten, denn sie gibt uns Milch und zieht den Pflug.« »Es ist auch nicht recht, ein Schwein zu schlachten«, folgerte nun der dritte, »denn es gibt uns Speck und Schinken.«

Zu den Lehrern Alexanders des Großen hatte der Rhetoriker Anaximenes aus Lampsakos gehört. Diese Stadt war von Alexander abgefallen, und Alexander beschloß, sie zu zerstören. Da kam Anaximenes heraus, um für seine Vaterstadt um Gnade zu bitten. Aber Alexander rief ihm schon von weitem zu: »Ich schwöre bei allen Göttern, daß ich nicht tun werde, worum du mich bittest.« Da antwortete Anaximenes: »Zerstöre Lampsakos!« – Alexander hielt seinen Eid.

Pyrrhus erklärte Cineas aus Thessalien seine Pläne. »Zuerst wollen wir Griechenland unterwerfen.« »Und was werden wir tun, wenn wir Griechenland unterworfen haben?« »Dann erobern wir Italien.« »Schön. Und dann?« »Nehmen wir Karthago. Und anschließend kommt Libyen dran.« »Wunderbar. Und dann?« »Stoßen wir nach Ägypten und nach Arabien vor.« »Und wenn wir Ägypten und Arabien haben?« »Gehen wir bis nach Indien!« »Und wenn wir Indien haben?« »Dann wollen wir ruhen.« »Ich bin begeistert von deinen Plänen, Pyrrhus! Nur eins verstehe ich nicht: Warum ruhen wir nicht gleich?«

Der Tyrann von Syrakus, Dionysios, hatte den Dichter Philoxenos zur Zwangsarbeit in die Bergwerke verbannt, weil diesem die Gedichte des Tyrannen nicht gefallen hatten. Nach einigen Monaten wurde der Dichter wieder in Gnaden aufgenommen. Wieder las der König aus seinen Gedichten. Nach einer Weile stand Philoxenos wortlos auf. Dionysios fragte: »Wohin gehst du?« »In die Bergwerke«, sagte der Dichter.

Jemand kam zu einem groben Arzt und klagte: »Ich kann weder liegen noch stehen und auch nicht sitzen.« Der Arzt erwiderte: »Dann bleibt dir nichts übrig, als dich aufzuhängen.«

Einer kam zu einem weltfremden Arzt und schilderte sein Leiden: »Wenn ich morgens aufwache, ist mir eine halbe Stunde lang schwindlig, und danach erst fühle ich mich besser.« Der Arzt: »Wach eine halbe Stunde später auf!«

Jemand wurde beschimpft, daß er vom vielen Trinken nicht mehr bei Sinnen sei. Der aber antwortete: »Bin ich nun betrunken oder du – mit deinen zwei Gesichtern?!«

Ein Rhetoriklehrer, der die ehrenvolle Aufgabe hatte, die Grabreden auf die Verstorbenen zu halten, hatte eine Grabrede auf einen verfaßt, der noch lebte. Als ihm dieser Vorwürfe machte, entgegnete ihm der Redner: »Wenn ihr mir nicht vorher sagt, wann ihr sterbt, dann wollt ihr wohl, daß ich improvisiere und mich blamiere?«

Ein Anwalt rief bei einem Prozeß, um Mitleid mit seinem Klienten zu wecken: »Seine Mutter hat ihn neun Monate unter ihrem Herzen getragen!« »Was soll das heißen?« rief Cicero zurück, »tragen andere Mütter ihre Kinder in einem Rucksack aus?«

Ein gewisser Vibius Curius pflegte sich für jünger auszugeben, als er war. Staunte Cicero: »Dann warst du also, als wir zusammen zur Schule gingen, noch gar nicht auf der Welt!?«

Der Redner Cestius Pius bramarbasierte: »Wäre ich ein Gladiator, so wäre ich Tusius, wäre ich ein Pantomime, so wäre ich Bathullus, wäre ich als Pferd geboren, so wäre ich das Rennpferd Mellissio.« Seneca fuhr fort: »Und wärest du eine Kloake, so wärest du die Cloaca maxima!«

Während alle anderen sich auf dem Marsfeld beim Exerzieren plagten, lag Marcus Lepidus im Gras und meinte: »Ich wollte, das wäre arbeiten!«

Der Senator Pacurius Taurus hatte den Antrag gestellt, man solle einen der Monate nach Augustus benennen. Als eine Belohnung des Kaisers auf sich warten ließ, half er etwas nach: »Man erzählt in ganz Rom, daß ich von dir eine große Geldsumme erhalten hätte.« Der Kaiser lakonisch: »Glaub's nicht.«

Kaiser Augustus fragte einen Mann, der ihm sehr ähnlich sah: »Sag mir, war deine Mutter einmal in Rom?« Ruhig erwiderte der Mann: »Nie – aber mein Vater.«

Nero verliebte sich in einen jungen Eunuchen und hielt feierlich mit ihm Hochzeit. Da sagte Petronius: »Eine prächtige Kaiserin haben wir da bekommen! Schade, daß nicht schon Neros Vater so eine Frau genommen hat.«

Unter der Schreckensherrschaft des Caligula wurde ein Römer hingerichtet, der selbst in den Augen dieses Herrschers unschuldig gewesen war. »Macht nichts«, sagte Caligula. »Diese Strafe verdient jeder.«

Schauspieleranekdoten

Friedrich Ludwig Schröder war ein ernster Schauspieler und hatte zugleich etwas vom Gaukler und Artisten. Bei der Uraufführung von Lessings *Nathan der Weise* gab Schröder bekannt, daß er vorher seinen sensationellen »Apfelsprung« vorführen werde, ein Kunststück, das das Hamburger Publikum immer wieder anlockte. Schröder betrat im Artistentrikot die Bühne, nahm Anlauf und stieß in einem gewaltigen Satz mit der Fußspitze den auf einer zwei Meter hohen Stange stehenden Korb mit Äpfeln so geschickt herunter, daß die Äpfel in den Zuschauerraum flogen. Unter enthusiastischem Applaus fiel der Vorhang, Schröder warf sich Nathans Kaftan über, und die Hamburger, die sonst wohl nicht so zahlreich zu diesem ernsten Stück erschienen wären, folgten gespannt Schröders Spiel.

Als 1783 der Theaterleiter Emanuel Schikaneder in Salzburg das Trauerspiel *Agnes Bernauer, die schöne Baderstochter aus Augsburg* mit seiner Truppe aufführte, gab es Tumult. Nach der Vorstellung wurde der Darsteller des Herzogs, der in dem Stück die Bernauerin kaltblütig zu ertränken hatte, mit Steinen beworfen. Schikaneder sann lange nach, wie dem Volkszorn zu begegnen sei. Schließlich nahm er eine kleine dramaturgische Änderung vor und ließ in den Gassen Salzburgs ausklingeln: »Ab heute wird statt der schönen Bernauerin der Herzog von der Brücke geworfen!« Nun drängte sich ganz Salzburg zur Kasse, und der Wassersturz erntete lebhaften Beifall.

Der berühmte Schauspieler Ludwig Devrient hatte mit E. T. A. Hoffmann gepichelt und kam aus der alten Künstlerkneipe von Lutter und Wegener direkt zur Vorstellung. Man gab *Die Räuber*, und Devrient spielte den Franz Moor. Nachdem er seinem Vater, dem alten Moor, den verhängnisvollen Brief verlesen hatte, verlor er das Gleichgewicht, als er die Worte gesprochen hatte: »Um Gotteswillen, Vater, wie wird Euch?« Im nächsten Augenblick aber war Devrient schon nüchtern, er sprang auf und improvisierte: »Nicht wahr, Vater, das ist eine Nachricht, die selbst einen Bruder niederwerfen kann!?«

Als Ludwig Devrient einmal Richard III. spielte und zu der Szene kam, wo der König nach der Schlacht ausruft: »Ein Pferd! Ein Pferd! Ein Königreich für ein Pferd!«, ertönte plötzlich eine Stimme von der Galerie: »Genügt ein Esel?« Devrient schaltete blitzschnell: »Gewiß! Kommen Sie herunter!«

Marie Dahn spielte die Titelheldin, eine Augsburger Patriziertochter, in Redwitz' *Philippine Welser*. Der Schauspieler Straßmann mimte den in sie verliebten, zunächst inkognito auftretenden Erzherzog Ferdinand von Österreich. Da nahte die Szene, in der er sich der Geliebten zu erkennen gibt. Aber er überstürzte seine Rede und rief der Angebeteten leidenschaftlich zu: »Ich bin – erschrick nicht, Philippine, ich bin Erzherzog – Leopold!« Marie Dahn erbleichte unter der Schminke. Endlich hauchte sie zögernd: »So bist du also Leopold, den das Volk seinen – Ferdinand nennt.«

Hofburgschauspieler Otto Treßler war nicht immer textsicher und versprach sich in der Rolle des Peer Gynt bei der Stelle »daß Gott, zu lohnen und zu strafen, die Böcke sondert von den Schafen« und sagte: »daß Gott, zu strafen und zu lohnen –« Den Kollegen auf der Bühne stand das Herz still. Doch sekundenschnell reimte Treßler: »– die Erbsen sondert von den Bohnen.«

Die uralte Hofburgschauspielerin Amalie Haizinger hatte noch Goethe kennengelernt, und der junge Otto Treßler brannte darauf, von ihr zu erfahren, wie Goethe auf sie gewirkt habe. Umgeben von einer Korona junger Burgschauspieler, fleißig strickend, antwortete »Mama« Haizinger: »Ach ja! Der Goethe!? Das war auch so ein oller Schweinehund!«

Der Komiker Friedrich Beckmann hatte auf der Bühne den Theaterkritiker Fränkel so getreu parodiert, daß das Publikum in Ovationen ausbrach. Der Journalist klagte, und Beckmann wurde verurteilt, den Beleidigten in dessen Wohnung vor Zeugen um Verzeihung zu bitten. Fränkel wartete im Kreis seiner Familie und geladener Gäste auf den Büßer. Er mußte lange warten, aber endlich ging die Tür auf, Beckmann steckte den Kopf herein und fragte: »Wohnt hier Herr Maier?« »Nein«, antwortete Fränkel, »der wohnt nebenan.« Beckmann: »Dann bitte ich um Verzeihung!«

Als Beckmann am Burgtheater wirkte, näherte sich ihm im Kaffeehaus ein Bewunderer und fragte schließlich: »Wie wär's mit einer Schachpartie, Herr Hofschauspieler?« Beckmann willigte ein, und sofort war der Tisch zu seiner Überraschung von Kiebitzen umgeben. Noch mehr aber staunte der Bewunderer über die rätselhaften und raffinierten Züge seines großen Kollegen, bis es ihm dämmerte: »Aber Herr Hofschauspieler, Sie können ja gar nicht Schach spielen!« »Hab ich nie behauptet«, sagte Beckmann.

Der Schauspieler Heckscher kam in Oberbayern in ein Wirtshaus. Der Wirt verstand aber nicht die hochdeutsche Aussprache des Gastes. Als dieser ihm endlich durch Zeichen bedeutet hatte, was er wollte, rief der Wirt lachend aus: »Das haast ja haas.« »Haas ist ja ein Tier, das uns einen guten Braten gibt«, versetzte Heckscher. Darauf der Wirt: »Sie meinen halt a Hoos.« Darauf der Gast: »Hos ist ja ein Beinkleid.« Der Wirt erwiderte: »Na, bei uns z'Land ist es a Büchsen.« »Büchse ist bei uns ein Feuergewehr.« »Das nennen wir an Stutzer.« »Aber Stutzer ist ja ein Narr.« Hier empfahl sich der Wirt.

Thalberg, ein Schmierendirektor des 19. Jahrhunderts, spielte die Stücke, wie sie ihm gerade unterkamen. Einmal griff er sich Grabbes *Don Juan* und teilte sich selbst die Rolle des Komtur zu. Schlecht und recht schlängelte sich die Aufführung dahin, bis das Duell zwischen Don Juan und dem Komtur kam. Da Thalberg den Eindruck hatte, daß sich das Publikum langweile, beschloß er jetzt zu raffen. Anstatt sich von Don Juan erstechen zu lassen, stach Thalberg alias der Komtur den Don Juan nieder, trat an die Rampe und apostrophierte das staunende Publikum: »Hochzuverehrende Anwesende! Infolge des unglücklichen Ausgangs dieses Duells sind wir leider außerstande, das Stück zu Ende zu spielen. Als Ersatz folgt nach einer Pause das Lustspiel *Hasemanns Töchter*.«

Als Thalberg einmal in Ansbach gastierte, fehlte ein Mann für die Dienerrolle, der nichts zu sagen hatte als: »Ich melde den Herzog d'Aubignier.« Der Theatermeister, ein biederer Altbayer, schien dazu geeignet, sträubte sich aber, denn er könne die französischen Namen nicht aussprechen. Thalberg bedeutete ihm, er brauche bloß in seiner Mundart zu sagen: »Ich melde den Herzog do-bin-i-eh.« Der Theatermeister sprach es ein paarmal nach; die Sache ging ausgezeichnet. Abends jedoch erfaßte ihn das Lampenfieber, und als er in seiner Livree die Bühne betrat, sagte er feierlich: »Ich melde den Herzog i-bin-eh-do.«

Zu dem Wiener Schauspieler Adolf Sonnenthal setzte sich im Kaffeehaus ein Fremder und rief den Kellner: »Bbbringen Ssie mimir Kakaffee!« Hierauf Sonnenthal: »Mimimir aaauch.« Der Fremde entrüstet: »Sssie sisind Sonnenthal, Sie stottottottern ddoch gggar nnnicht!« »Doch«, sagte Sonnenthal, »aaauf ddder Bbbühne muß ich sisisimulieren!«

Der Berliner Schauspieler Dessoir hatte vor seiner Taufe Dessauer geheißen. Auf einer Reise in seine Heimatstadt traf er in der Lokalbahn einen Jugendbekannten, der ihn dauernd »Herr Dessauer« titulierte. »Ich heiße Dessoir!« korrigierte der Schauspieler streng. An einer Station stieg Dessoir aus, um auszutreten. Der Jugendfreund schrie ihm nach: »Herr Dessoir! Herr Dessoir! Das Pissauer ist ums Eck!«

Der Wiener Komiker Alexander Girardi kam immer zu spät zur Probe. Einmal war es ganz arg. Der Regisseur war böse: »An Ihrer Stelle wäre ich gar nicht gekommen!« sagte er sarkastisch. »Ja«, erwiderte Girardi, »weil Sie kein Pflichtgefühl haben.«

Josef Kainz konnte eine Rolle im Blitztempo herunterrasseln, daß nicht nur seinen Partnern, sondern auch dem Publikum Hören und Sehen verging. Nach einer derartigen Vorstellung traf Kainz mit dem Kritiker Alexander Weill zusammen, der sich nicht enthalten konnte, Kainz zu sagen: »Sie haben heute gespielt wie ein Schwein!« »Nicht wahr?« pflichtete ihm Kainz ungerührt bei.

Der Wiener Hofschauspieler Lange verzichtete auch im Privatleben nur ungern auf das komödiantisch übersteigerte Pathos, dem er seine Bühnenerfolge verdankte. Eines Tages traf er den Stückeschreiber Castelli auf der Straße, ging mit tragisch-wichtiger Miene auf ihn zu, faßte ihn am Arm und zog ihn geheimnisvoll in einen Hauseingang. »Stellen Sie sich vor, Castelli, stellen Sie sich vor – ich komme vom Grafen Palffy und« – wirkungsvolle Pause – »und stellen Sie sich vor, er war –« »Nun, was war?« fragte aufs äußerste gespannt Castelli. »– er war nicht zu Hause«, vollendete Lange die große Eröffnung.

Der Charakterschauspieler Friedrich Mitterwurzer hatte bei einem Wandertheater angefangen, wo oft nur der Hunger auf dem Speisezettel stand. Mitterwurzer spielte den Tell, und nach der Apfelschuß-Szene lobte ihn der Direktor. Mitterwurzer bat dessenungeachtet um einen Vorschuß, weil er so großen Hunger habe. Der Direktor bedauerte, es wäre auch nicht eine Krone in der Kasse. »Dann – verzeihen Sie!« rief Mitterwurzer und aß den Apfel, den er vom Kopf des Knaben geschossen hatte. »Wie unbesonnen!« jammerte der Direktor, »wir brauchen den Apfel ja noch morgen!« »Wär ich besonnen, hieß ich nicht der Tell!« zitierte Mitterwurzer und zermalmte das Kerngehäuse zwischen den Zähnen.

Eines Morgens wurde Mitterwurzer plötzlich übel. Der Arzt fühlte dem schon auf dem Boden Liegenden den Puls, horchte nach dem Herzschlag und prüfte den Pupillenreflex. Dabei stellte er ein paar Routinefragen: »Sie heißen?« Mitterwurzer rang nach Atem: »Mitterwurzer!« Das schien dem Arzt keinen Eindruck zu machen. »Beruf?« fragte er. Mitterwurzers Augen weiteten sich fassungslos. »Schauspieler!« brachte er mühsam hervor. Als der Arzt auch noch wissen wollte: »An welchem Theater spielen Sie denn?«, blieb Mitterwurzer die Antwort schuldig – und verschied.

Ernst von Possart hielt sich für den größten Schauspieler seiner Zeit und hegte einen fanatischen Haß gegen andere Schauspieler, die ihm seinen Ruhm streitig machen konnten. Deshalb gehörte auch der Berliner Hofschauspieler Theodor Döring zu seinen Todfeinden, und er vermied es ängstlich, mit ihm persönlich bekannt zu werden. Aber bei einem Fest tauchte der Berliner plötzlich aus dem Schwarm der Gäste vor Possart auf und lächelte: »Gestatten Sie – Döring, vom Berliner Königlichen Schauspielhaus.« Possart blickte, zur Salzsäule erstarrt, seinen berühmten Kollegen an. »So, so«, sagte er mit schneidender Stimme, »also sind Sie auch am Theater tätig?«

Angelo Neumann, um 1900 Direktor des Prager Deutschen Theaters, war bekannt für seine vornehme Ausdrucksweise. Einmal rief ihm ein Schauspieler in großer Erregung zu: »Herr Direktor, Sie sind der größte Schuft, den ich je gesehen habe!« Angelo Neumann erblaßte und sagte vornehm: »War das jetzt Ernst oder Spaß?« Der empörte Schauspieler: »Ernst!« Darauf Angelo Neumann noch um einen Grad vornehmer: »Dann ist es gut, solche Späße vertrage ich nämlich nicht.«

Karl Blasel, ein Komiker der Jahrhundertwende, spielte die uralte Hanswurstiade *Mich druckt die Trud* und blieb mitten in einem Couplet stecken. Nachher sagte er zu seinen Kollegen: »Kinder, wenn ich nicht geistesgegenwärtig ›Lalala‹ gesungen hätt, wär's aus gewesen!«

Adalbert Matkowsky war schwach im Auswendiglernen und schrieb sich Briefe, die er in einer Rolle zu verlesen hatte, auf ein Blatt Papier und las ab. Ein Kollege wollte ihm einen Streich spielen und überreichte ihm als Bote statt des vorbereiteten Briefes ein leeres Blatt. Als Matkowsky den Umschlag öffnete und den weißen Bogen erblickte, zuckte er kurz zusammen, faßte sich aber sofort und reichte dem Kollegen das Blatt zurück: »Lies du das vor, mein Sohn!« tönte er gebieterisch.

Dem Wiener Schauspieler Karl Skraup wollte ein für den Fortgang der Handlung wichtiger Satz partout nicht einfallen. Die Souffleuse versuchte zu helfen, aber Skraup verstand sie nicht und blieb stumm. Endlich sprach sie ihm den Satz so laut vor, daß er im ganzen Zuschauerraum verstanden werden mußte. Skraup: »Stimmt! Genau das habe ich sagen wollen!«

Die nach damaligen Begriffen ungewöhnliche Magerkeit der Sarah Bernhardt ließ den Berichterstatter einer Pariser Zeitung einmal melden: »Vor der Comédie fährt eine leere Equipage vor. Wer steigt aus? Sarah Bernhardt!«

Der junge Schauspieler Lucien Guitry reiste mit zwei lustigen Kameraden ans Meer. Einer von ihnen hatte die drei Fahrkarten in Verwahrung. Plötzlich erklärte der bestürzt, daß er eine von den Karten verloren habe! Man suchte, man schaute unter die Bänke, man durchwühlte die Koffer – vergebens. Die drei Reisenden blickten sich an. Gleich mußte der Schaffner kommen und nach den

Karten fragen. »Lucien, du bist der jüngste von uns; du mußt unter die Bank kriechen und dich verstecken.« Nolens volens kroch Lucien unter die Bank. Die Zeit verging, er wurde ungeduldig, aber jedesmal, wenn er hervorkriechen wollte, flüsterten ihm die anderen mit bebender Stimme zu, daß man aus dem Nachbarabteil schon das Knipsen des Schaffners höre. Endlich wurde die Tür geöffnet, und Lucien Guitry hielt seinen Atem an. »Bitte die Fahrkarten!« »Hier.« »Wie, Sie sind zwei und reisen mit drei Fahrkarten?« »Nein, wir sind drei: Wollen Sie gütigst unter der Bank nachschauen ...«

Während des Zwischenakts drängte sich ein Theaternarr in die Garderobe und bestürmte Lucien Guitry, ihn am folgenden Tag zum Frühstück zu besuchen. »Also gut«, sagte Guitry, um ihn loszuwerden, »ich komme.« Der andere dankte, verabschiedete sich und steuerte auf die Tür zu. Guitry, der vor dem Schminktisch saß, glaubte, daß der Bewunderer bereits hinausgegangen sei, und wandte sich mit donnernder Stimme an seinen Sekretär: »Alfred, Sie schreiben an diesen klebrigen Kerl, daß ich morgen zum Frühstück leider nicht kommen kann –« Guitry hielt inne, denn jetzt sah er im Spiegel, daß der klebrige Kerl noch immer in der Garderobe war. Mit einer graziösen Handbewegung wies Guitry auf den erstarrten Besucher und sagte lächelnd: »– deshalb, weil ich mit diesem Herrn frühstücken werde!«

Berühmter noch als Lucien Guitry wurde sein Sohn Sacha. »Verehrungswürdiger Meister«, sagte eine Bewunderin einmal nach der Premiere zu Sacha Guitry,

»Sie haben sich wieder einmal selbst übertroffen.«
»Liebe Freundin«, meinte Guitry souverän, »könnte es
sich denn lohnen, irgend jemand sonst zu übertreffen?!«

Das Verhältnis zwischen Adele Sandrock und der berühmten Filmschauspielerin der zwanziger Jahre Asta Nielsen war gestört. Nach einer Premiere erhielt Adele Sandrock im Berliner Hotel Kaiserhof, wo sie residierte, einen Brief: »Sehr geehrte Frau Sandrock! Frau Asta Nielsen hat mich beauftragt, Ihnen zu Ihrem letzten großen Filmerfolg herzlichst zu gratulieren. Otto Schmidt, Sekretariat Nielsen.« Adele Sandrock antwortete grollend: »Sehr geehrter Herr Schmidt! Frau Sandrock hat mich beauftragt, bei Ihnen höflich anzufragen, wer Frau Asta Nielsen ist. Erich Knute, Portier des Hotels Kaiserhof.«

Von zehn Uhr vormittags bis vier Uhr nachmittags wartete Adele Sandrock im Filmatelier auf ihre Szene. Schließlich wurde es ihr zu bunt. Sie ging zu dem Regisseur und sagte mit ihrem dröhnenden Organ: »Junger Mann, ich soll in Ihrem Film die Rolle einer Großmutter spielen. Wenn ich noch lange warten muß, werde ich zu alt dafür sein!«

Die schon recht betagte Adele Sandrock war zu Gast bei einer Taufe. Als der Täufling frisch gewickelt wurde, trat sie näher zu, schaute durch ihr Lorgnon und brummte: »Ah – ein Knäblein ... wenn mich meine Erinnerung nicht trügt.«

Der Stummfilmstar Pola Negri hatte zum Memoiren-schreiben einen Ghostwriter engagiert. In seinem Entwurf fand sich der Satz: »Ein Herzog drohte, wegen mir Selbstmord zu begehen.« Als er das von der Künstlerin korrigierte Manuskript zurückerhielt, lautete die Stelle: »Ein Erzherzog hat wegen mir Selbstmord begangen.«

Die junge Elisabeth Bergner feierte in Berlin Triumphe. Dabei war sie anfänglich keine übermäßig gute Sprecherin und sagte zum Beispiel hartnäckig »Wrum« statt »Warum«. Sie merkte diese Nachlässigkeit gar nicht und brachte die Leute dazu, Tränen zu lachen, wenn sie in aller Unschuld fragte: »Wrum sagen alle immer, daß ich Wrum sage statt Wrum?«

Der Regisseur Max Reinhardt gab in seinem Salzburger Schloß Leopoldskron einen pompösen Empfang. Auf der herrlich geschwungenen Freitreppe, flankiert von livrierten Dienern, die Fackeln hielten, empfing Reinhardt die Gäste. Alle Gesellschaftsräume erstrahlten im Glanz von Hunderten von Kerzen. Sein Freund, der Theaterkritiker Liebstöckl, fuhr vor, stieg aus, stutzte: »Was ist, Max? Kurzschluß?«

Egon Friedell, Schriftsteller und nebenher Schauspieler bei Max Reinhardt, hatte Schloß Leopoldskron noch nicht gesehen und ließ sich von einem Bekannten berichten: »Man speist aus goldenen Schüsseln, wird von galonierten Lakaien, die gepuderte Perücken tragen, bedient, im Schloßteich, gelegen in einem riesigen Park, schwimmen an die hundert Schwäne! Finden Sie das nicht übertrieben?« »Gewiß«, räsonierte Egon Friedell. »Ich kenn doch den Reinhardt noch aus der Zeit, wo er in einer Mansarde gelebt hat. Damals hatte er in seiner Kammer einen Schrank, ein Bett, einen Tisch, einen Sessel und zwei, drei Schwäne – und es ging auch.«

Der Bühnenportier Zimmermann, langjähriges Faktotum des Deutschen Theaters in Berlin unter Max Reinhardt, fegte den Hof. Der Herbststurm zauste die letzten Blätter von den Bäumen und wirbelte immer wieder die frisch zusammengekehrten Haufen auseinander. Seufzend dachte der Bühnenportier an die so viel praktischeren, auf die Kulissen gemalten Bäume auf der Bühne, schwang seinen Besen gegen den Himmel und brummte empört in seinen Vollbart: »Verfluchte Natur!«

Herbert Beerbohm Tree, der englische Max Reinhardt, wollte einen berühmten Schauspieler engagieren. Er fragte nach der Gagenforderung. Der Schauspieler nannte eine unverschämte Summe. Beerbohm Tree ganz ruhig: »Bitte, schlagen Sie jetzt nicht die Tür laut hinter sich zu, wenn Sie gehen.«

Große Sorgen bereitete dem französischen Chansonnier und Filmschauspieler Maurice Chevalier ein Brief, der ihm in die Garderobe zugestellt wurde. »Was machst du für ein Gesicht?« fragte ihn ein Kollege. »Ach«, antwortete Chevalier, »da hat mir ein Mann geschrieben, daß er mich niederknallen will wie einen räudigen Hund, wenn

ich nicht sofort die Beziehungen zu seiner Braut löse!«
»Da bleibt dir wohl keine andere Wahl«, meinte der
Kollege, »du wirst das Mädchen aufgeben müssen, wenn
dir dein Leben lieb ist.« »Das sagst du so leicht hin«, erwiderte Chevalier und reichte ihm den Brief. »Kannst du
vielleicht die Unterschrift entziffern?«

Werner Krauss war ein Schauspieler, der nach der Vorstellung noch in seiner Rolle weiterlebte. Nach einer
King Lear-Vorstellung bestellte er im Restaurant mit
den Worten Lears: »Laßt mich keinen Augenblick auf
das Essen warten; geht, laßt anrichten. Das Essen, holla,
das Essen.« Aber nach dem ersten Bissen rief er: »Ist das
ein Fraß für einen König?« Sprach's und schmiß den
Teller aus dem Fenster.

Als Eugen Klöpfer einmal aus dem Text geraten war,
fand die Souffleuse, eine Frau Wesemeier, die betref-
fende Stelle nicht mehr. Um das Loch zu überbrücken,
wandte sich Klöpfer an seine Partnerin Annemarie
Steinsieck: »Ach, was ich Sie fragen wollte, wie geht es
eigentlich der Frau Wesemeier? Ist sie krank?« Und als
Annemarie Steinsieck verlegen die Schultern hob, sagte
Klöpfer erklärend: »Ich habe nämlich lange nichts von
ihr gehört.«

Burgschauspieler Raoul Aslan wurde gebeten, bei einer
Wohltätigkeitsveranstaltung Balladen von Goethe vor-
zutragen. Er sagte zu, bedang sich aber eine Probe aus.
Erwartungsvoll saßen die Veranstalter in der ersten

Reihe des großen leeren Saales. Aslan erschien unter der Tür und sagte: »Ich trete ein.« Er trat feierlich und erhaben ein. »Beifall rauscht auf.« Er lächelte geschmeichelt. »Ich besteige das Podium.« Er bestieg mit großer Würde das Podium. »Ich verbeuge mich.« Er verneigte sich gemessen. »Der Beifall wird stärker.« Er verneigte sich noch einmal. »Ich trete an das Pult.« Er trat an das Pult. »Ich schlage das Buch auf.« Er machte die Gebärde des Aufschlagens. »Ich lese den ›Erlkönig‹. Der Beifall will nicht enden. Ich danke. Ich lese ›Der Gott und die Bajadere‹, abermals großer Beifall, ich danke. Ich lese: ›Die Braut von Korinth‹, Beifall, Beifall, Beifall. Ich danke und trete ab. Beifall ruft mich noch einmal zurück, und ich mache eine Zugabe: ›Der Zauberlehrling‹. Dann danke ich dem Beifallssturm und gehe. Ich kehre trotz heftigem Verlangen, trotz Klatschen, Trampeln und Schreien nicht mehr zurück.« Aslan verneigte sich vor den Herren des Komitees und sagte: »Ich danke, die Probe ist beendet.«

Raoul Aslan spielte in Arthur Schnitzlers *Anatol*. »Ich sitze am Klavier«, hatte er seinem Freund Max zu erzählen, »sie zu meinen Füßen. Ihr Kopf liegt auf meinem Schoß . . .« Aus! Mattscheibe! Der nächste Satz hatte zu lauten: »Ich phantasiere auf dem Flügel.« Der Souffleur schlug kunstgerecht den Anfang an und flüsterte: »Ich phantas. . .« – »Ich fand das – fand das richtige Wort nicht«, vollendete Raoul Aslan.

Aslan kam zur Probe ins Burgtheater, wo man ihm aufgeregt berichtete, mehrere Funktionäre der NSDAP wären dagewesen und hätten ihn zu sprechen verlangt. Es gehe um Aslans Ariernachweis. In ein paar Tagen kämen die Herren wieder. »Nun denn«, sagte Aslan, »wenn diese Herrschaften wiederkommen, so schickt sie zu mir!« »Sollen wir nicht lieber sagen, du seist krank, verreist . . . oder so ähnlich?« »Nichts da«, wiederholte Aslan, »schickt sie zu mir!« »Was wirst du ihnen denn sagen?« lautete die bange Frage. »Ich werde ihnen genau das sagen, was Papst Clemens IV. dem Stauferkaiser Friedrich II. gesagt hat!« Man wollte wissen, was der Papst dem Staufer gesagt habe. »Das weiß ich noch nicht«, meinte Raoul Aslan, »aber ich werde es ihnen sagen!«

Als 1944 die Bombenangriffe auf Wien begannen, wurden alle Mitglieder des Burgtheaters verpflichtet, abwechselnd Luftschutzdienst zu leisten; schließlich auch Raoul Aslan. Man erklärte ihm lang und breit die Handhabung des Feuerlöschgerätes und fragte ihn endlich höflich, ob er alles verstanden habe. »Ja, gewiß«, antwortete er mit Würde. »Aber wer reicht mir das Gerät?«

Paul Hörbiger angelte am Zeller See. Da störte ein Polizist das Idyll: »Mit welchem Recht angeln S' hier?« Paul Hörbiger wandte sich gelassen um und rezitierte: »Mit dem mir gegebenen Recht des genialen Intellekts über die mir untergebene, geile animalische Kreatur.« Der Polizist verlegen: »Entschuldigen S', aber man kann ja schließlich net all die neuen Gesetze wissen«, schwang sich auf sein Fahrrad und radelte beruhigt davon.

Ein Kollege lieh sich von Paul Hörbiger zehn Schillinge und ging ihm von da an aus dem Weg. Endlich kam es doch zu einer unvermuteten Begegnung. »Entschuldige vielmals ...« stammelte der Kollege, »die zehn Schillinge ...« Paul Hörbiger fiel ihm ins Wort: »Net bös sein«, sagte er schuldbewußt, »aber ich hab ganz darauf vergessen«, und drückte dem überraschten Schuldner zehn Schillinge in die Hand.

Der junge Heinrich George, müde von Liebe und Wein, gab den Mortimer in einer Matinee. »Ich zählte zwanzig Jahre, Königin ...«, dann blieb er hängen. Drei-, viermal setzte er an, aber es wollte nicht vorwärtsgehen, und der Souffleurkasten war wie zugenagelt. Da wandte sich der junge Held mit großer Geste gegen das Publikum und sagte mit dem ganzen Hochmut seiner frühen Jahre: »Na – und?!«

Heinrich Georges Gattin Berta Drews wurde von einem Bühnenautor gefragt, ob es wahr sei, daß ihr Mann sich vorgenommen habe, nicht mehr zu trinken. »Er schwankt noch«, erwiderte sie.

Die Tourneekollegen fanden Heinrich George morgens um halb acht im Speisesaal des Hotels am Frühstückstisch hinter einer ziemlich geleerten Flasche Wein. »Morgens um halb acht sitzt du schon beim Wein?!« rüffelten sie. »Natürlich«, versetzte Heinrich George. »Soll ich vielleicht meinen Kaffee trocken runterwürgen?«

Heinrich George saß mit einem Bekannten im Biergarten und bekam es mit der Innerlichkeit. »Ich muß es einmal sagen«, sprach George, »daß ich eigentlich ein tief innerlicher, religiöser Mensch bin ...« Der Bekannte: »Auch ich muß gestehen, daß ich in meinem Innersten eine religiöse Natur bin ...« George: »Ober – zahlen! – jetzt wird's banal!«

Curt Goetz war noch nicht berühmt, als ihm vom Berliner Lessingtheater die Rolle des Napoleon in dem Stück *Madame sans Gêne* mit einer Monatsgage von 2000 Mark angeboten wurde. Am selben Tag lag im Lessingtheater sein Antworttelegramm vor: »Akzeptiere mit 3000 Goetz – sonst von Berlichingen.«

Friedrich Kayssler, einer der großen Berliner Schauspieler der 20er Jahre, war eine grüblerische Natur. Als er einmal in einer Inszenierung von Gustaf Gründgens mitwirkte und von einem Punkt der Vorderbühne zum entgegengesetzten einen Gang zu machen hatte, verfiel er in tiefsinniges Meditieren, weil er in diese Schritte wieder zuviel hineingeheimniste. Schließlich fragte er den Generalintendanten: »Ja, ich frage mich nur, wie komme ich da drüben hin?« »Zu Fuß, lieber Kayssler«, sagte Gründgens mild ironisch, »zu Fuß.«

Um nicht in der Masse der Schauspieler unbemerkt zu bleiben, trug Gründgens, der kurzsichtig war, ein Monokel. Seine Freunde rieten ihm unbedingt zu einer Brille, da er sich seine Augen sonst erst recht verderbe.

Entrüstet lehnte Gründgens ab. Erst nach einiger Zeit beugte er sich dem Zwang der Natur: Er trug zwei Monokel.

Der Berliner Regisseur Jürgen Fehling brauchte eine Koppel Hunde. Er wurde gefragt, welche Art Hunde. »Hunde?« fragte Fehling, »ich brauche Wölfe!« Die Wolfshunde kamen, fünf nach Blut lechzende Bestien. Ein Spezialist brachte die Tiere ins Theater, Fehling packte die Ketten und riß die Hunde mit sich fort auf die Probebühne. Inspizient, Souffleuse, Schauspieler, alle trieben sich weitab auf den Gängen, in der Kantine herum: Fehling probierte es mit den reißenden Hunden. Zuerst hörte man noch Gebell, Fauchen, drohende Geräusche – dann wurde es stiller – und plötzlich, man lauschte an der Tür, ließ sich ein leises Wimmern vernehmen. War Fehling verletzt? Ein beherzter Bühnenarbeiter wagte es, die Tür einen Spalt zu öffnen: Da lagen die Bluthunde in einer Ecke, starrten winselnd auf den Regisseur, der vor ihnen kniete und drohend auf sie einredete: »Nicht wau-wau, sondern waff-waff! Nicht wau-wau! Waff-waff!!«

Bei einer Filmaufnahme rügte der Regisseur Erich Engel seinen Hauptdarsteller: »Sie sollen nicht gedankenlos spielen, sie sollen immer denken, denken.« Verschmitzt lächelnd entgegnete Heinz Rühmann: »Wenn Sie wüßten, was ich mir schon die ganze Zeit denke, hätten Sie mir längst in die Fresse gehauen!«

Regisseur Geza von Cziffra hatte seine Karriere in Berlin als Drehbuchautor begonnen. Ein Kollege fragte ihn, wie er sich mit seinem mangelhaften Deutsch habe durchsetzen können. »Aber bittaschön, is doch gonz einfoch«, antwortete Cziffra. »Ich hob Idee, und für ›der, die, das, mir, mich, ihnen‹, da hob ich Sekretärin.«

Harry Cohn, der Gründer der Columbia Pictures, rechtfertigte seine hartgesottene Haltung mit den Worten: »75 Prozent der Ideen, die an mich herangetragen werden, sind blanker Unsinn. Wenn ich daher von vornherein jede Idee, die mir vorgelegt wird, ablehne, habe ich in 75 Prozent der Fälle recht. Das ist kein schlechter Durchschnitt.«

Charles Chaplin hatte sich mit Douglas Fairbanks angefreundet, der in seinen Filmen alles groß anpackte und deshalb für einen Robin-Hood-Film eine Szenerie auf einem Gelände von fünf Hektar errichten ließ, was damals eine Sensation war. Stolz zeigte er Chaplin die Burg mit den Wällen, Mauern, Zinnen, Wassergräben und einer ungeheuren Zugbrücke. »Großartig«, sagte Chaplin. »Das wäre ein herrlicher Anfang für eine meiner Filmkomödien: Die Zugbrücke geht herunter, ich komme raus, lasse die Katze an die Luft, hole die Milch herein und falle in den Wassergraben.«

Picasso war ein Bewunderer Chaplins. Endlich besuchte Chaplin ihn in seinem Atelier. Die Unterhaltung war schwierig. Chaplin verstand schlecht Französisch, Picasso kein Englisch. Man übersetzte, aber alles wirkte steif. Picasso suchte nach einem einfacheren Weg der Verständigung. Er winkte Chaplin, ihm zu folgen, führte ihn eine Etage höher und zeigte ihm dort wortlos seine Bilder. Chaplin war glücklich und winkte Picasso ebenfalls, ihm zu folgen, ging ins Badezimmer und spielte einen Mann, der die Seife nicht aus den Ohren kriegt.

Die Filmschauspielerin Mary Pickford kam mit ihrem Geld nie aus. Als ihr Agent schließlich verlangte, sie möge über ihre Ausgaben Buch führen, legte sie ihm folgende Aufstellung vor: »Für einen Bettler einen Dollar; Brot, um die Spatzen zu füttern, 50 Cent; diverse Ausgaben 2000 Dollar.«

»Viel zu lang«, sagte der Filmproduzent Samuel Goldwyn zum Verfasser eines Drehbuchs. »Machen Sie mir davon eine Synopsis.« Am nächsten Tag lag die Synopsis auf fünf Seiten vor. »Noch immer zu viel! Geben Sie mir nur das Wichtigste von diesem Text!« Eine halbe Stunde später kam der Autor mit einem Blatt Papier. Darauf stand: »Held ist Leutnant, Heldin mit einem Oberst verheiratet, verlieben sich ineinander, sie begeht Selbstmord.« »Das taugt nichts«, erklärte Goldwyn. »Das ist doch Wort für Wort *Anna Karenina*!«

Die Schauspielerin Paula Silberer wurde auf einer Tournee durch Deutschland vom Ausbruch des Zweiten Weltkriegs überrascht. Als sie sofort nach Wien reiste, kam ihr auf einem mit Truppentransporten vollgestopften Bahnhof der Hutkoffer abhanden. »Also so was!« rief sie empört, »an den Krieg werde ich noch lange denken!«

Der Regisseur Fritz Kortner und seine Frau, die Schauspielerin Johanna Hofer, waren in einem Schweizer Hotel abgestiegen. Am frühen Morgen, Kortner lag noch im Bett, kam seine Frau begeistert vom Balkon herein: Der Sonnenaufgang sei unvergleichlich, das Panorama der Berge majestätisch, am besten, sie würden jetzt auf dem Balkon frühstücken und das Naturschauspiel genießen. Kortner schüttelte den Kopf: »Du hättest Zuckmayer heiraten sollen.«

Marilyn Monroe suchte vergeblich, ihrem Ruf als blondem Dummchen zu entkommen. Nach Beendigung der Dreharbeiten zum Film *River of no return* sagte der Regisseur Otto Preminger: »Mit Marilyn zu drehen, ist wie mit Lassie zu arbeiten. Man muß jede Einstellung vierzehnmal wiederholen, bis sie an der richtigen Stelle bellt.«

Der amerikanische Komiker Bob Hope kam aus Paris zurück. »Es war wunderbar«, berichtete er, »aber ich bedauere, daß ich die Reise nicht vor zwanzig Jahren unternommen habe.« »Ja, da war Paris noch Paris«, seufzte einer seiner Freunde. »Nein«, antwortete der Komiker, »da war Bob Hope noch Bob Hope.«

Im Weimarer Nationaltheater spielte man Shakespeare. Das Stück hatte bereits begonnen, als noch eine Gruppe von Nachzüglern ihre Plätze im Parkett ansteuerte. Im gleichen Augenblick hatte einer der Schauspieler auf der Bühne seinen Auftritt, dessen Partner ihn anherrscht: »Wer seid Ihr, woher kommt Ihr?« »Wir sind von der LPG Senftenberg!« kam die Antwort aus dem Zuschauerraum. »Unser Bus hatte unterwegs Motorschaden!«

An Blacky Fuchsberger hatte ich eine Wette verloren: 5 Flaschen Bourbon, und die schickte ich kurz vor Ostern an ihn ab. Drei Tage später war seine Antwort da:

Liebe Lonny, lieber Peter,

Euer Paket ist wohlbehalten hier eingetroffen. Unter solchen Umständen wie gehabt können wir wieder um Sieg oder Niederlage von Bayern München wetten.

Eben habe ich doch kosten müssen, ob es auch wirklich Bourbon ist. Junge, Junge, das ist ein starkes Zeug! Aber er wird weicher, wenn man den vierten oder fünften – meine Gundula sagt, es ist schon der axte – pardon der achte – der 8. Vielleicht habe ich Die eine richTige Flasche erwischt und die anren sind kein Broubno –

kein Borbu – kein Whisky – Doch? Das wird eine Ozterfeierer mitt den kotzenlosen Geschneck Trumm mochzte wir trausent Danck vür die ausherr Ordettlische Schpänte lixh meraf geshopen zhauf und asch fier euchs 03bxoa.c,888 3/!»ben unts, yha.

Peter Frankenfeld

Als Horst Jankowski in sein neues Haus umzog, legte er eine Liste seiner Möbel an. Auf der letzten Seite unter ›Diverses‹ stand:

1 Fußbank
Zwei volle Flaschen Wodka
Ein Rehgahl
Zwei Schubskatzen
Zwei leere Flatschen
Ein Fußboden – drehbar.

Peter Frankenfeld

Harald Juhnke saß mit glasigen Augen in der Kantine. Besorgt mahnte ein Kollege: »Mensch, in zehn Minuten beginnt die Vorstellung.« Juhnke winkte ab: »Im ersten Akt muß ich ohnehin betrunken sein.« »Aber im zweiten nüchtern!« Juhnke stutzte einen Augenblick, dann: »Das muß man spielen.«

Gérard Depardieu erholte sich nach anstrengenden Dreharbeiten an einem einsamen Strand, als plötzlich Männer von Greenpeace auftauchten, die ihn zurück ins Meer tragen wollten.

Werner Fuld

Thomas Gottschalk interviewte einen Gast in der Late Night Show und redete und redete. Endlich kam der Gast zu Wort. »Ja«, sagte er, woraufhin wieder Gottschalk redete und redete. Dann kam wieder der Gast zu Wort. »Nein«, sagte er. Daraufhin war wieder Gottschalk an der Reihe und redete. Doch auch der Gast kam noch einmal zu seinem Recht. »Danke«, sagte er.

Musikeranekdoten

Dietrich Buxtehude übernahm 1668 das Amt des Organisten der Lübecker Marienkirche. Mit seinen geistlichen Vorgesetzten stand er häufig auf Kriegsfuß und spielte ihnen deshalb gern einen Streich. Eines Tages erhielt er den Auftrag, für eine kirchliche Feier den Festgesang zu komponieren, für den ein alttestamentlicher Text ausgewählt war, der mit den Worten begann: »Wir können nichts wider den Herrn.« Buxtehude schrieb den Festkantus und übte ihn mit dem Chor genauestens ein. Der Tag der Feier kam, Stadt und Konsistorium waren versammelt, da dröhnte es vielstimmig, fugiert, in unendlichen Variationen von der Empore: »Wir können nichts – wir können nichts – wir können nichts« – bis es um die Haltung der Gemeinde geschehen war.

Georg Wilhelm Friedrich Händel war zu Besuch bei einer Dame, deren Hündchen mitten in der Unterhaltung zu bellen begann. Da erhob sich Händel, öffnete das Fenster und warf den Hund hinaus. »Aber Meister«, fragte die Dame entsetzt, »was macht Ihr da?« Händel erwiderte gelassen: »Er bellt falsch!«

Händel, ein gewaltiger Esser, war bei einer Abendgesellschaft zu Gast, doch genügten ihm die kleinen Portionen nicht, die auf die Tafel kamen. Bei der Verabschiedung sagte die Gastgeberin: »Verehrter Meister, ich hoffe, Sie erweisen mir die Ehre, recht bald einmal wieder bei mir zu speisen.« »Wenn Sie erlauben, Mylady, sofort.«

Bach, als seine Frau starb, sollte zum Begräbnis Anstalten machen. Der arme Mann war aber gewohnt, alles durch seine Frau besorgen zu lassen; dergestalt, daß da ein alter Bedienter kam, und ihm für Trauerflor, den er einkaufen wollte, Geld abforderte, er unter stillen Tränen, den Kopf auf einen Tisch gestützt, antwortete: »sagts meiner Frau.«

Heinrich von Kleist

Haydn besuchte Mozart und betrachtete dessen jüngste Komposition. »Alles, was Sie da komponieren, kann ich sogleich vom Blatt spielen«, behauptete er. »Dagegen halt ich eine Wette«, entgegnete Mozart. »Ich werd ein Stück schreiben – und Sie können 's net spielen – aber ich.« Mozart setzte sich an den Tisch, stand nach wenigen Minuten wieder auf und überreichte seinem Besucher ein Notenblatt, mit dem Haydn sofort am Piano Platz nahm. Als er etwa bis zur Hälfte des Stücks gekommen war, hielt er im Spiel inne und rief: »Was soll denn das bedeuten, mein Lieber? Beide Hände lassen Sie mich bis an die äußersten Enden des Pianos ausstrecken und verlangen gleichzeitig, daß ich eine Taste in der Mitte anschlagen soll! Das ist unmöglich! Das kann niemand spielen!« Ärgerlich sprang Haydn von seinem Sitz auf. Sogleich nahm Mozart seinen Platz ein, durcheilte schnell die leichten Eingangspassagen und schlug, als er an die bewußte Stelle kam, die Noten derart an, daß er die Tasten am oberen und unteren Ende der Klaviatur mit den Händen, die Taste in der Mitte aber mit der Nasenspitze niederdrückte. Da gab sich Haydn geschlagen.

Einmal nach der Uraufführung der *Entführung* war Mozart bei Kaiser Joseph II. zum Abendessen eingeladen. »Sehr schön, Ihre *Entführung*«, sagte der Kaiser, »aber gewaltig viele Noten!« Mozart erwiderte: »Halten zu Gnaden, Majestät, genau so viele, als nötig sind!« Darauf der Kaiser in seiner leutseligen Art: »Das ist die Hauptsache!«

Gluck erzählte dann später die nämliche Anekdote Gustav Mahler etwas anders: Einmal nach der Uraufführung der *Entführung* war Mozart bei Kaiser Joseph II. zum Abendessen eingeladen. »Alles klar, Mozart?« fragte der Kaiser. Mozart erwiderte: »Alles klar, Majestät!« Darauf der Kaiser in seiner leutseligen Art: »Hauptsache, daß es nach der Oper was zu spachteln gibt!«

Eckhard Henscheid

Jürgen Mozart, Hochstapler und Zeitgenosse des unvergleichlichen Wolfgang Amadeus, trat in Hamburg zum ersten und letzten Mal in Erscheinung, als er Anfang der neunziger Jahre dem dortigen Opernhaus die Uraufführung von *Die Mahlzeit des Figaro* anbieten wollte.

Rückfragen seitens der Hamburger Direktion bei den damit befaßten Salzburger Stellen enthüllten den dreisten Betrugsversuch.

Jürgen Mozart, vom Souffleur gewarnt, floh mit dem Rest vom Vorschuß über den Schnürboden, die Alster längs, dann gradeaus nach Altona ins Dänische.

Dort soll er, der Hamburger Justiz entzogen, dem Vernehmen nach als »Karl-Heinz Haydn« mit Kammermusik-Abenden ein Schweinegeld gemacht haben.

F. W. Bernstein

Einst besuchte [der Komponist Georg] Benda seinen Freund Rust in Dessau, welcher damals eben von seinen Reisen aus Italien zurückgekommen war. Über Tische fragte Benda: »Woher erhalten Sie diesen Wein?« – »Von Stettin«, antwortete Rust.

Nach Tische gingen beide miteinander spazieren und Rust erzählte in gutem Mute alle Merkwürdigkeiten seiner Reise. Diese Erzählung hatte nun fast eine halbe Stunde gewährt, während welcher Zeit Benda immer mit den Fingern beider Hände auf den Rocktaschen getrommelt hatte; als Rust in seiner Erzählung sagt: »Ich kam sodann nach Stettin.« – Hier kam nun Benda, der von der ganzen Reisebeschreibung kein Wort gehört hatte, wieder zu sich und sagte: »Ein schöner Wein! also von Stettin?«

Anekdotenlexikon

Ein Operndichter erhielt vor ungefähr 20 Jahren von einem nicht unbekannten Komponisten, wörtlich, nur mit mehr Umschweifen, folgende Aufforderung: Möchten Ew. – doch mir und dem Theater, bei welchem ich angestellt bin, eine Oper dichten! Ich glaube dafür stehen zu können, sie werde viel Glück machen, wenn Sie nur folgende Rücksichten nehmen wollen. Das Sujet muß groß, erhaben sein, aber viel Komisches eingemischt enthalten; von Sologesang darf nicht viel vorkommen, denn unser, »übrigens ausgezeichnetes« Personale singt nicht vorzüglich; in Ansehung des Spiels darf man an die Mitglieder freilich keine Ansprüche machen, denn dazu sind sie nicht geeignet; auch muß das Gedicht so eingerichtet sein, daß es vollkommen befriedigt, wenn man auch die Worte nicht versteht, denn sie sprechen sämtlich nicht

gut aus; endlich muß es der Direktion überlassen werden, die etwanigen Abänderungen im Weglassen, Einle-
gen und dergl. machen zu können, und das Ganze »in
der Bälde«, wo möglich in 3 Wochen, in meinen Händen
sein, weil die Karnevalszeit nahet.

Der musikalische Gesellschafter

Carl Friedrich Zelter, der Freund Goethes und Direktor
der Berliner Singakademie, hatte sich ein vielbändiges
Konversationslexikon bestellt und konnte das Eintreffen
des letzten Bandes gar nicht erwarten, denn er wollte
doch nachlesen, was über ihn selbst darin stand. Endlich
war es soweit, er blätterte in dem Band und fand
schließlich, was er suchte, nämlich: »Zelter – Im Mittelalter Reitpferd für Damen und Geistliche.«

Eines Tages kam ein bebrillter kleiner Herr mit einer
Notenrolle unterm Arm in das Privatkontor eines Wiener Musikverlegers. Dieser winkte unwillig ab: »Heut is
nix.« Der Bebrillte schloß schüchtern die Tür und ging
davon. »Wer war denn das?« fragte ein Bekannter des
Verlegers. »Schubert heißt er«, brummte der Verleger.
»Wann's nach dem ging, der käm alle Tag daher.«

Als sich Franz Schubert sein Geld noch durch Klavier-
unterricht verdiente, wurde er von einem Freund zu einem Spaziergang abgeholt. Während sie aus der Haustür
traten, sagte Schubert: »Wenn ich tot bin, wird an diesem
Haus eine Tafel angebracht werden.« »So berühmt bist

du doch nicht«, zweifelte der Freund, »was kann schon auf der Tafel stehen?« »Zimmer zu vermieten«, sagte Schubert schlicht.

Robert Schumann konnte so in sich selbst versunken sein, daß er seine Umwelt völlig vergaß. Dann pflegte er nicht selten statt zu reden zu pfeifen. Einmal war er bei Henriette Vogt in Leipzig zu einer Gesellschaft geladen. Schumann kam schon so verspätet, daß man gar nicht mehr mit ihm gerechnet hatte. Er begrüßte die Anwesenden mit einem stummen Kopfnicken, ging zum Flügel und phantasierte eine ganze Weile. Schließlich stand er auf, pfiff sich etwas und verließ, ohne ein einziges Wort gesprochen zu haben, die Gesellschaft.

Lortzing, als er noch Stubenältester am Konservatorium war, hatte es sich angewöhnt, noch vor der Frühstücksarie eine Weile in Opernstoffen zu kramen. Er konnte aber nichts Rechtes finden. Erst viel später dann und ganz woanders hat er ein unwahrscheinlich gutes Libretto gefunden: *Zar Zimmermann*.

Sein Pech war, daß ein Direktor seine Oper gut, den Titel aber blöd fand.

Um doch noch was zu retten, bot Lortzing dem Allmächtigen Alternativen an:

Zar oder Zimmermann
Zar gegen Zimmermann
Zar statt Zimmermann
Carmen
Zar und Zimmermann
Zar zu Zimmermann

Zar vor Zimmermann
Zar hinter Zimmermann
Zar war Zimmermann
etc.
Der Direktor hat sich den schönsten Titel rausgesucht,
und so wurde die Oper ein Riesenerfolg.

F. W. Bernstein

Albert Lortzing hatte sich bereits zu Bett gelegt, als er
von seinen Freunden ans Fenster gerufen wurde. »Albert, komm schnell runter, wir sollen jemandem eine
Nachtmusik bringen.« Gähnend kam die Antwort:
»Laßt mich in Ruhe, nicht für hunderttausend!« »Wir
bekommen pro Mann einen Gulden!« verkündeten die
Freunde. »Was, einen Gulden?« schrie Lortzing und war
plötzlich hellwach. »Ich bin gleich unten!«

Charles Baudelaire wollte Wagner kennenlernen und
suchte ihn auf. Wagner trug einen prächtigen gelben
Hausrock, er setzte sich ans Klavier und spielte ein Stück
aus seinen Werken, das Baudelaire herrlich fand. Dann
erhob sich Wagner, entfernte sich und kam in einem grünen Hausrock wieder. Wieder spielte er aus einem Werk,
stand abermals auf, verließ das Zimmer und kehrte diesmal in einem roten Hausrock wieder, um noch ein drittes Stück zu spielen. Baudelaire war begeistert. »Ich habe
wohl gemerkt, daß Sie die drei Stücke in verschiedenfarbigen Röcken gespielt haben, um gewissermaßen symbolisch den verschiedenen Gehalt der Werke auszudrükken. Könnten Sie mir diese Symbolik näher erklären?«

Wagner sah Baudelaire erstaunt an und erklärte: »Ich mußte die Röcke wechseln, weil sie völlig durchgeschwitzt waren.«

Ein Bariton wettete mit den Kollegen, daß er während einer *Rheingold*-Aufführung die Altistin, die die Partie der Erda sang, so zum Lachen bringen werde, daß der Vorhang fallen muß. Der Tag der Aufführung kam. Erda stieg im düsteren Licht, umrauscht von den Klängen des Orchesters, aus der Versenkung, als ihr der Kollege halblaut zurief: »Sag, meine Liebe, ißt du lieber harte oder weiche Eier?« Im tragischen Format hatte sie zu singen: »Weiche, Wotan, weiche!«

Bei einem Bankett zu Ehren Wagners ertönte plötzlich außerhalb des Saals ein gewaltiger Lärm von zerbrochenem Geschirr. Für einen Augenblick wurde alles still im Saal. Da hörte man eine Stimme: »Wer spielt denn da draußen den *Tannhäuser*?«

Jacques Offenbach gelang es 1860, Paris mit einigen Parodien auf Wagner zu erheitern. Dieser verkündete daraufhin, die Musik Offenbachs ströme die Wärme eines Dunghaufens aus, auf dem sich sämtliche Schweine Europas wälzten. »Und ich antworte ihm«, entgegnete Offenbach: »Wie schlecht wäre seine Musik, wenn es Musik wäre!«

Gioacchino Rossini kämpfte eines Tages wie ein Wahnsinniger gegen eine Partitur Wagners an, entlockte dem Instrument aber nur die scheußlichsten Kakophonien. »Aber, verehrter Meister«, machte ihn einer seiner Schüler aufmerksam, »Sie haben ja die Partitur verkehrt aufgestellt.« Rossini grimmig: »Ich habe es auch von der anderen Seite versucht, aber da ist es nicht besser!«

Auf einem Gastmahl, an dem Rossini teilnahm, wurde eine prächtige Schinkenplatte gereicht. Jeder bediente sich, bei Rossini aber blieb die Platte stehen, und der Meister aß so ungeniert, daß der Nachbar ungeduldig sagte: »Meister, der Schinken schmeckt auch mir!« »Aber niemals so wie mir!« bemerkte Rossini zwischen zwei gewaltigen Bissen und fuhr eifrig zu kauen fort.

In der Oper *Carmen* von Georges Bizet haben Flöte und Harfe im Zwischenspiel eine ausgedehnte, lange Solostelle. Einige Takte vor ihrem Ende befand sich in der Partitur einer kleineren Opernbühne – dick mit Rotstift eingetragen – die Bemerkung: »Hier sind die Bratschen zu wecken.«

Anton Bruckner war in Wahnfried zu Gast. Angetan mit einem altmodischen Frack, saß er still an seinem Platz und ließ kein Auge von dem vergötterten Meister Wagner. Man hatte ein Faß Münchner Bier angestochen, das sich Bruckner gut schmecken ließ. Wieder war sein Glas leer, aber er war zu schüchtern, um sich ein neues zu erbitten. Das bemerkte Wagner, ergriff selbst das

Glas, eilte zum Bierfaß, schenkte ein und stellte es mit einem »Zum Wohl« vor Bruckner hin. Der saß verdutzt da und konnte nur noch murmeln: »Jessas, so a Kellner!«

Bei der Exhumierung von Beethovens Leiche am 23. Juni 1888 war auch Bruckner zugegen. Tief ergriffen starrte er in den Sarg hinein. Beim Nachhausefahren war er in sehr ernster Stimmung. Der düster-erhabene Akt hatte ihn in seinem tiefsten Innern aufgewühlt. Er sprach keine zehn Worte. Plötzlich merkte er, daß ihm aus seinem Zwicker ein Augenglas fehlte. »I glaub«, meinte er mit freudiger Rührung, »das is mir in 'n Sarg vom Beethoven 'neingefallen, wia mi so stark vorgebeugt hab«, sagte er und war ganz betäubt von Glück, daß sein Augenglas im Sarg Beethovens ruhte.

Unter den Schülern Bruckners befand sich ein altes Semester, mit dessen Leistungen Bruckner nie zufrieden war und das er deshalb oft herunterputzte. Als der Mann sich einmal nicht mehr zu helfen wußte, rief er verzweifelt: »Aber Herr Professor, in welchem Ton reden Sie denn mit mir, ich bin schließlich ein verheirateter Mensch.« Darauf Bruckner ganz verlegen: »Dös hob i ja gor net g'wußt. Warum ham S' denn das net früher g'sagt?« Und ganz höflich: »Wie geht's denn der lieben Frau Gemahlin? Wie geht's den Kinderln?«

In Gesellschaft von Frauen war Anton Bruckner von monumentaler Hilflosigkeit. Während eines Essens hatte man eine Verehrerin neben ihn gesetzt. Sie war sehr unglücklich, daß Bruckner ihr keine Aufmerksamkeit schenkte. Schließlich nahm sie noch einen Anlauf: »Herr Professor, Ihretwegen habe ich mich heute ganz besonders schön angezogen – haben Sie's gemerkt?« »Von mir aus hötten S' gor nix anziehn brauchen, Fräulein!« erklärte Bruckner treuherzig.

Bruckner hatte sich in ein Bild der Dresdener Hofschauspielerin Clara Salbach sterblich verliebt. Er erklärte, sie unter allen Umständen heiraten zu wollen, kaufte für seinen Schüler Max Oberleithner und sich zwei Plätze in der ersten Parkettreihe, bewaffnete sich mit einem Riesenblumenstrauß und wartete auf Claras Erscheinen. Diese spielte in einem Konversationsstück eine Engländerin. Bei jeder die Bühne betretenden Darstellerin rief er begeistert aus: »Das ist sie!« und wollte den Strauß auf die Bühne werfen. Als endlich Clara Salbach kam, englisch frisiert, mit einer Brille auf der Nase, und Oberleithner sagte: »Das ist sie« – wandte sich Bruckner empört ab, verließ fluchtartig das Theater und sprach nie wieder ein Wort von ihr.

Als Bruckner nach seiner Meinung über Brahms gefragt wurde, meinte er: »Der Herr Dr. Brahms – alle Achtung! Ich aber bin der Bruckner – meine Sachen sind mir lieber!«

Brahms konnte Wagner nicht leiden. Der Sohn eines Freundes aber verehrte Wagner als seinen Übergott und hämmerte jedesmal den »Walkürenritt« herunter, wenn Brahms das Haus betrat, bis sich einmal folgendes Gespräch entspann. Brahms: »Wie alt bist du denn?« »Ich werde zehn.« »Schau, brav. Was dir nicht gefällt von den Noten, das schmeißte einfach unters Klavier. Ist auch nicht schade drum.«

Nach dem großen Erfolg von *Tristan und Isolde* verliebte sich Hans von Bülows Frau Cosima, eine Tochter von Franz Liszt, in Richard Wagner und floh mit ihm. Einige Zeit darauf dirigierte Bülow eine Sinfonie von Brahms, die ebenfalls ungeheuren Beifall fand. Da sagte Bülow zu seiner Tochter: »Lauf rasch zu deiner Mutter und sag ihr, sie möchte sich beeilen, Brahms zu heiraten. Jetzt ist gerade der günstige Augenblick dafür.«

Zwei Mitglieder des Hoforchesters Meiningen namens Gerster und Stolze waren dem Dirigenten Hans von Bülow als Musiker und als Menschen unsympathisch. Eines Tages trat der Konzertmeister vor Beginn einer Probe zu Bülow und sagte mit ernster Miene: »Ich muß Ihnen eine traurige Mitteilung machen, Herr Doktor. Unser Kollege Stolze ist in der vergangenen Nacht an einem Herzschlag gestorben.« »Und der Gerster?« lautete die hoffnungsvoll gespannte Antwort.

Während der Proben zu seiner achten Sinfonie eilte Gustav Mahler nach einer Pause ins Konzerthaus zurück. In den weitläufigen Nebengebäuden verlor er die Orientierung und wollte einen Raum durchschreiten, in dem verschiedene Arbeiter beschäftigt waren. »Hier können Sie nicht durch!« herrschte ihn ein uniformierter Diener an. »Aber ich bin doch Mahler!« wandte der Komponist ein. »Ob Sie nun Maler oder Lackierer sind, hier können Sie nicht durch!« erledigte der Zerberus die Kontroverse.

Bei einer Probe gab es aus bühnentechnischen Gründen eine endlose Pause. Gustav Mahler blieb am Dirigentenpult sitzen und sinnierte. Endlich konnte es weitergehen. Aber Mahler war eingeschlafen. Leise stieß ihn der Konzertmeister an. Verstört fuhr Mahler hoch, klopfte mit dem Taktstock aufs Pult und rief: »Zahlen!«

Zu einem Hornisten, mit dessen Leistung Mahler unzufrieden war, sagte er: »Wenn Sie nicht besser blasen, werden wir keine guten Freunde.« »Das will ich auch gar nicht«, meinte dieser seelenruhig. »Ich bin mit meinen Freunden sehr wählerisch.«

Der Wiener Hofkapellmeister Franz Schalk war zu einem Gastspiel in Graz, wo ihm das einheimische Orchester allerhand zu schaffen machte; besonders der Posaunist versagte an einer schwierigen Stelle des Stücks regelmäßig. »Na hören Sie mal«, rief Schalk, »Sie können das ja überhaupt nicht spielen!« »Verzeihung, Herr Hofkapellmeister«, kam die Antwort, »wenn ich das spielen könnte, wäre ich auch nicht Posaunist in Graz.«

Ein amerikanischer Multimillionär hatte Enrico Caruso eingeladen, in seinem Haus zu singen. Caruso lehnte sonst solche Einladungen ab, aber diesmal war der Scheck, der der Aufforderung beilag, so hoch, daß er eine Ausnahme machte. Als er am festgesetzten Abend im Frack mit allen Orden erschien, fand er zu seinem Erstaunen nicht die erwartete Gesellschaft vor; der Mäzen hielt sich allein in seinem Musikzimmer auf. Caruso fragte verwundert, wann und was er singen solle. Der Millionär antwortete gleichgültig: »Jetzt gleich, einerlei was.« Verblüfft gab Caruso seinem Begleiter am Flügel ein Zeichen, und einen Takt später füllte die herrlichste aller Stimmen den Raum. Im gleichen Augenblick jedoch begann ein großer Hund, der neben dem Flügel lag, entsetzlich zu heulen. Erschrocken brach Caruso ab. Da sagte der Amerikaner: »Herr Caruso, mein Hund heult, sowie er Musik hört. Es hatte mich interessiert, ob er auch bei Ihrem Gesang heult. Ich danke Ihnen.«

Franz Léhar dirigierte in einem Kurort eine Kapelle, als er im Hintergrund des Musikpavillons Rauch aufsteigen sah. Besorgt blickte er in diese Richtung, dirigierte aber weiter, nachdem ihm die Musiker beruhigende Zeichen gegeben hatten. In der Pause erhielt er von dem Schlagzeuger die Aufklärung: »Wir haben fast ununterbrochen von vormittags bis zehn Uhr abends zu spielen. Weil ich an dem Schlagzeug so wenig zu tun habe, backe ich immer für uns alle Kartoffelpuffer.«

Nach einer Aufführung von Débussys *La mer* fragte der Komponist den Kollegen Eric Satie nach seinem Urteil. »Gefällt mir wirklich gut«, meinte Satie, »besonders im ersten Teil, überschrieben ›Von der Morgendämmerung bis zum Mittag auf dem Meer‹, das kurze Stück um halb elf herum.«

Ein Kritiker hatte Max Reger fürchterlich verrissen. Reger schrieb ihm einen kurzen Brief: »Sehr geehrter Herr! Ich sitze hier im kleinsten Raum meines Hauses und lese Ihre Kritik. Noch habe ich sie vor mir ... Hochachtungsvoll Max Reger.«

Regers C-Dur-Sonate für Violine und Klavier wurde von der Kritik abgelehnt. Verwundert meinte er: »Dabei habe ich sie doch eigens für die Kritiker geschrieben!« Erst nach längerer Zeit stellte man fest, daß im letzten Satz die beiden Motive a-f-f-e und s-c-h-a-f kunstvoll verarbeitet sind. In Fachkreisen heißt dieses Werk deshalb die Affe-Schaf-Sonate.

Max Reger schrieb einer Dame, die ihm aus Begeisterung über sein Klavierspiel in Schuberts *Forellenquintett* Forellen geschickt hatte, er werde sich erlauben, in seinem nächsten Konzert das *Ochsenmenuett* von Haydn zum Vortrag zu bringen.

Reger aß gern und viel. So bestellte er beim Ober eines Tages, sich hungrig zu Tisch setzend: »So, mein Lieber, nun bringen Sie mal zwei Stunden lang Wiener Schnitzel!«

Reger saß im Gasthaus, wo eine Kapelle spielte, und rief den Ober: »Herr Ober, spielt die Kapelle auch Wünsche der Gäste?« »Gewiß, was soll die Kapelle spielen?« »Am liebsten wäre mir, wenn die Kapelle Schach spielt, bis ich mit dem Essen fertig bin.«

Reger war in ein versnobtes Lokal geraten. »Mit was für Holz wünschen Monsieur die Schnepfe gebraten?« fragte ihn der Ober. Leicht über die Schulter antwortete Reger: »Nehmen Sie eine alte Stradivari!«

Reger war zur Erholung in Berchtesgaden. Beim Spazierengehen begegnete er einer hochgestellten Dame, die ihn zum Mittagessen einlud. Vorsichtig meinte sie: »Ich weiß allerdings nicht, ob es reichen wird.« Reger erschien pünktlich zur angegebenen Stunde, ein Paket unterm Arm. Auf die Frage, was er da mitgebracht habe, erwiderte Reger: »Würste, falls es nicht reicht.«

Ein junger Musiker spielte Reger seine neuesten Lieder nach Gedichten von Goethe vor. Am Schluß entstand eine lange Pause. Endlich tönte aus der Ecke vom Lehnsessel her Regers Stimme: »Ja, ja, Goethes Gedichte – unverwüstlich sind sie.«

Eine Fabrik übersandte Reger als neueste Erfindung einen Aschenbecher, der sich am Klavier befestigen ließ, mit der Bitte um ein werbewirksames Wort. Reger schrieb zurück: »Dieser Aschenbecher kann jedem empfohlen werden, der zum Rauchen Musik machen will.«

In jungen Jahren nahm Reger an einem Universitätskurs für Instrumentenkunde teil. Einmal fragte er den Professor, was eigentlich »Zagen« seien. Der Gefragte beschrieb das Instrument als eine Art Lyra, doch besonders breit und mit mehreren Saiten bespannt. Er zeichnete die Zage auf Regers Wunsch auch noch in rascher Skizze auf. Da bedankte sich Reger und sagte: »Jetzt kann ich's mir doch endlich richtig vorstellen, was in der Bibel steht: ›Die Israeliten kamen mit Zittern und Zagen‹!«

Max Reger und Moritz Rosenthal gaben gemeinsam ein Konzert. Ein Kritiker fühlte sich bemüßigt, die knappe Anzeige »Konzert von Reger und Rosenthal« zu bemängeln. Reger oder Rosenthal, schrieb er, könne jeder heißen, erst der Vorname vermittle den Begriff einer bestimmten Künstlerpersönlichkeit. Daraufhin ließ Reger für das nächste Konzert neue Zettel drucken, und die Kunstfreunde lasen: »Konzert von Max und Moritz.«

Die meisten Orgelwerke Regers hat sein Freund Karl Straube uraufgeführt. Nach einem Konzert mit einem anderen Organisten wurde der Komponist nach seiner Meinung gefragt. Sie lautete: »Die Orgel hört' ich wohl – allein mir fehlt der Straube!«

Der Pianist Wladimir von Pachmann war sehr launisch und machte sich immer vor dem Publikum mit dem Klavierstuhl zu schaffen. Bald war der Stuhl zu hoch, bald zu niedrig. Man legte ihm ein Telephonbuch unter, er probierte es und schüttelte mißmutig den Kopf. Dann riß er eine Seite heraus, probierte abermals, setzte sich verklärt an die Tasten und begann sein Konzert.

Der finnische Sinfoniker Jean Sibelius feierte die Feste, wie sie fielen. Daß sie sich auch oft recht ausdehnten, hatte sein Freund Robert Kajanus nicht bedacht. Erst am dritten Tag erinnerte er sich, daß er am späten Abend in Petersburg eine Verpflichtung als Gastdirigent hatte. Hastig stürzte er aus dem Haus, ohne sich von seinen Freunden zu verabschieden, nachdem er sich im Bad etwas erfrischt hatte. Rechtzeitig kam er in Petersburg an, besorgte sich einen Frack und war termingemäß an Ort und Stelle. Als er am nächsten Tag wieder bei Sibelius eintraf, wurde er von diesem vorwurfsvoll gemustert. Dann reichte er Kajanus ein Glas Wein, stieß mit ihm an und meinte: »Es ist doch eine Schande, so lange im Badezimmer zu bleiben!«

Der Berliner Operettenkomponist Paul Lincke las in einer Zeitung die Nachricht von seinem allzu frühen Tod. Er rief seinen Verleger an: »Haste das gelesen?!« »Natürlich habe ich das«, erwiderte der Verleger, »und von wo telefonierste?«

Alfred Grünfeld heiratete ziemlich spät. Ein Freund fragte ihn: »Na, wie geht's in deiner Ehe?« »Wenn ich die Wahrheit sagen sollte, müßte ich lügen«, erklärte der Ehemann.

Der Komponist Eugen d'Albert spielte im Haus eines geizigen Fürsten. Nach dem Konzert wurde der Pianist gefragt, ob er als Honorar tausend Mark oder das Großkreuz des Hausordens wünsche. D'Albert erkundigte sich nach dem Wert des Ordens und meinte: »Dann bitte ich, mir das Großkreuz zu verleihen und die restlichen 850 Mark in bar auszahlen zu lassen.«

Ferruccio Busoni besaß ein eminentes Notengedächtnis. Als er bemerkte, daß seine Frau vor einer Konzertreise Noten einpacken wollte, meinte er: »Ja, willst denn du einen Klavierabend geben?«

Richard Strauss probte seine Alpensinfonie. Bei den wilden Geigenpassagen im Abschnitt »Gewitter und Sturm« entfiel plötzlich einem Geiger der Bogen. Strauss klopfte ab: »Das Gewitter bitte nochmal, einer der Herren hat seinen Regenschirm verloren.«

Zu seinem 50. Geburtstag brachte ein Orchester dem Jubilar mit dem *Rosenkavalierwalzer* ein Ständchen. Strauss sprach den Musikern seine Anerkennung aus, worauf der Dirigent stolz erwiderte: »Vielen Dank, Herr Doktor. Schreiben kann das halt jeder; aber spielen – das ist eine Sauarbeit!«

Richard Strauss saß mit seiner Gattin Pauline in einem Hotel in Pontresina beim Kaffee. Die Kapelle spielte ein Potpourri mit Melodien von Lanner, Lincke und modernen Schlagern. Genießerisch lehnte sich die Frau des Komponisten zurück: »Siehst, Richardl, dös is Musik!«

Strauss gab einmal mit seiner Frau Pauline einen Liederabend und saß nachher mit einer Runde von Künstlern und Kunstfreunden zusammen. Das Gespräch kam auf das Aussehen großer Komponisten, und jemand bemerkte, auf Strauss anspielend, es gebe Komponisten, die gar nicht danach aussähen, die man eher für Staatsbeamte oder Philister halten könnte. »Mag schon sein«, bemerkte Pauline, »daß mei Richardl wie a Philister ausschaut; aber aufm Papier, da tobt er sich aus!«

Hans Rosbaud dirigierte in Paris Berlioz' *Phantastische Sinfonie*. Zu Beginn des vierten Satzes erschienen plötzlich schaurig kostümierte, rot bemalte Gestalten im Saal. Sie sprangen bei der Schlußsteigerung von beiden Seiten auf das Konzertpodium und begannen einen wilden, phantastischen Tanz, bis ans Dirigentenpult vordringend. Ohne mit der Wimper zu zucken, dirigierte Rosbaud weiter. Als der Satz zu Ende war, verbeugten sich die Tänzer höflich gegen Dirigenten, Orchester und Publikum und verschwanden. – Es handelte sich um Kunststudenten, die ein Kostümfest feiern wollten und sich im Saal geirrt hatten.

Während einer langen Unterhaltung ging der Dirigent Thomas Beecham mit einem alten Freund die Reihe der bedeutenden englischen Komponisten seit Henry Purcell durch. »Und was ist mit Elgar?« unterbrach ihn der Freund. »Was soll mit ihm sein?« sprach Beecham. »Ist er krank?«

Der Tenor Leo Slezak war beim Studium eines Liedes mit der Aussprache des Schülers nicht zufrieden. »Es heißt ›und ist der Mai erschienen‹«, erklärte er, »und nicht ›und ißt der Maier Schienen‹!«

Leo Slezak war im Begriff, mit seiner Familie ans Meer zu fahren. Am Tegernseer Bahnhof, kurz vor Abfahrt des Zuges, zählte er die Häupter seiner Lieben, musterte den Kofferberg und meinte sinnend zu seiner Gattin: »Wir hätten besser noch unseren Schreibtisch mitgenommen.« Erstaunt sah sie ihn an. »Ja, weißt du«, fuhr er fort, »ich habe nämlich die Fahrkarten darauf liegen lassen.«

Slezak suchte einen befreundeten Arzt auf und klagte über Appetitlosigkeit. Der Arzt wollte wissen, was Slezak am selben Tag schon zu sich genommen habe. »Eine Ochsenschwanzsuppe, einen Schweinebraten mit vier oder fünf Semmelknödeln, eine Portion Kaffee, sechs Indianerkrapfen und drei Schaumrollen!« Der Arzt lachte: »Dann ist es allerdings kein Wunder, wenn du jetzt keinen Appetit hast.« »Findest du!« grollte der Heldentenor. »Ich hatte aber schon vorher keinen.«

Slezak verbreitete das Gerücht, er sei, um abzunehmen, Vegetarier geworden. Richard Strauss aber ertappte ihn beim Verzehren eines saftigen Hähnchens. Er fragte: »Leo, ich hab gemeint, du bist Vegetarier?« Slezak antwortete: »Bin ich auch, aber heute ist mein Fasttag.«

In München wurden gleichzeitig Werke von Werner Egk und Carl Orff aufgeführt. In allen Musikerkreisen wurde leidenschaftlich über sie debattiert. Man fragte auch den Komponisten Hans Pfitzner um seine Meinung. »Egk mich am Orff!« winkte er ab.

Der Bassist Fedor Schaljapin nahm vor dem Auftritt immer ein rohes Ei zu sich, welches sein Diener im Silberbecher zu servieren hatte. Bei einem Liederabend hatte das Faktotum verkehrte Noten bereitgelegt. Darüber geriet Schaljapin so in Wut, daß er ihm das rohe Ei an den Kopf schleuderte. Nachdem der noch mit Ei bekleckerte Diener auf der Bühne rasch die Noten ausgewechselt hatte, eilte Schaljapin aufs Podium und drückte unterwegs, sich entschuldigend, den Diener kurz an seine Brust. Nach der ersten Nummer tosender Beifall, der Schaljapin veranlaßte, hinter der Bühne vor Begeisterung seinen Klavierbegleiter Julian von Karolyi zu umarmen. Orkanstärke nahm der Applaus an, als beim nächsten Auftritt als Dritter auch noch der Klavierbegleiter mit Eigelb besudelt auf dem Podium erschien.

Ein Klavierbauer suchte Artur Schnabel auf und wollte ihn für ein mechanisches Klavier interessieren, das, wie er ausführte, einen solchen Grad der Perfektion erreicht habe, daß dem Spieler sechzehn verschiedene Nuancen zur Verfügung stünden. »Was Sie nicht sagen«, war Schnabels Kommentar. »Aber für mein Klavierspiel benötige ich leider siebzehn.«

Als Erzherzog Eugen von Österreich einige Jahre in Basel lebte, dachte auch Wilhelm Furtwängler daran, sein Hauptquartier dort aufzuschlagen. »Man lebt hier sehr angenehm«, sagte der Erzherzog zu ihm, »die Leute sind schrecklich nett zu mir; sie nennen mich vertraulich ›der Erzi‹.« »Hm«, meinte Furtwängler, »da werde ich doch lieber nicht nach Basel ziehen!«

Der Violoncellist Ludwig Hoelscher wurde zu einer Gesellschaft eingeladen und nach dem Essen gebeten, den Gästen etwas vorzuspielen. »Es tut mir leid«, sagte Hoelscher, »aber ich habe mein Cello nicht mitgebracht.« »O, wie bedauerlich! Warum denn nicht?« »Es hatte leider überhaupt keinen Hunger.«

Als Leo Kestenberg seine Militärzeit ableisten mußte, wurde er bei einem Empfang von einem Generalmajor in die Zange genommen: »Feldwebel Kestenberg, was sind Sie in Ihrem Zivilverhältnis?« »Melde gehorsamst, Herr Generalmajor, Musiker.« »Aber was für eine Art Musiker? Es gibt so viele Arten von Musikern, von den berühmtesten bis zu den Straßenmusikern! Zu welcher

Art gehören denn Sie?« »Melde gehorsamst, Herr Generalmajor, ich bin Pianist.« »Zum Teufel! Und auf welchem Instrument?«

Der Violinvirtuose Fritz Kreisler spazierte in New York mit einem Freund durch die Fifth Avenue, als sie vor einem großen Fischgeschäft stehenblieben. Hunderte von Fischen lagen im Schaufenster und starrten die beiden aus leblosen Augen an. »Himmel«, Kreisler zuckte zusammen, »ich habe ja heute abend Konzert!«

Zu seinem 85. Geburtstag erhielt Arturo Toscanini aus aller Welt Glückwünsche. Er ließ 1000 Antwortkarten drucken: »Von allen Glückwünschen, die ich zu meinem Geburtstag erhielt, hat mich der Ihre am meisten gefreut. Toscanini.«

Der vor den Nazis nach Amerika geflohene Komponist Ernst Krenek spielte in Boston sein eigenes Klavierkonzert: ein aggressives, radikales, atonales Stück. Nach einer Weile wandte sich eine alte Dame zu ihrem Mann hinüber und sagte: »Das müssen ja ganz schreckliche Zustände in Europa sein.«

Arthur Rubinstein wurde von einem Journalisten gefragt, welche Kritik ihm am meisten Spaß gemacht hätte. Der Pianist antwortete: »Sie erschien in einer kalifornischen Zeitung und lautete: ›Der Flügel war ausgezeichnet, und Rubinstein spielte darauf nicht schlecht.‹«

Otto Klemperer traf in London den Schriftsteller Peter de Mendelssohn. Der kannte Klemperers neueste Aufnahme von Mozarts Jupitersinfonie noch nicht, weshalb sie in den nächsten Schallplattenladen gingen. »Haben Sie Mozarts Jupitersinfonie, dirigiert von Klemperer?« fragte der Dirigent. Der Verkäufer verneinte. »Die müssen Sie doch haben«, brummte der Dirigent, und als der Verkäufer abermals verneinte, sagte er: »Ich bin nämlich Klemperer!« Darauf der Verkäufer: »Dann ist der Herr neben Ihnen wohl Mozart.« »Nein«, sagte Klemperer, »das ist Mendelssohn.«

Bei einer *Traviata*-Probe hatte einer der Posaunisten offenbar keinen guten Tag. Eine exponierte Stelle geriet nicht eben glanzvoll. Clemens Krauss klopfte ab und stellte fest: »Diese Stelle habe ich auch schon besser blasen gehört.« Protestierte der Posaunist: »Aber nicht von mir, Herr Direktor!«

Jascha Heifetz wurde von einer Dame über seine Karriere befragt. Der Geiger erklärte: »Mein erstes Konzert habe ich mit sechs Jahren gegeben, damals übte ich täglich acht Stunden.« »Und vorher, was taten Sie da? Nur so herumgebummelt?« erkundigte sich die Dame weiter.

Der Pianist Leopold Godowsky saß mit dem Geiger Jascha Heifetz in einer Loge beim ersten Konzert, das Yehudi Menuhin in New York gab. Der Erfolg war ungeheuer. In der Pause sagte Heifetz zu Godowsky: »Heute ist es aber schrecklich heiß hier.« Darauf Godowsky: »Für Pianisten nicht.«

Als Yehudi Menuhin in Berlin ein Gastspiel gab, hatte auch der Zirkus Sarrasani seine Zelte aufgeschlagen. Zu den Glanzleistungen, die geboten wurden, gehörte der Seiltänzer Herera, dessen Vorführungen ohne Netz die Zuschauer mit atemloser Spannung verfolgten. Zuerst produzierte er sich auf dem Seil, hin und her gehend. Mit Stange. Dann ohne Stange. Er ließ sich die Augen verbinden und lief über das Seil hin und her. Mit Stange. Dann ohne Stange. Nun reichte man ihm ein Fahrrad hinauf, mit dem er das Seil abfuhr. Mit Stange. Dann ohne Stange. Zuletzt kam der Höhepunkt. Herera fuhr mit verbundenen Augen auf dem Rad und spielte dazu auf einer Geige das Ave Maria von Bach-Gounod. Da sagte ein Zuschauer zu seiner Frau: »Also – ein Menuhin ist er nicht.«

Nach dem Zweiten Weltkrieg gab der Pianist Walter Gieseking im Gesellschaftshaus der BASF einen Klavierabend. Mitten in Beethovens *Appassionata* donnernder Krach. Ein durch Bombenangriffe brüchig gewordener Plafond war herabgestürzt. Der Raum war von Staubwolken und Trümmern erfüllt. Besucher waren verletzt. Aus beklemmender Stille hörte man plötzlich die Frage des staubbedeckten Pianisten: »Können wir nun weitermachen?«

Fritz Busch führte in Dresden ein Chorwerk des begabten jungen Komponisten Gottfried Müller auf. Man horchte auf: Ein neuer Könner schien sich anzukündigen. Die Presse ging lebhaft mit, und der Musikkritiker eines führenden Blattes erklärte: »Den Namen Müller wird man sich merken müssen.«

Herbert von Karajan dirigierte die Berliner Philharmonie und war eben im Begriff, einen Pianissimo-Einsatz zu geben. Lautes Husten im Publikum. Karajan senkte die Arme und hob sie nochmal zum Einsatz. Wieder Husten im Publikum. Stimme aus dem Publikum an den Dirigenten gerichtet: »Nur Mut!«

Karajan benutzte für eine kürzere Reise einmal nicht sein eigenes Flugzeug, sondern mietete einen Hubschrauber. Wegen Nebels verfranzte sich der Pilot und mußte froh sein, irgendwo auf einer Wiese landen zu können. Mißmutig gingen beide zum einzigen Gasthof des nahe gelegenen Städtchens und baten um zwei Zimmer. »Bedaure, ich habe kein einziges Zimmer frei.« »Aber Sie können uns doch hier nicht bei Nacht und Nebel abweisen. Ich bin der Dirigent Herbert von Karajan.« »Und wenn Sie Heintje wären – ich kann Ihnen kein Zimmer geben, wenn ich keines habe.«

Luciano Pavarotti hatte sich zum Essen niedergelassen. Der Kellner brachte Salat, aber der Sänger wies ihn ab. Der Kellner höflich: »Aber der Salat macht Lust zum Essen.« Pavarotti: »Dann geben Sie ihn mir, wenn ich satt bin!«

Gut lachen hatte Opernkritiker Joachim Kaiser, als er merkte, daß bei seinem 625. Besuch des *Rosenkavalier* Carlos Kleiber noch »mitreißend enthusiastischer, schattenlos jubelnder, elementar-phantastischer, großartigwaghalsiger, dämonisch-banger, herber und größer erregt-archaisch« dirigierte als beim 618. Male.

Eckhard Henscheid

Maler- und Bildhaueranekdoten

Der Bildhauer Alexandre Falguière glaubte in seiner Frühzeit, ein großer Maler zu sein, und lud einen Freund ein, seine neuesten Bilder zu besichtigen. Der sah sich die Bilder prüfend an und rief vor jedem einzelnen lärmend: »Großartig!« »Wunderbar!« »Ein Meisterwerk!« Plötzlich bemerkte er eine entzückende kleine Statuette Falguières in der Ecke und sagte ruhig: »Das da ... das ist gut.«

Der Berliner Bildhauer des Klassizismus Johann Gottfried Schadow ließ bei seinen Schülern keinen Dünkel aufkommen. Nahm er dergleichen wahr, so entstanden Gespräche wie dieses: Schadow: »Haste det alleene jemacht?« Schüler: »Jawohl, Herr Direktor.« »Janz alleene?« »Jawohl, Herr Direktor.« »Gut, dann kannste Töpper werden!«

Noch im hohen Alter beaufsichtigte Schadow die Studenten im Aktsaal der Berliner Akademie. Einer der Schüler mühte sich eben, den Umriß einer menschlichen Figur auf dem Papier festzuhalten, aber die Linien waren unsicher gezogen und die Proportionen falsch. Schadow hieß ihn aufstehen, nahm seinerseits Platz und sagte lakonisch: »Nu paß uff. Ich mach det so.« Er nahm den Kreidestift, tupfte Punkte mit fester Hand auf das Zeichenpapier, und während er diese Punkte mit sicher gezogenen Linien miteinander verband, brummte er vor sich hin: »Det hab ick von meinem Vater. Der war'n Schneider.«

Ein Jugenderlebnis, von dem er [Schadow] gerne sprach und das ihm so recht deutlich gezeigt hatte, mit wie wenig Worten sich durchkommen lasse, schien eine Nachwirkung auf sein ganzes Leben ausgeübt zu haben. Als er 1791 über Schweden nach Petersburg reiste, fand er an der russischen Grenzstation Kymen einen ehemaligen russischen Korporal als Posthalter vor. Schadow fror bitterlich und hatte Hunger und Durst. Er wußte kein Wort Russisch, und um sich so gut wie möglich zu introduzieren, sagte er bloß: Tottleben, Tschernitscheff, Zarewna. Der Korporal antwortete: Belling, Zieten, Fridericus Rex. So wurde mit Hülfe des Siebenjährigen Krieges Freundschaft geschlossen. Man fand sich und schüttelte sich die Hände. Der Russe schaffte Speisen und Tee herbei und trat dann unserm Schadow sein Bett ab, das das einzige in der ganzen Gegend war.

Theodor Fontane

Der hannöverische Konsul August Kestner, Sohn der Goetheschen Lotte, hielt sich für einen großen Maler und hatte ein riesiges Gemälde *Das Jüngste Gericht* entworfen. Als das Werk weit genug gediehen schien, lud er seine Künstlerfreunde in sein großes Studio ein und hatte auch gleich hinter dem Bild den Tisch für seine Gäste gedeckt. Die Maler stellten sich vor dem Bild auf, aber als der Hausherr um ihr Urteil bat, entstand verlegenes Schweigen. Endlich trat der Maler Peter Cornelius aus der Reihe, ging einige Schritte zurück und setzte, ohne ein Wort zu verlieren, Kopf voran durch den Karton. Drüben angelangt, nahm er sogleich am Tisch Platz. Sein Beispiel gab den Kollegen Mut, und alle ahmten den Salto nach, bis sie vollständig an der Tafel versammelt waren. Kestner ersparte sich weitere Fragen.

Ingres malte an vielen Porträts zugleich, und durch die ständigen Unterbrechungen zogen sich die Arbeiten lange hin. Einmal begann er das Bildnis einer Dame mit ihrem kleinen Sohn. Er malte eine Zeitlang daran, hörte auf, begann aufs neue, unterbrach wieder. So ging das monatelang, jahrelang. Eines Tages bat er die Dame wieder ins Atelier. Sie kam – allein. Ingres fragte: »Haben Sie Ihren kleinen Jungen nicht mitgebracht?« Die Dame: »Nein, mein kleiner Junge ist eben Leutnant bei den Dragonern geworden.«

Der nordamerikanische Maler James McNeill Whistler wurde in London in einen Prozeß verwickelt, in dem es um aktuelle Kunst ging, und das Gericht bemühte sich, die schwierige Materie zu verstehen. Ob er den Herren Geschworenen nicht klarmachen könne, was Kunst eigentlich sei, forderte der vorsitzende Richter den Maler auf. Whistler klemmte sein Monokel ins Auge, ließ seinen Blick langsam über die einzelnen Geschworenen gleiten, nahm das Monokel wieder ab und sagte: »Nein.«

Der Kunstkritiker John Ruskin hatte in bezug auf Whistlers Gemälde erklärt, es sei eine Unverschämtheit, den Menschen einen Farbtopf ins Gesicht zu werfen und dafür 200 Guineen zu verlangen. Eine Dame, die mit beiden befreundet war, versuchte zu vermitteln: Was er, Whistler, denn gegen den alten Ruskin habe; er stehe doch schon mit einem Fuß im Grab. »Gegen diesen Fuß habe ich auch gar nichts«, erwiderte Whistler.

Whistler und der Malerkollege Leighton trafen sich in Piccadilly und gerieten weiterspazierend in eine Kunstdebatte. »Aber mein lieber Whistler«, sagte Leighton, »Sie lassen Ihre Bilder so roh, so skizzenhaft! Warum beenden Sie sie niemals?« Whistler gab ein herzloses Gelächter zum besten. »Mein lieber Leighton«, sagte er, »– und warum fangen Sie jemals an?«

Eine Londoner Zeitung vermerkte in einer Notiz, man habe am vergangenen Tag Whistler und Oscar Wilde zusammen gesehen; wie üblich hätten sie nur von sich gesprochen. Wilde schnitt die Notiz aus und zeigte sie Whistler. Das Schlimme bei den Journalisten sei doch immer ihre Ungenauigkeit, meinte er dabei; wie Whistler sich sicher erinnern könne, hätten sie die ganze Zeit ausschließlich über ihn, Wilde, gesprochen. »Das stimmt, Oscar«, entgegnete Whistler. »Aber es scheint Ihnen entgangen zu sein, daß ich dabei ausschließlich an mich dachte.«

Ein Freund Franz Lenbachs besaß ein kleines, unsigniertes Bild des Meisters, das er verkaufen wollte. Er ging zu Lenbach und bat ihn, das Bild mit seinem Namen zu zeichnen, weil es dadurch an Wert gewönne. Lenbach weigerte sich und erklärte nach einem heftigen Streit kategorisch: »Das tu ich nicht!« Wütend wandte sich der Freund ab, um das Atelier zu verlassen, und als er die Tür öffnete, donnerte ihm Lenbach nach: »Und was du jetzt denkst, das tu ich auch nicht!«

Der Maler Degas war Zeuge, als sein Bild *Danseuse à la barre* den Preis von fast 500000 Francs erzielte. Er wurde gefragt, wie er sich dabei fühle, und antwortete: »Wie ein Pferd, das den Grand Prix gewonnen hat. Das läuft für den Hafer.«

Matisse zeigte einer Dame seine Bilder. Sie betrachtete einen weiblichen Akt und rief: »Aber so sieht eine Frau doch gar nicht aus.« Matisse antwortete: »Das ist keine Frau, das ist ein Bild.«

Max Slevogt porträtierte eine Dame, die sich von Sitzung zu Sitzung stärker schminkte. Schließlich sagte der Maler: »Gnädige Frau, wir müssen uns nun einigen: Malen Sie oder male ich?«

Max Liebermann war als Porträtmaler hochgeschätzt. Allerdings pflegte er keinen platten Realismus. Als einer der Porträtierten verwundert fragte, ob er denn wirklich so aussehe wie auf dem Bild, sagte Liebermann: »Nee! Aber so sollten Sie aussehen!«

Max Liebermann hatte sich überreden lassen, die Gattin eines Neureichen zu malen. Dabei sollte die Dame vor dem Portal ihrer pompösen Villa stehen. Als Liebermann die erste Skizze brachte, sagte der Reiche: »Ich habe inzwischen eine Limousine gekauft – die muß mit drauf!« Liebermann verbiß sich seinen Ärger und malte eine zweite Skizze: Frau, Portal und Auto. »Sehr gut«, lobte der Auftraggeber, »aber sollte man nicht das ganze Haus mit auf das Bild nehmen – nicht nur das Portal?« »Eine gute Idee«, erklärte Liebermann und lieferte bald darauf das Gemälde ab. Es zeigte die Villa und sonst nichts. »Sie haben ja nur das Haus gemalt«, sagte der Hausherr entsetzt. »Wo ist denn meine Frau?« »Gerade ausgefahren«, war Liebermanns lakonische Antwort.

Max Liebermann wurde von jemand, den er nicht leiden konnte, gefragt: »Na, was machen Sie denn heute für ein Gesicht?« Liebermann versetzte: »Männeken, wenn ich Gesichter machen könnte, dann wären Sie der erste, dem ich ein anderes machte.«

Als das Altonaer Rathaus ausgemalt werden sollte, erhielt Liebermann den Auftrag. Er wählte als Sujet die vier Jahreszeiten. Ein Stadtrat bedauerte, daß Liebermann sich nicht von der Geschichte der Stadt hatte anregen lassen. »Aber das habe ich doch getan«, protestierte Liebermann. »Was ist denn in Altona sonst noch passiert – außer den Jahreszeiten?«

Als die Nazis an die Macht gekommen waren, wurde ein Beamter beauftragt, Max Liebermann mitzuteilen, daß er als Jude nicht mehr Präsident der Preußischen Akademie der Künste sein könne, und ihn zu einem freiwilligen Rücktritt zu bewegen. Er versuchte über die veränderten Zeiten zu reden, daß die neuen Zeiten neue Menschen brauchten, daß auch in der Akademie Veränderungen unumgänglich seien usw. Liebermann schwieg die ganze Zeit. Der Beamte fing an zu stottern, murmelte noch etwas in den Bart, schließlich saß er völlig stumm vor dem Maler. Nach langem, sehr langem Schweigen sagte Max Liebermann: »Sie haben sich nun lange genug geschämt, jetzt können Sie ruhig gehen.«

Der Zeichner Jean Louis Forain war während des Ersten Weltkriegs Soldat. Eines Tages rügte ihn ein General wegen seiner lässigen Haltung, denn Forain hatte eine Zigarette zwischen den Fingern, die andere Hand in der Hosentasche, das Käppi im Nacken. »Sie sind der berühmte Zeichner Forain?« fragte der General. »Ja.« »Sie haben viel Talent – aber hier muß man sich anders benehmen.« »Ich bin Zivilist.« »Sie müssen wenigstens strammstehen!« »Ich weiß nicht, wie man das macht.« »Also: der kleine Finger an der Hosennaht, der Kopf ...« »Nein, ich verstehe es nicht.« »Dann werde ich es Ihnen zeigen. Schauen Sie!« Der General legte die Hände an die Hosennaht, schlug die Hacken zusammen und hielt den Blick geradeaus. – »Rührt euch«, sagte Forain herablassend, »rührt euch!«

Als Forain auf dem Sterbebett lag, wollte der Arzt ihm Mut zusprechen. »Der Puls ist gut, das Herz ist ausgezeichnet, die Lungen arbeiten tadellos, das Fieber sinkt ...« »Mit einem Wort«, meinte Forain, »ich sterbe bei bester Gesundheit.«

Pablo Picasso war in Málaga als Sohn eines Malers und Zeichenlehrers geboren worden. Dieser hielt ihn frühzeitig an, sorgsam die Natur und ihn selbst zu kopieren, und beauftragte ihn, auf seinen Bildern bestimmte Details zu Ende zu führen. Da der Vater hauptsächlich Fliedersträuße und Tauben malte, wurden Picasso regelmäßig die Stengel des Flieders und die Füße der Tauben anvertraut. Sein Vater war unzufrieden. »Ich weiß nicht«, sagte er, »was aus dem Jungen einmal werden soll. Malt er Fliederstengel, so sehen sie aus wie Taubenfüße, und malt er Taubenfüße, so sehen sie aus wie Fliederstengel.«

Ein Besucher, der über Picassos Malerei rätselte, fragte verzweifelt, welche Botschaft er mit seinen Bildern ausdrücken wolle. »Ich überbringe keine Botschaften«, antwortete Picasso. »Ich bin Maler, kein Postbote.«

Jemand besuchte Pablo Picasso. Da er seine Bilder nicht verstand, fragte er: »Können Sie mir Ihre Bilder erklären?« »Sicher. Sagen Sie, verstehen Sie Chinesisch?« »Nein.« »Sehen Sie, mit der Kunst ist es genauso wie mit der chinesischen Sprache. Wenn man sie nicht erlernt, versteht man sie auch nicht.«

Als Picasso einem Schüler erklären wollte, wie man malen soll, sagte er: »Machen Sie die Augen zu und malen Sie, was Sie sehen!«

Nachdem die Nazis Paris besetzt hatten, kamen auch deutsche Soldaten in Picassos Atelier in der Rue des Grands-Augustins. Ein Offizier schaute sich lange das berühmte Bild *Guernica* an. Endlich fragte er Picasso: »Haben Sie das gemacht?« »Nein«, sagte Picasso. »Das haben Sie gemacht.«

Picasso, der recht früh materiell gesichert war, sagte einmal: »Ich möchte leben wie ein Armer mit viel Geld.«

Politikeranekdoten

Im Jahre 1835 wurde Herr v. Bismarck als Auskultator vereidigt und arbeitete auf dem Berliner Stadtgerichte.

Eines Tages vernimmt derselbe einen echten Berliner zu Protokoll, der durch seine Unverschämtheit endlich die Fassung des Protokollführers so erschüttert, daß dieser aufspringt und ihm zuruft: »Herr, menagieren Sie sich, oder ich werfe Sie hinaus!«

Der anwesende Stadtgerichtsrat klopft dem erhitzten Auskultator freundschaftlich auf die Schulter und sagt beruhigend: »Herr Auskultator, das Hinauswerfen ist meine Sache!«

Die Vernehmung wird fortgesetzt, es dauert aber gar nicht lange, so springt Bismarck wieder auf und donnert: »Herr, menagieren Sie sich, oder ich lasse Sie durch den Herrn Stadtgerichtsrat hinauswerfen!«

Fürst Bismarck

Als Bismarck aus dem österreichischen Krieg 1866 zurückkehrte, wurde ihm in Görlitz von einer jungen Dame ein Lorbeerkranz dargeboten. Bismarck wehrte ab: »Mein gnädiges Fräulein, ich verdiene diese Ehre nicht, ich habe nicht mitgekämpft und habe auch an den Siegen keinen Anteil.« Die jugendliche Spenderin wurde durch die unerwartete Antwort aus dem Konzept gebracht, wußte sich aber doch zu helfen und erwiderte: »Aber Ew. Exzellenz haben ja doch den Krieg angefangen!« Da nahm Bismarck den Kranz an.

Ein Lauenburger Landwirt wandte sich an Bismarck mit der Bitte, ihm einen Zipfel Dominiallands, der in sein Feld hineinreichte, zu verkaufen. Der Petent schloß das Gesuch mit den Worten: »Indem ich Ew. Exzellenz zu dem gewonnenen Siege gratuliere, dessen erste Folge die Arrondierung Preußens sein wird, bitte ich um freundliche Genehmigung meines Gesuches, da ich in bezug auf mein Gut dasselbe Ziel im Auge habe.«

Reichskanzler Bismarck hatte seine sämtlichen Staatssekretäre zu einer Sitzung befohlen. Um die Wartezeit abzukürzen, erzählte einer der Herren ein Erlebnis. »Als ich jüngst von einer Reise heimkehrte und mich am Bahnhof an einen Droschkenkutscher wandte, trat ein Fremder heran und forderte den Kutscher auf, ihn bei dieser Fuhre mitzunehmen und auf einem kleinen Umweg in seiner Wohnung abzusetzen. Auf diese Weise wollte der Kerl gratis heimgefahren werden! Der Droschkenkutscher wollte ihn aber nicht ganz verprellen und hat ihm deshalb eine ausweichende Antwort gegeben.« »So? Was hat er ihm denn gesagt?« »Er hat ihm gesagt, er könne ihn mal –« In diesem Moment wurde die Tür aufgerissen. Der Reichskanzler erschien, sehr eilig und etwas echauffiert. »Entschuldigen Sie, meine Herren«, sagte er und nahm Platz, »wenn ich Sie warten ließ. Aber ich wurde durch einen Generalkonsul aufgehalten, der unbedingt etwas über unseren geplanten Handelsvertrag mit seinem Land wissen wollte. Aber da ich mit Ihnen verabredet war, habe ich ihm einstweilen eine ausweichende Antwort gegeben.«

Während der Wiener Weltausstellung 1873, die auch der deutsche Kaiser und sein Kanzler besuchten, stand vor dem Schaufenster eines Juweliers der ungarischen Abteilung des Ausstellungspalastes ein hochgewachsener, kräftig gebauter Mann mit einem breitrandigen Hut und musterte interessiert die Auslagen. »So muß er ausgesehen haben, als er an der Schwelle Frankreichs stand«, dachte der Ungar, faßte sich kurzentschlossen ein Herz und fragte den Fremden respektvoll: »Gestatten Exzellenz die Frage, ob Ihnen ein Ausstellungsstück besonders gefällt?« Der Angeredete stutzte ein wenig, dann aber wies er auf einen Ring, den der Juwelier sogleich der Vitrine entnahm und dem Fremden übergab. Auf dessen Frage nach dem Preis winkte der Juwelier nur beschwichtigend ab. Es wäre für ihn eine Ehre, beteuerte er, ihm diesen Ring als Zeichen der Verehrung schenken zu dürfen. Der andere überreichte hoch erfreut dem Ungarn seine Karte und verschwand sogleich in der Menge. Kurz darauf vernahm der Ungar das Jubeln der Menge. Als er neugierig hinaustrat, erblickte er den Grafen Andrássy mit einem Mann, der noch um einiges größer war als der Empfänger des Ringes. »Bismarck, Bismarck!« riefen die Wiener begeistert. Verdutzt zog der Juwelier die ihm überreichte Visitenkarte aus der Tasche und las den Namen »Edmund Schmalzel aus Amerika«.

Der Schriftsteller Moritz Busch gab 1902 in seinen *Tagebuchblättern* eine Äußerung wieder, die Bismarck über Goethe gemacht haben soll: »Freitag beim Frühstück fragte mich der Fürst: ›Sie, Busch, was halten Sie von Goethes Trauerspielen und Dramen überhaupt?‹ Ich erwiderte, er wäre weniger Dramatiker als Lyriker, aber der *Faust* wäre, abgesehen vom 2. Teil, doch ganz wundervoll. ›Ja‹, sagte er, ›gewiß. Auch der *Götz* ebenfalls. Aber Egmont, der Mann in der *Stella*, Tasso und die anderen mit ihrer Hauptperson sind doch lauter Weichlinge, schwache, weichliche, sentimentale Menschen, keine Männer, wie bei Shakespeare, immer er selber, der auch was Weibliches hatte und nur den Weibern nachfühlen und sie gut darstellen konnte.‹«

Die Münchner Zeitschrift »Jugend« ergänzte daraufhin in einer Glosse: »Wir haben uns bestrebt, noch andere derartige ›Anekdoten‹ aufzuspüren, und sind in der Lage, heute die nachfolgende, mindestens ebenso wahre wie die oben mitgeteilte, zum besten geben zu können:

Eines Tages (Samstag) fragte Bismarck 5 Minuten nach ½11 Uhr vormittags (er hatte eben die gelben Pantoffel angezogen), auf dem Divan ruhend, mit nach Norden gekehrten Augensternen seinen Gesellschafter: ›Sie, Moritz, was halten Sie von Homers Schreibweise überhaupt?‹

Busch erwiderte, er (Homer) sei mehr Epiker als Lyriker, aber die *Ilias* sei, abgesehen von der *Odyssee*, doch ganz wundervoll.

›Ja‹, erwiderte Bismarck, ›das ist gewiß. Aber finden Sie nicht, daß der ganze Trojanische Krieg vom preußischen Standpunkt aus eigentlich überflüssig war?‹

Busch stimmte bei, worauf sich der Kanzler selbstbewußt zurücklehnte und ausspuckte.«

Otto von Bismarck, als er noch Student in Göttingen war, wankte morgens mit einem Kommilitonen vom Kneipen nach Hause und kam in einen Trauerzug hinein. Nachdem sie eine Zeitlang mitgegangen waren, sagte Bismarck: »Bruder, ist denn die Polonaise nicht bald aus?!«

Der greise Reichspräsident Hindenburg wetterte im Radio über die Verlotterung der Jugend. Gerade polterte er den Satz in den Äther: »Nächtelang treiben sie sich in Bars herum und – und ...«, als ihm Staatssekretär Meißner rasch das ausbleibende Wort zuflüsterte: »Und auf Bällen, Exzellenz! Bällen!« Hindenburg sonor: »Wau, wau!«

Werner Finck wurde nach seiner Entlassung aus dem KZ von einem Freund gefragt, wie es gewesen sei. »Großartig!« erzählte er. »Morgens um 9 Uhr wurde uns das Frühstück ans Bett gebracht – Bohnenkaffee oder Kakao nach Wahl. Dann konnte, wer Lust hatte, ein bißchen arbeiten; die anderen trieben Sport. Zwischendurch gab es um 11 Uhr belegte Brote. Mittags gut, aber einfach: Suppe, Fleisch oder Fisch, Nachtisch. Anschließend zwei Stunden Ruhe. Dann, nach Kaffee und Kuchen, etwas leichte Arbeit. Abendessen: Belegte Brote. Abends Gesellschaftsspiele oder Vorträge, auch mal eine Filmvorführung.« Der Frager war beeindruckt. »Toll«, sagte er. »Was doch zusammengelogen wird! Neulich habe ich einen anderen Bekannten gesprochen, den Grüninger, der auch drinnen war. Na, und der hat mir Dinge erzählt!« Finck nickte. »Der sitzt auch schon wieder drin«, sagte er.

Göring suchte vergeblich seinen Orden »Pour le mérite«. Als er ihn nicht fand, beauftragte er seinen Kammerdiener mit der Nachforschung. Der Kammerdiener brachte schließlich den Orden auch wieder heran. »Wo war er denn?« fragte Göring. »Noch am Nachthemd, Exzellenz!«

Bundespräsident Heuss wurde in einer alten, geschichtlich berühmten Stadt empfangen und trug sich ins Goldene Buch ein. Dann überreichte ihm der Oberbürgermeister einen Pokal mit den Worten: »Herr Bundespräsident, bitte trinken Sie aus diesem Pokal. Vor Ihnen taten das Kaiser Wilhelm I., Kaiser Wilhelm II., Reichspräsident Ebert und Reichspräsident Hindenburg.« »Was haben wir da für ein Glück gehabt«, sagte Heuss, »daß einer, der danach kam, Abstinenzler war.«

Im Foyer des Großen Hauses des Württembergischen Staatstheaters in Stuttgart fand nach einer Premiere eine offizielle Feier mit vielen geladenen Gästen statt, bei der auch Bundespräsident Theodor Heuss zugegen war. Es wurden eine Menge Reden gehalten. Als wieder eine zu Ende war, sagte Heuss zu seinem Tischnachbarn, dem Generalintendanten Schäfer: »Jetzt geh ich, sonst schwätzt noch einer!« Und ging.

Der neugewählte Präsident des Caritas-Verbandes machte dem Bundespräsidenten einen formellen Antrittsbesuch. Nach der Begrüßung nahmen die Herren Platz, und Heuss bot zu Beginn des Gesprächs eine lange Brasil-Zigarre an. Der Besucher fragte zögernd: »Herr Bundespräsident, darf ich Ihre kostbare Zeit denn so lange in Anspruch nehmen?« »Oh«, meinte Heuss gedehnt, »die können Sie ruhig draußen zu Ende rauchen.«

Theodor Heuss schrieb seine Reden meist selbst. Anfang der fünfziger Jahre hatte er in Baden-Baden anläßlich einer Ausstellung moderner Malerei die Eröffnungsrede zu halten. Nach der Rede bekam er ein Lob für die exzellente Darstellung, und man fragte ihn, wie lange er an dieser Rede gearbeitet habe. Heuss: »Ziemlich genau vier Flaschen!«

Mit den Jahren gedieh Heuss' Ruf als Humorist so weit, daß man in jedem Wort, das er sprach, einen Witz vermutete. Eines Tages wurde Heuss auf einem Spaziergang von einem Platzregen überrascht. Glücklicherweise sah er gerade einen Abgeordneten im Auto vorbeifahren und winkte ihm, zu halten, öffnete den Schlag und sagte: »Herr Doktor, nehmen Sie mich doch ein Stückchen mit, seien Sie so gut!« Der Abgeordnete dachte einen Augenblick nach: »Nein«, sagte er endlich, »diesen Witz habe ich nicht verstanden . . .« Schlug die Wagentür zu, legte den Gang ein und fuhr weiter.

Nach seinem Abschied von Bonn unternahm Heuss eine längere Reise nach Wien. Da blieb in der Reitschulgasse ein alter Herr vor ihm stehen: »Sind Sie der Bundespräsident von Deutschland?« »Ja . . .« Doch ehe Heuss hinzusetzen konnte, »jedenfalls war ich es noch vor ein paar Wochen«, fuhr der Unbekannte fort: »Dann gratuliere ich!« Heuss verwundert: »Wem?« »Mir!« sagte der Mann, zog respektvoll den Hut und entfernte sich.

Bundeskanzler Konrad Adenauer war als »Mann der einsamen Entschlüsse« bekannt. Vor seiner Abreise zur Konferenz der Europäischen Verteidigungs-Gemeinschaft nach Brüssel, erzählte man sich in Bonn, habe Adenauer eine Besprechung im engsten Vertrautenkreis gehabt. An der Besprechung nahmen teil: der Bundeskanzler (Adenauer), der Außenminister (Adenauer), der Vorsitzende der CDU (Adenauer), der ehemalige Oberbürgermeister von Köln (Adenauer) und mehrere Ehrendoktoren (Adenauer).

Kurz nach dem Bau der Mauer und vor der Bundestagswahl 1961 sprach Adenauer auf einer Wahlkundgebung in Bremervörde. Ein Teilnehmer machte einen Zwischenruf: »Der Kanzler gehört nach Berlin!« Adenauer antwortete prompt: »Der Kanzler gehört in dieser angespannten Situation dort hin, wo die Fäden der Politik zusammenlaufen.« Der Zwischenrufer erneut: »Also nicht nach Bremervörde.«

Im vorgeschrittenen Alter konnte Bundespräsident Heinrich Lübke nicht mehr die kürzeste Ansprache halten, selbst wenn er sich hundert Stichwörter notiert hatte. 1965 sollte er eine Rede zur Sammelwoche des Müttergenesungswerkes halten. »Jeder von uns«, begann Lübke zögernd, »hatte eine Mutter . . .« Dann verlor er den Faden.

Unzählige Legenden und Heiligenerzählungen ranken sich um die Person von Strauß, und alle haben eines gemeinsam: Sie entsprechen der Wahrheit. [. . .]

»Ein Nichtangriffspakt mit Stalin?! Sind Sie verrückt geworden, mein Führer?!!« Mit diesen Worten stürmte am Morgen des 24. August 1939 ein zornroter junger Mann namens Franz Josef Strauß ins Führerhauptquartier.

Erst Adolf Hitler persönlich vermochte es, den aufgebrachten jungen Gestapoministranten mit einer schallenden Links-Rechts-Kombination wieder zur Vernunft zu bringen. »Mein lieber Strauß!« schalt er, »Sie vergreifen sich im Ton! Wenn's Ihnen bei uns nicht mehr paßt, dann gehen Sie doch rüber!« Um dann bereits wieder versöhnlicher fortzufahren: »So. Und jetzt gehen Sie ins Nebenzimmer rüber und helfen Generalfeldmarschall Paulus bei der Ausarbeitung seiner Angriffspläne.«

»Gen Osten?!« jubelt blitzartig begreifend Strauß.

Doch »der Alte« war von diesem Tag an auf der Hut vor dem ungestümen und ehrgeizigen Politikertalent aus Bayern.

Jörg Metes

Bundeskanzler Kurt Georg Kiesinger zitierte vor dem Plenum ausführlich aus einem kleinen süddeutschen Lokalblatt und meinte dann: »Ja, solche Lektüre muß man treiben; man muß das Ohr am Volke haben.« Zwischenruf von Herbert Wehner: »Lesen Sie mit dem Ohr?«

Gustav Heinemann war Justizminister der Großen Koalition und sprach vor der SPD-Fraktion über die geplante Notstandsgesetzgebung: »Was unter dem Begriff ›drohende Gefahr für den Bestand des Bundes‹ sonst noch möglich sein wird, möglich sein könnte oder nicht mehr möglich ist, läßt sich meines Erachtens im voraus mit letzter Klarheit nicht generell aussprechen.« Darauf Fraktionschef Helmut Schmidt: »Gustav, ich habe das Gefühl, das war zu präzise.«

Als Willy Brandts erster Sohn Peter geboren worden war, betrachtete der glückliche Vater etwas unbeholfen und linkisch das kleine Wesen. »Naja«, brachte er schließlich heraus, »er wird ja wohl mal etwas größer werden.«

In Oslo besuchte Willy Brandt gemeinsam mit einigen Journalistenkollegen von einst seine alte Zeitung, das *Arbeiderbladet*. Sie kamen mit Martin Tränmal, dem langjährigen Chefredakteur, ins Gespräch. Mit ihm hatten die damals jungen und radikalen Leute in den Diskussionen der Vorkriegszeit wiederholt die Klingen gekreuzt. Brandt: »Martin, du mußt aber zugeben, daß aus uns ganz ordentliche Menschen geworden sind!« Tränmal: »Zu ordentliche!«

Auch unsere Spitzenpolitiker huldigen immer wieder »König Fußball«. Bundestagspräsident Richard Stücklen, der bekanntlich so dumm ist, daß kein Stein auf dem anderen trocken hinter den Ohren bleibt, ist z. B. trotzdem ein gleißender Anhänger des runden Leders. Einmal traf er den gleichfalls fußballbegeisterten (und gleichfalls strohinfantilen) F.D.P.-Fraktionsvorsitzenden Mischnik bei einem Länderspiel. »Wie es wohl heute ausgeht?« sann Stücklen früh besinnungslos. »Vielleicht zwei – eins«, redete es aus Mischnik. »Also wie bei – praktisch – der Bundestagswahl«, flüsterte Stücklen über sich selbst erschrocken. »Wieso?« wunderte Mischnik sich betäubend. Aber Stücklen lächelte nur verheerend. So hat ein Dummkopf den andern Blödmann doch noch sportlich übertölpelt.

Eckhard Henscheid

Bundestagssitzung am 17. September 1975. »Jetzt ist nicht die Stunde des Vernebelns und des Beschönigens«, rief Helmut Kohl, »jetzt ist die Stunde der Wahrheit ... Jetzt ist die Stunde des Mutes.« Zwischenruf Herbert Wehners: »Mittag ist jetzt!«

Kanzler Kohl wurde von einem *Newsweek*-Journalisten gefragt, ob es stimme, daß die Deutschen ignorant, gleichgültig und humorlos seien. »Ach, ich weiß nicht«, antwortete Kohl, »und es ist mir auch egal. Darüber kann ich nicht mal lachen.«

Als Vorsitzender der Enquetekommission »Schutz der Erdatmosphäre« sorgte sich der Bundestagsabgeordnete Dr. Klaus Lippold so sehr um die Zukunft des Planeten, daß er fast nie zu erreichen war. In seinem Bonner Büro dokumentierte ein Anrufbeantworter, wie das Diktat endloser Termine einen bundesdeutschen Vollzeitpolitiker wochenlang vom eigenen Arbeitszimmer fernhielt. »Das Büro ist über die Weihnachtsfeiertage bis zum 2. Januar geschlossen«, lautete die monotone Antwort vom Band auch noch am 31. Januar 1992. Schon das stimmte viele Anrufer nachdenklich. Dann aber folgte noch ein Nachsatz: »Wir wünschen Ihnen allen alles Gute für 1991.«

Die Außenminister der vier Siegermächte und Österreichs feierten den Abschluß des Staatsvertrages 1955. Nach dem Bankett verabschiedeten sich die Würdenträger auf der Freitreppe von Schloß Belvedere. Der goldbetreßte Lakai rief aus:

»Cadillac für Exzellenz Dulles!«
»SIS-Limousine für Exzellenz Molotow!«
»Rolls-Royce für Exzellenz MacMillan!«
»Facel Vega für Exzellenz Pineau!«
»Galoschen für Exzellenz Figl!«

Die Ungarn erschossen 1849 den siebenbürgischen Pädagogen und Politiker Stephan Ludwig Roth, der die Gleichberechtigung auch der Rumänen gefordert hatte. Als, nach dem Sieg der Habsburger über die Ungarn, Roths Gebeine 1850 von Klausenburg nach Mediasch überführt und unter großem Gepränge beigesetzt wurden, sagte einer seiner einstigen Weggefährten: »Ei, Steffi, wenn du dieses erlebt hättest, du wärest bereit, dich ein zweitesmal erschießen zu lassen!«

Kardinal Richelieu sagte einmal, daß schon fünf geschriebene Wörter, egal welche, ein Grund zur Verhaftung seien. Einer der Anwesenden schrieb auf einen Zettel: »Eins und zwei ist drei.« Darauf rief Richelieu: »Dies ist eine Verhöhnung der Heiligen Dreifaltigkeit. Drei ist nur eins. Marsch in die Bastille!«

Zu Anfang der Revolution nahm man den Unmut des Volkes nicht recht ernst. Als Madame de Simiane nach abendlichem Theaterbesuch nach ihren Bedienten rief, belehrte man sie: »Bürgerin, es gibt keine Bedienten mehr, es gibt nur mehr Brüder.« »Nun gut«, sagte Madame de Simiane, »man rufe meine Brüder Bedienten.«

Das Mitglied des Direktoriums La Revelliere tat sich mit einer Gedankenkonstruktion wichtig, die sich »Theophilanthropie« nannte. Eines Tages wollte er wieder Talleyrand zu diesem Religionsersatz bekehren. Dieser entgegnete jedoch kühl: »Lieber Herr, ich kann Ihnen nur folgendes sagen: Jesus Christus ist, um seine Religion zu begründen, gekreuzigt worden und wieder auferstanden. Wenn Sie diese beiden Sachen geschafft haben, können Sie noch einmal zu mir kommen und mir Ihr Anliegen vortragen.«

Talleyrand praktizierte seine Philosophie des politischen Überlebens bis zur Selbstentäußerung. Als Napoleon bereits Kaiser war, beschimpfte er seinen Außenminister als Feigling und Verräter, höhnte ihn wegen seiner Lahmheit und nannte ihn schließlich »ein Stück Mist in Seidenstrümpfen«. Als Talleyrand von diesem Wutausbruch erzählte, fragte man ihn: »Warum haben Sie nicht einen Stuhl oder eine Feuerzange gepackt, um den Kaiser niederzuschlagen und Ihre Ehre zu verteidigen?« »Ich habe daran gedacht«, antwortete Talleyrand, »aber ich war zu faul dazu.«

Talleyrand hielt sich stets streng an die Etikette. Einmal gab er ein kleines Bankett, bei dem er selbst seinen Gästen auftrug. An den vornehmsten Gast gewandt, sagte er, das beste Stück aussuchend: »Verehrter Herzog, darf ich die Ehre haben, Ihnen ein Stück Rindsbraten anzubieten?« An den zweiten Gast richtete er die Frage: »Herr Marquis, darf ich Ihnen Rindsbraten anbieten?« Dem dritten Gast klopfte er wohlwollend auf die Schulter: »Baron, nehmen Sie Rindsbraten?« Dem am Ende der Tafel sitzenden Herrn aber rief er, mit der Messerspitze zeigend, nur ein Wort hin: »Rindsbraten?«

Talleyrand unterhielt sich mit Madame de Staël und sagte: »Die Frauen gleichen doch den Diplomaten, wenn auch ein Unterschied zwischen ihnen besteht.« »Und der wäre?« fragte Madame de Staël. »Sagt ein Diplomat ›ja‹«, erklärte Talleyrand, »so meint er ›vielleicht‹. Sagt er ›vielleicht‹, so meint er ›nein‹. Sagt er aber ›nein‹, so ist er kein Diplomat. Sagt dagegen eine Dame ›nein‹, so meint sie ›vielleicht‹. Sagt sie ›vielleicht‹, so meint sie ›ja‹. Sagt sie aber ›ja‹, so ist sie keine Dame.«

Bei einem Abendessen saß Talleyrand zwischen Madame de Staël und Madame Récamier. Er war höflich und galant gegen beide, aber Madame Récamier gegenüber doch um eine Nuance wärmer. Das spürte auch Madame de Staël, und um ihn zu prüfen, wandte sie sich an ihn mit der Frage: »Nehmen wir einmal den unglücklichen Fall an, daß wir beide, Madame Récamier und ich, ins Wasser fielen – wen würden Sie zuerst retten?« »Ich bin überzeugt«, erwiderte Talleyrand, »daß Sie ausgezeichnet schwimmen können.«

Als Talleyrand gestorben war, rief ein Diplomat am Wiener Hof verwundert aus: »Was für ein Interesse kann er daran nur haben?!«

Im Archiv des Pariser Kassationshofes existiert eine Aktenmappe, in der die Ergebenheitsadressen dieser hohen Behörde in einigen feierlichen Fällen aufbewahrt sind. So schrieb der Kassationshof am 18. April 1814 an Karl X.: »Sire, nach einem langen und stürmischen Gewitter ist das Staatsschiff endlich im geborgenen Hafen. Frankreich hat seinen wahren König wiedergefunden und die Franzosen einen Vater, in dessen Schoß sie ihr Unglück vergessen können.«

Am 25. März 1815 wandte er sich an Napoleon mit folgenden Worten: »Mögen sie für immer vergessen sein, diese Tage eines durch Verrat erschlichenen Interregnums, aufgerichtet durch fremde Gewalt, welches die Nation nicht anders als abstreifen konnte.«

Endlich, am 12. Juli 1815, schrieb er dem wieder eingesetzten Karl X.: »Mögen sie für immer vergessen sein, diese entsetzlichen Ereignisse, welche, Eure Majestät den Armen Ihrer verzweifelten Untertanen entreißend, den frechsten Despotismus aufrichteten.«

Um das Jahr 1848 kam der Abgeordnete eines französischen Departements in seine Heimat, um Stimmung gegen Louis Bonaparte, den späteren Kaiser Napoleon III., zu machen, dessen Unfähigkeit er auf alle Weise hervorhob. Ein Pächter, den er zu überzeugen versuchte, hörte ihm ruhig zu. Auf die Frage, für wen der Pächter stimmen wolle, kam die Antwort: »Für Louis Bonaparte.« »Aber der ist ja ein ausgemachter Dummkopf!« schrie der Abgeordnete ihn an. »Mag sein«, erwiderte der Pächter, »aber die klugen Leute haben so viele Dummheiten gemacht, daß wir es einmal mit einem Esel probieren wollen.«

Georges Clemenceau wurde 1906 französischer Ministerpräsident. Er hatte eine bewegte radikale Vergangenheit und wurde von einem alten Bekannten ironisch gefragt, wie er nach dieser Ernennung über Barrikaden dächte. »Immer noch wie früher«, erwiderte er, »nur würde ich jetzt auf der anderen Seite stehen.«

Beratung der Entente-Vertreter während der Friedensverhandlungen von Versailles. Punkt zwölf Uhr mittags hob Clemenceau die Sitzung auf. »Wann treten wir nachmittags zusammen?« fragte er. »Nicht zu früh nach dem Essen«, meinte der Italiener Orlando, »ich möchte danach etwas ruhen.« »Bitte nicht zu spät«, sagte der amerikanische Vertreter Lansing, »ich muß vor dem Dinner noch etwas ruhen.« Nur der britische Außenminister Lord Balfour äußerte keine Sonderwünsche. »Nun, meine Herren«, sagte Clemenceau, »dann wollen wir die Sitzung um drei Uhr ansetzen. Dann kann Signor Orlando vor der Konferenz schlafen und Mister Lansing nach der Konferenz, Lord Balfour und ich schlafen während der Konferenz.«

General de Gaulle hielt eine Veteranen-Parade ab und schritt routinemäßig die Front der alten Soldaten ab. Plötzlich blieb er vor einem uralten Unteroffizier stehen. »Sie kenne ich doch!« sagte der Staatspräsident. Der Unteroffizier blickte ihn verständnislos an. »Erinnern Sie sich nicht?« drängte de Gaulle. »1916. Verdun. Ununterbrochenes deutsches Trommelfeuer. Sie und ein Offizier haben sich am Heiligen Abend freiwillig gemeldet, einen brennenden Christbaum unter mörderischem Feuer in die vordersten Linien zu bringen!« Da erhellte sich das Gesicht des alten Veteranen, und er rief: »De Gaulle!«

Im Herbst 1942 hatten es die Amerikaner unterlassen, de Gaulle, der in London als Repräsentant des Freien Frankreich residierte, von ihrer bevorstehenden Landung in Nordafrika zu informieren. Eines Nachts wurde stürmisch an die Tür des Generals geklopft. Atemlos erschien sein Ordonnanzoffizier. »Herr General, die Amerikaner sind in Tunis gelandet!« »So?! Ich hoffe, die Vichy-Leute werden sie ins Meer zurückschmeißen!«

Lord North war ein Staatsmann von souveränem Witz. Einmal ließ er im Unterhaus eine ebenso lange wie langweilige Rede mit geschlossenen Augen über sich ergehen, so daß der Sprecher schließlich bemerkte: »Mir scheint, der ehrenwerte Premierminister ist eingeschlafen!« Träge hob North ein Augenlid und sagte: »Ich wünschte, ich wäre es.«

Der Earl of Sandwich und John Wilkes lebten seit Jahren in politischer Fehde. Eines Tages rief der Graf seinem Opponenten zu: »Sie werden entweder am Galgen oder an der Lustseuche sterben!« Wilkes erwiderte: »Das hängt davon ab, ob ich Ihre Prinzipien oder Ihre Mätresse übernehme.«

Ein wohlhabender Bürger seines Wahlkreises kam zu Premierminister Disraeli mit dem Wunsch, Peer von England zu werden. »Ich kann Sie leider nicht zum Peer machen«, sagte Disraeli. »Aber ich habe etwas viel Besseres: Ich ermächtige Sie, überall zu erzählen, ich hätte Ihnen die Peerswürde angeboten, und Sie hätten abgelehnt.«

Lloyd George hielt in einem überfüllten Saal eine Wahlrede. Plötzlich machte er mitten im Satz eine Kunstpause, zeigte mit der rechten Hand in die Gegend und schwieg zehn Sekunden, bevor er mit seiner Rede fortfuhr. Nach der Ansprache kam einer der Parteifunktionäre begeistert zu ihm und sagte: »Eine so wirkungsvolle Pause habe ich noch nie in einer Rede erlebt. Kein Mensch wußte, was kommen würde!« Lloyd George: »Ich auch nicht.«

In einer Versammlung rief eine Frauenrechtlerin Lloyd George aufgebracht zu: »Wenn Sie mein Mann wären, würde ich Ihnen Gift geben!« Lloyd George antwortete: »Und wenn ich Ihr Mann wäre, würde ich es nehmen!«

Winston Churchill war kein braver Schüler. Eines Tages wurde die gesamte Klasse mit ihrem Lehrer fotografiert. Dem Lehrer gefiel die Aufnahme, und er ermunterte die

Schüler, sich Abzüge zu bestellen: »Wie nett wird es sein, wenn ihr nach 20 Jahren das Bild wieder anseht und dann sagen könnt: Das hier ist Tommy Brown, der ist jetzt Rechtsanwalt, und hier ist Patterson, der ist jetzt Arzt, und –« »Und das ist unser Lehrer, der ist jetzt schon lange tot!« rief der kleine Winston freudig dazwischen.

Churchill mußte mitansehen, wie der winzige Abgeordnete Sidney Silverman, dessen Füße, wenn er im Parlament saß, nicht einmal den Boden berührten, unzählige Male von seinem Sitz herunter- oder hinaufhüpfte. Als Churchill eines Tages wieder bei einer Rede von Silverman irritiert wurde, schrie er ihn an: »Das ehrenwerte Mitglied soll nicht dauernd von seiner Stange hüpfen!«

Bei einer Wahlkampfreise hatte sich Churchills Chauffeur in einer ihm unbekannten Gegend verfahren. Churchill sprach einen Passanten an und fragte ihn, ob er ihnen sagen könne, wo sie sich befänden. »Im Auto«, antwortete der Gefragte und ging weiter. »Das war eine echte Unterhaus-Antwort«, konstatierte Churchill. »Erstens war sie kurz. Zweitens war sie unverschämt. Drittens war sie völlig überflüssig, und viertens enthielt sie nichts, was der Frager nicht schon wußte.«

Abraham Lincoln erzählte gerne Anekdoten, so gerne, daß seine Leidenschaft für das Geschichtenerzählen schließlich gegen ihn selbst verwendet wurde. So erschien nach der Schlacht von Fredericksburg im Jahr

1862 in *Harper's Weekly* eine Karikatur, in der die Symbolgestalt der Columbia den Präsidenten fragt: »Wo sind meine 15000 Söhne, die bei Fredericksburg gefallen sind?« Und Lincoln antwortet darauf: »Das erinnert mich an eine nette, kleine Geschichte . . .«

»Wieviel Beine wird ein Pferd haben, wenn man den Schweif Bein nennt?« fragte Lincoln einmal seine Freunde. »Fünf«, antworteten sie einstimmig. »Ihr irrt euch«, sagte Lincoln, »denn wenn man einen Schweif ein Bein nennt, so wird noch immer kein Bein daraus.«

Präsident Theodore Roosevelt betrieb mehrere Sportarten. Eines Tages kehrte er von einem Parforceritt mit Prellungen und einer blutenden Wunde nach Hause zurück. »Theodore«, sagte die schon viel Kummer gewöhnte Mrs. Roosevelt, »du beschmutzt die Teppiche im Salon. Sei so freundlich und blute im Badezimmer.«

Präsident Woodrow Wilson ließ sich über Land chauffieren. Er kam an einem kleinen Jungen vorüber. »Haben Sie gesehen, was dieser kleine Lump getan hat?« fragte der Präsident seinen Fahrer. »Nein.« »Er hat mir die Zunge rausgestreckt!« Der Fahrer war empört und wollte anhalten, um dem Burschen eins hinter die Ohren zu geben. Aber der Präsident wehrte ab und fragte: »Sie haben auch nicht gesehen, was ich getan habe?« »Nein.« »Ich habe ihm auch die Zunge rausgestreckt.«

Ungewöhnlich wortkarg war Präsident Calvin Coolidge. Bei einem Dinner im Weißen Haus sagte eine Tischnachbarin zu ihm: »Herr Präsident, ich habe gewettet, daß Sie heute abend mehr als drei Worte mit mir sprechen werden.« »Sie haben verloren«, sagte Coolidge.

Coolidge hatte Freunde aus Vermont eingeladen, die ihrer Tischmanieren nicht sehr sicher waren. Infolgedessen hielten sie sich an das Vorbild ihres Gastgebers, und alles ging leidlich gut. Zum Schluß wurde Kaffee serviert, und Coolidge goß ihn in die Untertasse. Die Freunde taten desgleichen. Er fügte Sahne und Zucker dazu. Auch das taten die Freunde. Dann beugte er sich zur Seite und stellte die Untertasse auf den Boden vor seine Katze hin.

Eisenhower war erst nach langem Zögern in die Politik gegangen. Als er 1948 als Vorsitzender der Alliierten Streitkräfte zurückgetreten war, hatte ihn ein Reporter nach seinen Zukunftsplänen gefragt. Eisenhower antwortete: »Ich werde einen Schaukelstuhl auf die Veranda stellen. Dann werde ich sechs Monate ruhig sitzen. Und dann werde ich ganz langsam zu schaukeln beginnen.«

Als er noch Kongreßabgeordneter war, unterbrach Lyndon B. Johnson einmal die Rede eines Vertreters aus Ohio und nannte ihn einen Esel. Dieser Ausdruck wurde als unparlamentarisch bezeichnet und durfte nicht ins Protokoll aufgenommen werden. Johnson entschuldigte sich: »Ich ziehe das unglückselige Wort zurück, beharre aber darauf, daß mit dem Herrn aus Ohio etwas nicht in Ordnung ist.« »Was soll mit mir nicht in Ordnung sein?!« rief der Vertreter Ohios. »Das könnte Ihnen wahrscheinlich ein Tierarzt sagen«, entgegnete Johnson. Diese Formulierung fand Platz im Protokoll.

Potjomkin [der Staatsmann Fürst Grigorij Alexandrowitsch P.] litt häufig an hypochondrischen Anfällen. Er konnte dann tagelang allein in seinem Zimmer sitzen, ließ niemand ein und beschäftigte sich während der Zeit mit nichts. Einst, als er sich wieder in diesem Zustand befand, hatte sich eine Menge von Papieren angehäuft, die unverzüglich erledigt werden mußten; niemand jedoch wagte es, in sein Zimmer zu dringen und ihm Bericht zu erstatten. Die Gespräche hierüber hörte ein junger Beamter namens Petuschkow, und erklärte sich bereit, die notwendigen Papiere dem Fürsten zur Unterschrift vorzulegen. Bereitwillig übertrug man ihm diese Aufgabe und wartete voller Ungeduld, was daraus entstehen würde. Petuschkow begab sich mit den Papieren direkt ins Kabinett. Potjomkin saß im Schlafrock barfuß und ungekämmt und kaute nachdenklich an seinen Fingernägeln. Dreist erklärte ihm Petuschkow den Sachverhalt und unterbreitete ihm die Papiere. Schweigend ergriff Potjomkin seine Feder und unterschrieb der Reihe nach. Petuschkow verbeugte sich und trat mit triumphierender Miene ins Vorzimmer. »Unterschrieben! . . .« Alle eilten auf ihn zu und sahen: tatsächlich waren alle Papiere unterschrieben. Petuschkow wurde beglückwünscht. »Ein gewandter Bursche! Da kann man nichts sagen!« Plötzlich jedoch kam es jemand in den Sinn, die

Unterschriften anzuschauen – und was sah man da? Auf allen Papieren stand statt der Unterschrift: Fürst Potjomkin – nichts als dies: Petuschkow, Petuschkow, Petuschkow ...

Alexander Puschkin

Spetschinskij, einer der Adjutanten Potjomkins, der ständig in Moskau lebte und als beurlaubt galt, erhielt plötzlich den Befehl, sich unverzüglich auf seinem Posten zu melden; die Verwandten waren in großer Unruhe, denn sie wußten nicht, welcher Ursache sie dieses Verlangen Seiner Durchlaucht zuzuschreiben hätten. Einige fürchteten unerwartete Ungnade, andere sahen darin ein unerwartetes Glück. Der junge Mann wurde in aller Eile reisefertig gemacht. Er begab sich nach Moskau, reiste tags und nachts und kam endlich ins Lager Seiner Durchlaucht. Er wurde sogleich gemeldet. Potjomkin befahl, ihn vorzulassen. Bebend betrat der Adjutant das Gemach und erblickte Potjomkin im Bett, den Heiligenkalender in Händen. Dies war ihre Unterhaltung. Potjomkin: »Bruder, du bist doch mein Adjutant Soundso?« – Der Adjutant: »Zu Befehl, Durchlaucht.« – Potjomkin: »Ist's wahr, daß du den Heiligenkalender auswendig kannst?« – Der Adjutant: »Zu Befehl.« – Potjomkin (in den Heiligenkalender schauend): »Welcher Heilige wird am 18. Mai gefeiert?« – Der Adjutant: »Der Märtyrer Theodod, Euer Durchlaucht.« – Potjomkin: »Richtig, und am 29. September?« – Der Adjutant: »Der Ehrwürdige Cyriakus.« – Potjomkin: »Stimmt. Und am 5. Februar?« – Der Adjutant: »Die Märtyrerin Agafja.« – Potjomkin (den Heiligenkalender schließend): »So, nun dann fahr nur wieder nach Hause.«

Alexander Puschkin

Fürst N. machte dem fast ertaubten Staatskanzler Rumjanzew seine Aufwartung. »Ich bemerke mit besonderem Vergnügen«, sagte der Fürst nach den ersten Worten, »daß sich Ihr Gehör gebessert hat.« »Wie?« fragte der Kanzler. »Ich bemerke mit besonderem Vergnügen, daß sich Ihr Gehör gebessert hat!« wiederholte der Fürst. »Was sagen Sie?« will der Kanzler wissen. Der Fürst schreit: »Exzellenz hören anscheinend besser!!« Der Kanzler schüttelt den Kopf und weist auf eine Schiefertafel. Der Fürst schreibt: »Ich bemerke mit besonderem Vergnügen, daß Sie viel besser hören, Exzellenz.« Der Staatskanzler liest die Nachricht und nickt.

Zu Lenin kam ins Genfer Exil ein junger Anhänger, der ihm sagte: »Wir bauen die Organisation jetzt auf kollektiver Grundlage auf. Wir haben bereits ein Kollektiv der Propagandisten, eines der Agitatoren und eines der Organisatoren.« »Aus wieviel Leuten setzt sich das Kollektiv der Propagandisten zusammen?« fragte Lenin. »Vorläufig aus mir allein«, erwiderte jener verlegen. »Und das Kollektiv der Agitatoren?« Der Befragte errötete und antwortete: »Vorläufig auch nur aus mir allein.« »Etwas wenig«, erwiderte Lenin.

Als zwischen dem orthodoxen Marxismus, den Karl Kautsky lehrte, und dem Revisionismus, den Eduard Bernstein vertrat, der Kampf tobte, bemerkte Lenin einmal, wie die zwei kleinen Mädchen einer befreundeten Familie, die Arme auf dem Rücken verschränkt, nebeneinander im Zimmer auf und ab gingen, wobei die eine immer wieder: »Kautsky!« rief und die andere: »Bernstein!« antwortete. Sie ahmten Lenin und den ihm damals nahestehenden Potressow nach, von denen der eine auf Kautskys Seite stand und der andere Bernsteins Seite vertrat.

Im Oktober 1917 kam zum österreichischen Außenminister Graf Berchthold aufgeregt der Sektionschef Baron von Schlechta: »Haben Sie schon gehört, Herr Graf! In Rußland ist Revolution!« »Ich bitt' Sie, wer soll denn eine Revolution in Rußland machen!« meinte der Außenminister ungläubig, »vielleicht der Herr Trotzki, der Schachspieler vom Café Central?«

Lenin, Trotzki und Bucharin stritten sich, was besser sei: eine Geliebte oder eine Ehefrau. Trotzki meinte: »Eine Geliebte, sie inspiriert zu revolutionären Taten.« Bucharin war anderer Meinung: »Eine Gemahlin, weil die mir ein gutes Mittag- und Abendessen kocht und ich mich so voll der Parteiarbeit widmen kann.« Lenin proklamierte: »Sowohl als auch. Der Geliebten sage ich, ich sei bei der Frau, der Frau, ich sei bei der Geliebten, und dabei husche ich – schwupps – in die Bibliothek!«

Kurz nachdem man Chruschtschow seiner Funktion als Erster Sekretär der Kommunistischen Partei enthoben hatte, bat ihn seine Frau Nina, in die Stadt einkaufen zu gehen. Er kehrte erst spätabends nach Hause zurück, abgeplagt, schmutzig und verschwitzt vom langen Schlangestehen. Brummend bemerkte er: »Kaum bin ich nicht mehr im Amt, beginnen auch schon die Schwierigkeiten.«

Einst zog es den greisen Breschnew ins Theater: Man gab ein Stück über Lenins Leben. Als der Hauptdarsteller die Bühne betrat, brüllte der stocktaube Breschnew seinem Nachbarn Tschernenko ins Ohr: »Das ist ja Lenin! Sollen wir ihm nicht guten Tag sagen?« Im Saal herrschte betretenes Schweigen. Wenig später fragte Breschnew seinen anderen Nachbarn Gromyko, was inzwischen geschehen sei, und bekam zur Antwort, der amerikanische Erzkapitalist und Sowjetfreund Armand Hammer sei aufgetreten. »Was!« rief der Alte, »warum war er nicht zuerst bei mir?« Das Kichern im Saal schwoll zu einer Gelächterlawine an. Im Epilog des Stückes aber kam sogar Breschnew vor! Da stand der echte Breschnew auf und begann rhythmisch zu klatschen. Der Saal tobte.

Bei einem Besuch in Berlin wurde der israelische Außenminister Jigal Allon gefragt, ob er mit der PLO verhandeln würde, falls diese sich ändern sollte. »Sie wollen eine hypothetische Antwort auf eine hypothetische Frage«, antwortete er. »Das kommt mir so vor, als fragten Sie mich: Hier ist ein Stier, könnten Sie auf ihm reiten, wenn er ein Pferd wäre? Darauf kann ich nur sagen: Bringen Sie mir das Pferd, dann werde ich Ihnen zeigen, ob ich es reiten kann.«

Israels Ministerpräsident Levi Eschkol wurde gefragt, wie er seine engsten Mitarbeiter auswähle. »Sehr einfach«, erwiderte Eschkol. »Ich werfe sie ins Wasser: Schwimmen sie, ist es gut – ertrinken sie, ist es auch gut.«

Juristenanekdoten

Sir Walter Raleigh war ein leidenschaftlicher Raucher. Er rauchte seine Pfeife selbst noch auf dem Weg zum Schafott. Erst als ihm der Henker an den Kragen wollte, nahm er die Pfeife aus dem Mund. In diesem Augenblick kam ein Bote König Jakobs I.: Raleigh wurde begnadigt. Da steckte er die Pfeife wieder in den Mund, zog ungehalten daran und brummte: »Jetzt ist mir bei diesen Narrenpossen doch wirklich die Pfeife ausgegangen!«

Ein englischer Richter, Sir Henry Hawkins, leitete eine außerordentlich langwierige und öde Verhandlung. So aufmerksam wie nur möglich horchte er auf die einschläfernde Rede eines gelehrten Rechtsanwalts. Aber die Rede nahm kein Ende. Da schrieb Sir Henry Hawkins mit dem Bleistift ein kleines Billett und schickte es dem Rechtsanwalt. Dieser hielt einen Moment inne, öffnete es und las: »Geduld-Konkurrenz. Goldene Medaille: Sir Henry Hawkins. Ehrende Erwähnung: Hiob.« – Die Rede war dann sehr bald zu Ende.

Rutkotin, der ein Attentat auf den Zaren verübt hatte, wurde 1806 in Moskau gehenkt. Als er schon auf dem Gerüst stand, den Strick um den Hals, bat er um eine Prise Schnupftabak. Der Henker reichte ihm die Dose, Rutkotin nahm eine Prise und nieste. »Auf deine Gesundheit, Väterchen!« sprach der Henker und stieß ihn vom Gerüst.

Wieder diskutierte man in Frankreich die Todesstrafe. Der Humorist Alphonse Allais schlug vor, dem Delinquenten im letzten Augenblick, wenn er bereits den Kopf unter der Guillotine habe – da soll ein Gerichtssoldat herbeistürzen und dem Henker einen Brief mit dem Siegel des Präsidenten der Republik übergeben. Der Henker ergreift den Brief, liest ihn durch und spricht feierlich zu dem Verurteilten: »Sie sind begnadigt!« Gleich darauf setzt er das Fallbeil in Bewegung und vollzieht die Hinrichtung.

Der berühmte Berliner Anwalt Dr. Alsberg hielt ein geistreiches und überzeugendes Plädoyer. Als er geendet hatte, sagte der Richter: »Sie haben recht!« Nach Alsberg hielt der Anwalt der Gegenpartei, der bekannte Dr. Richard O. Frankfurter, eine logische und einleuchtende Beweisführung. Völlig überzeugt sagte der Richter: »Sie haben recht!« Dr. Alsberg intervenierte: »Wir können doch nicht beide recht haben.« Der Richter: »Da haben Sie auch recht!«

Ein Richter wies Dr. Alsberg mit den Worten zurecht: »Ich fürchte, Herr Anwalt, daß ich selbst nach diesen Ihren Ausführungen nicht klüger geworden bin.« »Klüger nicht«, kam die Antwort, »aber besser informiert!«

E. T. A. Hoffmann, im Brotberuf Berliner Kammergerichtsrat, pflegte den Referendaren über die Diskrepanz, die zwischen einem Gerichtsurteil und seiner Begründung aufkommen kann, folgendes zu sagen: »Meine

Herren! Sie müssen sich eins merken. Es gibt unter den Urteilen, zu denen ein Gericht kommen kann, vier verschiedene Möglichkeiten. Entweder: Die Entscheidung ist falsch, und die Begründung ist falsch. Nun, das ist ziemlich selten. Oder: Die Entscheidung ist falsch, und die Begründung ist richtig. Damit können die Parteien auch nicht viel anfangen. Oder: Die Entscheidung ist richtig, und die Begründung ist falsch. Sehen Sie, das trifft bei den meisten Urteilen zu. Oder: Die Entscheidung ist richtig, und die Begründung ist richtig. Aber das, meine Herren, habe ich bisher noch nicht erlebt.«

Der berühmte Rechtshistoriker Theodor Mommsen mußte auf dem Berliner Amtsgericht eine Erklärung abgeben, und der amtierende Assessor verlangte pflichtgemäß seine Legitimation. Mommsen meinte, er sei doch genügend bekannt; aber der Assessor bestand darauf. Als sich Mommsen verärgert schon entfernen wollte, fragte der Assessor: »Bitte, wie unterscheiden sich res mancipi und nec mancipi nach römischem Recht?« Mommsen gab sofort jene scharfe Begriffsbestimmung, die er in seinem Kommentar zum römischen Recht entwickelt hatte. Darauf der Assessor: »Gut, das ist die bekannte falsche Ansicht Mommsens. Danke, Sie sind genügend legitimiert.«

Theodor Mommsen hatte seine Frau verloren und saß wenige Tage nach der Beerdigung grübelnd in seinem Studierzimmer. Es läutete an der Wohnungstür, der Diener ging und kam nach einiger Zeit zurück. »Es waren«, berichtete er, »zwei Boten vom Waisenhaus. Wir haben in der Waisenhauslotterie die bessere Hälfte vom zweiten Hinterviertel eines Mastkalbes gewonnen.« Mommsen sah den Diener wie abwesend an und sagte: »Das ist man auch nur ein schwacher Trost.«

Der in Erding bei München amtierende Hans Cantler war unter den bayerischen Richtern als Original bekannt. Als einmal ein höherer Justizbeamter nach Erding zur Revision kam, fand er die Registratur in musterhafter Ordnung. Da bemerkte er ganz unten ein Fach, auf dessen Klappdeckel in grellen Farben eine große Nase gemalt war. »Was bedeutet das?« »Das ist mein Nasenfach«, erwiderte Cantler, »alle Nasen, die ich im Lauf des Jahres kriege, kommen da hinein.« »Aber Herr Kollege, das muß ich beanstanden.« »Gut, diese Nase tun wir auch gleich hinein.«

Ein geriebener Bursche war angeklagt, einem Bauern zwei Ochsen gestohlen zu haben. Gegen den Willen Cantlers wurde der Angeklagte von den Schöffen freigesprochen. Im Urteilssatz schrieb Cantler: »Der Angeklagte ist wegen Diebstahls von zwei Ochsen freigesprochen worden.«

Als von der vorgesetzten Behörde eine besonders scharfe Rüge an Cantler erging, schrieb er zurück: »Hohes kgl. Landgericht!« Nun ließ er die ganze Seite des Bogens leer; nur ganz unten fuhr er fort: »Du kannst mich kreuzweis im Arsch lecken«; auf der nächsten Seite lautete der Text weiter: »sagte der Angeklagte, als ich ihn vernehmen wollte.«

In Celle war im 19. Jahrhundert der Oberamtsrichter Siemens populär. Er pflegte auf plattdeutsch zu verhandeln, nur die Urteilsverkündung ging hochdeutsch vor sich. Nach einer solchen Urteilsverkündung wandte sich Siemens an die Parteien: »Wenn Ji nun mit min Urteil nich inverstanden seid, dennso gaht man nach'n Obergericht und holt Jik noch en Arsch voll Kosten. – Herr Auditor, schreiben Sie: Nach der Urteilsverkündung wurden die Parteien in vorschriftsmäßiger Weise auf das Rechtsmittel der Berufung hingewiesen.«

Gerichtssaal in Pirmasens. Zur Verhandlung stand ein Totschlagsdelikt. Die Zeugin K. war aufgerufen. »Sagen Sie mal, Frau K., was haben Sie gedacht, als Sie die beiden so heftig miteinander raufen sahen?« »Herr Richter, ich hab gedacht: eujeujeu, eujeujeujeujeu.«

Der Professor für Kriminalistik und Staatsrecht Karl Binding konnte es nicht vertragen, wenn Zuspätkommende seinen Vortrag störten. Einmal öffnete sich wiederum die Tür des Auditoriums – die Vorlesung hatte längst begonnen –, und herein trat ein junger Mann, stieg gelassen die Stufen hinauf, ließ ein paar Studenten aufstehen und setzte sich auf seinen Platz. Binding hatte schon beim Eintritt des Störenfrieds seinen Vortrag mitten im Satz abgebrochen und sah den Studenten noch ein paar Minuten scharf an. Da erhob sich dieser, sagte höchst verwundert: »Ah, der Herr Professor liest heute nicht«, und verließ den Hörsaal ebenso umständlich wieder, wie er gekommen war.

Rudolf von Ihering sagte einmal im Ärger über die Romane des Leipziger Ägyptologen Ebers zu dem Theologen Albrecht Ritschl: »Nicht wahr, solche Romane können wir im Schlaf schreiben.« Darauf Ritschl: »O ja, noch viel schlechtere.«

Der Rostocker Professor für Strafrecht Friedrich Wachenfeld fragte einen Kandidaten im Examen: »Welche Strafe steht auf Diebstahl?« Antwort: »Todesstrafe.« Wachenfeld meinte, falsch verstanden zu haben, und wiederholte die Frage. Der Gefragte mit lauter Stimme: »Todesstrafe.« »Ach ja«, entgegnete der Professor, »Sie meinen natürlich, wenn Mord dazu kommt. Sehr richtig.«

Wachenfeld legte einem Prüfungskandidaten folgenden Fall zur Entscheidung vor: »Zwei neugeborene Knaben sind in der Anstalt von der Hebamme verwechselt worden. Was kann man da tun?« Der Professor erwartete einen Hinweis auf die Möglichkeiten der Vaterschaftsfeststellung. Aber der Kandidat stellte eine Gegenfrage: »Steht eindeutig fest, daß die Jungen vertauscht worden sind?« »Das sagte ich doch schon.« »Dann würde ich sie wieder austauschen«, entschied der Prüfling.

Wachenfeld legte einem Kandidaten die Frage vor: »Was ist Betrug?« »Betrug wäre es, Herr Professor, wenn Sie mich durchfallen ließen«, lautete die Antwort. »Herr Kandidat, wie meinen Sie das?!« »Nach juristischer Definition«, erwiderte der Prüfling, »nennt man Betrug eine Handlung, in der jemand die Unkenntnis eines andern zu dessen Schaden ausnutzt.«

Der Münchner Anwalt Rolf Bossi hatte einen vierfachen Mörder zu verteidigen. Der Mörder bat ihn, mildernde Umstände zu beantragen. »Wie Sie sich das vorstellen!« sagte Bossi. »Sie haben vier Menschen umgebracht und wollen mildernde Umstände! Wie soll ich das begründen?« »Nun ja«, meinte der Mörder, »ich hätte ja auch fünf oder sechs Menschen umbringen können.«

Ein Dieb / der 60 Jahr lang mit Dieberey umbgangen / endlich ergriffen / und vom Burgermeister zu Wittenberg gefragt wurd / wie geht es? antwortet: Wie wirs treiben so geht es auch.

Der Teutschen Scharpfsinnige kluge Sprüch

Finanzanekdoten

Lorenzo da Ponte, Mozarts Librettist, fragte Casanova in Wien, ob es wahr sei, daß er durch das Versprechen, eine Wiedergeburt auf okkultem Wege erreichen zu können, eine reiche Dame der Pariser Gesellschaft um zwei Millionen geschröpft habe. »Sie kennen doch die Leute«, sagte Casanova, »die lügen immer die Hälfte hinzu.«

Auf einer Reise von Venedig nach Mailand traf Casanova einen reichen Mann, der fest davon überzeugt war, das Schwert zu besitzen, mit dem der heilige Petrus dem Malchus das Ohr abgeschlagen habe. Während andere Reisende den Wert der Reliquie bezweifelten, bewunderte Casanova das Schwert, identifizierte es als echt und verkaufte dem glücklichen Besitzer für tausend Zechinen die dazugehörige Scheide.

Amschel Rothschild, der das Stammhaus in Frankfurt weiterführte, erkrankte mit 82 Jahren schwer und fragte den Arzt, ob es zu Ende gehe. Der Arzt beruhigte ihn: »Sie können noch hundert Jahre alt werden!« »Ach wo«, erwiderte Rothschild, »wenn mich der liebe Gott kann haben zu 82, wird er mich doch nicht nehmen zu 100.«

James Rothschild saß in seinem Pariser Bankhaus und war am Schreibtisch mit wichtigen Arbeiten beschäftigt. Man führte einen Besucher herein. »Bitte, nehmen Sie einen Stuhl, ich stehe sofort zur Verfügung«, sagte Rothschild. »Aber mein Herr, ich bin der Herzog von M.« »Sehr schön, dann nehmen Sie, bitte, zwei Stühle!«

Bei einem Wohltätigkeitsbasar zugunsten der polnischen Freiheitsbewegung trat James Rothschild an den Stand der Schriftstellerin George Sand, die ihm eine Flasche Parfum für 5000 Francs anbot. »Was soll ich damit anfangen?« erwiderte er, »geben Sie mir lieber Ihr Autogramm. Das verkaufe ich, und wir teilen den Erlös.« Sie tat wie geheißen und reichte ihm ein Blatt Papier, auf das sie geschrieben hatte: »Ich bestätige, von Baron Rothschild 10000 Francs für die armen unterdrückten Polen erhalten zu haben.«

Ein Schnorrer kam in Wien zu Salomon Rothschild und bat um eine Unterstützung: Er sei schwerkrank, und die Ärzte meinten, er würde in Nizza Erholung finden. Verblüfft blickte Rothschild ihn an. »Das ist lächerlich«, sagte er. »Wenn man kein Geld hat und schnorren geht, muß man doch nicht ins Ausland fahren, da finden sich schon im Lande gute Kurorte.« Mit einem sanften Lächeln antwortete der Schnorrer: »Für meine Gesundheit ist mir nichts zu teuer!«

»Herr Baron«, wandte sich ein Schnorrer an Rothschild, »hier ist ein armer Cousin von mir, der auf Ihre Mildtätigkeit hofft.« »Wird ihm mit zwanzig Kronen gedient sein?« »Gewiß. Und meine Provision?« »Provision?!« »Nun, ich habe Ihnen doch den Mann zugeführt.«

Ein Schnorrer hatte von Baron Rothschild die Zusage, daß er sich jeden Monat bei ihm einen Gulden abholen dürfe. Als er wieder einmal kam, war aber der Hausherr nach Karlsbad verreist. »Was«, rief der Schnorrer aus, »auf meine Kosten fährt er ins Bad?!«

In der Wiener Presse erschien folgende Annonce: »Für die Kinder des Barons Rothschild wird ein Klavierlehrer mit Englisch- und Französischkenntnissen gesucht.« Am nächsten Tag klingelte ein galizischer Jude im Kaftan am Tor des Rothschildschen Palais: »Ich komme wegen der Annonce.« Der Sekretär sah ihn zweifelnd an: »Können Sie denn Englisch und Französisch?« »Nein.« »Aber Sie geben Klavierstunden?« »Nein, auch nicht.« »Ja, weshalb sind Sie dann gekommen?« »Ich wollte dem Herrn Baron nur mitteilen, daß er mit mir nicht zu rechnen braucht.«

Ein Bedienter klopfte im Entree den Rock seines Herrn aus, als ein Fremder hereintrat und einen Brief mit der Bemerkung überreichte, daß er sogleich von dem Herrn Baron Antwort haben müsse. Der Bediente läuft herein; der Herr öffnet den Brief, weiß aber nichts zu antworten, da er nur folgende Worte findet: »Geht er – so geht es! Geht er nicht – so geht es nicht.«

Darauf geht der Baron mit dem Bedienten heraus, und beide werden gewahr, daß der Überbringer sowohl wie der halbausgeklopfte Rock verschwunden ist. An der Stelle des Letztern hing aber ein Zettel, auf welchem deutlich zu lesen war: »Er ist gegangen, – es ist gegangen, – ich bin gegangen.«

Berliner Anecdoten

Für die unfreiwillige Komik seiner Aussprüche berühmt war der Wiener Finanzmann Todesco. So tröstete er einen Freund, der durch Spekulation ein großes Vermögen gewonnen und wieder verloren hatte, mit den Worten: »Mein Lieber, die Börse ist wie eine Lawine – mal rauf, mal runter!«

Die Wiener Gräfin R. war durch ihre Verschwendungssucht in ständiger Geldnot. Sie versuchte ihr Glück bei einem Verleiher. »Tausend Gulden«, forderte sie. »Ungern«, gab der zur Antwort, »warum leben Sie nicht wie ich, sparsam und haushälterisch?« »Wissen Sie«, erwiderte die Gräfin, »dazu ist immer noch Zeit, wenn ich einmal mit meinem Vermögen ganz fertig bin.«

Zu dem russischen Finanzmann Leon Brodsky kam ein junger Mann und schlug ihm ein glänzendes Geschäft vor, bei dem 300 000 Rubel zu verdienen wären. »300 000«, nickte Brodsky, »das ist ein hübsches Sümmchen. Worum handelt es sich?« »Mir ist zu Ohren gekommen, daß Sie Ihrer ältesten Tochter 600 000 Rubel Mitgift versprochen haben. Ich bin bereit, sie für die Hälfte zu nehmen.«

Der Berliner Bankier Carl Fürstenberg wurde von einem Bekannten gefragt, in welchen Papieren er seine Gewinne anlegen solle. »Na, zum Beispiel Deutsche Bank«, meinte Fürstenberg. »Ach nein, dann nehme ich lieber Reichsbankanteile!« »Schön. Dann kämen noch Städtische Obligationen in Betracht.« »Ach nein, dann nehme ich lieber Goldpfandbriefe.« »So, dann küssen Sie mir den Nabel!« »Wie meinen Sie das?« »Sie tun ja doch das Gegenteil von dem, was ich sage!«

Ein junger Mann, der zum ersten Mal auf der Berliner Börse war, stieß auf den Bankier Fürstenberg und fragte: »Verzeihung, wo sind die Toiletten?!« »Groß oder klein?« erkundigte sich Fürstenberg. »Groß!« »Dann bleiben Sie hier im Saal«, antwortete Fürstenberg, »hier bescheißt sowieso einer den andern.«

Fürstenberg gab einen Ball und langweilte sich entsetzlich. Ein Gast kam auf ihn zu, um sich zu verabschieden. Fürstenberg seufzend: »Was nützt mich einer!«

Walther Rathenau von der AEG wollte ein mit dem Bankier Fürstenberg verabredetes Treffen um vier Wochen verschieben. »Da kann nun ich nicht«, sagte Fürstenberg ärgerlich. »Da habe ich eine Beerdigung.«

Fürstenberg führte sich gern als Menschenfeind auf. Ein Freund fragte ihn: »Wissen Sie schon, wer gestorben ist?« Fürstenberg: »Mir ist jeder recht.«

Am 30. Januar 1933 war Hitler an die Macht gekommen. Fürstenberg kommentierte das Ereignis mit den Worten: »Endlich sind wir über den Berg. Von jetzt an geht's abwärts!«

Der Frankfurter Bankier Guggenheimer wurde von der Sowjetregierung zu einem Studienbesuch nach Rußland eingeladen. »Danke«, sagte Guggenheimer. »Ich kann leben, ohne gehängt zu werden.«

In rasender Fahrt erreichte Hugo Stinnes, der seinen Chauffeur unterwegs zu immer größerer Eile angetrieben hatte, einen kleinen Bahnhof, kaufte eine Karte und begab sich sofort zum Bahnhofsvorsteher. »Wann kommt der Eilzug nach Essen hier durch?« fragte der Kohlenkönig. »Um 10.14 Uhr.« »Was verlangen Sie, wenn Sie den Zug anhalten, damit ich einsteigen kann?« »Ich bin nicht bestechlich«, sagte der Beamte. Der Kampf der beiden dauerte einige Minuten, doch der Bahnhofsvorsteher blieb dabei, daß er sich durch kein Geld der Welt dazu bringen lassen werde, den Eilzug anzuhalten. Schließlich brauste der Zug heran. Stinnes eilte auf den Bahnsteig und winkte mit Hut und Stock. Und siehe da, der Zug verlangsamte seine Fahrt und blieb zuletzt mitten auf dem Bahnhof stehen. Befriedigt stieg Hugo Stinnes ein, wandte sich zu dem Bahnhofsvorsteher um und sagte: »Sehen Sie! Es ist auch ohne Sie gegangen.« »Möglich«, erwiderte der Beamte, hob seine Kelle, gab das Zeichen zur Abfahrt und rief dem am Fenster stehenden Stinnes nach: »Der Zug hält fahrplanmäßig hier.«

An den Kölner Bankier Robert Pferdmenges, den einzigen Duzfreund Adenauers, wandte sich eine Illustrierte mit der Rundfrage: »Was würden Sie tun, wenn Sie eine Million hätten?« Pferdmenges: »Mich einschränken!«

Clauß von Ranstet / in Meissen / Churfürst Friderichs in Sachsen Narr. Er sahe einen nach einer Tauben schiessen und fehlen / von dem sagt er: Er were ein guter Schütz / er solte nach leuten schiessen / weil er so fein neben hien schiessen könne.

Der Teutschen Scharpfsinnige kluge Sprüch

Claus war sein hut die stägen hinab gefallen; und weil er sorget / der kopf möchte ihm auch abfallen / fasset er den kopf zwischen beyde fäust / rüffet dem hut / wie man den hunden thut / kom wieder / hütlein / kom wieder. Und weil er nicht wieder kommen wolt / gieng Claus auch davon / sagend: ich wil dir nicht lang nach lauffen / wann du auch über die maur lieffest / weil ich sehe daß du dich meinethalben nicht wendest / noch umbkehrst.

Teutsche Apophthegmata 5

Als Claus von einem Thurn das Schloß und die Stadt übersahe / sagt er: ich hab mein tag nie grosser hauß gesehen / es werden ohne zweifel grosse ongeheure Leuth darin wohnen / mich wundert / wie sie zu den kleinen thuren hinein kommen.

Teutsche Apophthegmata 5

Als Claus auf dem Sterbebett lag, ermahnte ihn der Geistliche, sein Testament zu machen, und Claus sagte: »Ich habe nichts als meine Kleider und ein Pferd, und die vermache ich den Grafen und Freiherrn des Landes.« Als ihn der Geistliche fragte, warum er sie nicht den Armen gebe, sagte er: »Ihr predigt uns allewege, daß wir Gott nachahmen sollen; Gott aber hat die Güter der Welt jenen und nicht den Armen gegeben, und darum folge ich ihm nach und tue desgleichen.«

Der ostjüdische Gettonarr Chojsek hatte den Talmudabschnitt gelesen: Schomejr ptaim adoschem, auf deutsch: Gott behütet die Narren. Da wollte er sich selbst überzeugen, ob er wirklich so klug war, wie er meinte, oder am Ende, Gott behüte, ein Dummkopf. Er sprang durchs Fenster, fiel und brach sich ein Bein. So lag er auf der Erde, ächzte vor Schmerzen und rief: »Hört ihr, Juden? Immer schon war ich überzeugt, daß ich kein Dummkopf bin, aber bis heute habe ich nicht gewußt, daß ich so klug bin!«

Auf seinen Wanderungen kam Hersch Ostropoler, ein jüdischer Schalk des 18. Jahrhunderts, an einem Freitagnachmittag zu einem Dorfjuden, einem großen Knicker. Dieser lud Hersch gleichwohl ein, den Sabbat bei ihm zu bleiben. Bei der Abendmahlzeit brachte die Hausfrau eine große Schüssel Suppe und stellte sie vor ihren Mann. Der nahm sich davon und sprach dazu das Talmudwort: »Jeder ist sich selbst der Nächste.« Er schüttete seiner Frau ihren Teil in den Teller und sprach das Moseswort: »Mann und Frau sind ein Leib.« Nun teilte er von der Suppe auch seinen Kindern zu und murmelte den Psalm: »Ein Vater hat Erbarmen mit seinen Kindern.« Schließlich gab er Hersch den schalen Rest der Suppe, ohne ein Wort zu sprechen. Als Hersch die Suppe gekostet hatte, die wie bloßes Wasser war, fragte er: »Und für mich habt Ihr keinen Vers in der Heiligen Schrift gefunden?« Nahm die Suppe, schüttete sie dem Hausherrn über den Kopf und sprach mit Hesekiel: »Ich werde Euch mit reinem Wasser besprengen.«

Hersch und ein Freund gingen in Berdytschew an einem schönen Haus vorbei. »Dieses Haus wünsche ich mir!« sagte Hersch. »Dann wirst du mir«, meinte der Freund, »wenigstens eine Wohnung in deinem Haus überlassen.« »Wieso?« antwortete Hersch, »du kannst dir doch selbst ein solches Haus wünschen.«

Hersch trieb sich auf dem Berdytschewer Markt herum. Ein Möbelhändler rief ihm zu: »Kauft mir den Schrank ab, Reb Hersch, ganz billig!« »Was soll ich damit?« versetzte Hersch. »Eure Kleider hineintun natürlich!« »Und ich soll nackt herumlaufen?!«

Rabbi Baruch ermahnte ihn: »Hersch, Hersch, warum trinkst du soviel Branntwein?« Hersch: »Versteht Ihr, heiliger Rabbi, wenn ich Branntwein trinke, werde ich ein ganz anderer Mensch. Und nun will auch der andere Mensch ein bißchen Branntwein. Was sagt Ihr, Rabbi, soll ich ihm denn nicht geben? Heißt es doch leben und leben lassen?« »Und wie heißt der andere Mensch?« fragte Rabbi Baruch. »Er heißt Hersch nach mir!« erwiderte Hersch.

Als Hersch im Sterben lag, gab er seinem Sohn folgenden Rat: »In unseren heiligen Schriften steht geschrieben, daß bei der Ankunft des Messias alle Menschen ins Heilige Land aufbrechen werden. Die Kinder Israels werden über eine Brücke aus Spinnweben schreiten, und kein einziger Spinnwebfaden wird Schaden erleiden. Die Gojim aber werden über eine Eisenbrücke ziehen, und sie wird unter ihnen zusammenstürzen. Du bist mein Einziger, deshalb rate ich dir im Angesicht des Todes: Geh für alle Fälle über die Eisenbrücke.«

Dschuha, der arabische Witzbold des 8. Jahrhunderts, nahm einen Sack, betrat einen fremden Garten und machte sich daran, den Sack mit Rüben, Kohlrabi und anderem Gemüse zu füllen. Plötzlich stand der Besitzer vor Dschuha und wetterte: »Was hat dich hierhergeführt, und was hast du da in dem Sack?« »Ein heftiger Wind trug mich in diesen Garten.« »Und wer hat dann das Gemüse aus der Erde gerissen?« »Als der Wind mich zu Boden schleuderte, rollte er mich von einer Seite zur andern. Ich versuchte, mich an den Karotten und dem anderen Gemüse festzuhalten, und so sind sie in meiner Hand geblieben.« »Und wer hat sie dann in den Sack gestopft?« Da sagte Dschuha: »Bei Gott, Bruder, dieses Rätsel hat mich gerade beschäftigt, als du mich überraschtest!«

Dschuha stahl ein Gewand und übergab es seinem Sohn, der es auf dem Markt verkaufen sollte. Unterwegs wurde aber dem Sohn das Kleidungsstück gestohlen, und so kehrte er mit leeren Händen nach Hause zurück.

»Hast du das Gewand verkauft?« erkundigte sich
Dschuha. »Jawohl!« »Für wieviel?« »Zum Einkaufs-
preis!«

Dschuha hatte in einem Gasthaus groß gespeist und ließ
nun den Wirt rufen: »Ist es Euch schon einmal passiert,
daß ein armer Teufel nicht zahlen konnte?« »Nein, Allah
sei Dank, niemals.« »Und wenn es Euch passiert, was
würdet Ihr tun?« »Ich würde ihn mit einem Fußtritt zur
Tür hinausbefördern und ihm raten, nie wiederzukom-
men!« Dschuha stand auf, kehrte dem Wirt den Rücken,
beugte sich vor und rief mit fester Stimme: »Zahlen!«

Dschuha ging über den Markt, als ihm ein starker Hieb
versetzt wurde. Wütend drehte er sich um. »Was soll das
bedeuten?« »Nicht böse werden, Dschuha«, sagte der
Fremde, »ich habe dich mit jemandem verwechselt.«
Aber Dschuha zerrte den Täter vor den Kadi. Der war
ein Freund des Angeklagten und geneigt, ihm beizuste-
hen. Sein Urteil lautete: Dschuha möge dem Mann einen
Hieb versetzen, damit sei die Schuld beglichen; doch
weigerte sich Dschuha natürlich, jemanden zu schlagen.
Deshalb belastete der Richter den Angeklagten mit einer
Geldbuße von zehn Derahim, befahl ihm, das Geld von
zu Hause zu holen, und gab ihm so Gelegenheit, sich aus
dem Staub zu machen. Als Dschuha sehr lang gewartet
hatte, merkte er, was gespielt wurde. Leise näherte er
sich dem in Arbeit vertieften Beamten, schlug ihm mit
voller Kraft ins Gesicht und sprach: »Verzeiht, ich habe
es eilig und kann deshalb nicht länger warten; sollte der
Angeklagte das Geld bald hierher tragen, so nehmt es an
meiner Stelle als Entschädigung.«

Ein Beduine lud Dschuha ein und ließ ihn bis zum späten Nachmittag sitzen, ohne ihm etwas zum Essen anzubieten. Als es nun kühler wurde, nahm der Gastgeber eine Laute zur Hand und fragte seinen Gast: »Was möchtest du hören?« Dschuha: »Das Brutzeln in der Bratpfanne!«

Dschuha brachte seiner Frau ein Pfund Fleisch und fragte sie: »Wozu eignet sich dieses Fleisch?« »Es ist gutes Fleisch und eignet sich für alles.« »Wunderbar! Dann bereite uns daraus alles zu.«

Jeden Freitagmorgen fand sich Hodscha Nasreddin, der türkische Eulenspiegel des 13. Jahrhunderts, auf dem Markt mit einem kräftigen Esel ein, den er verkaufte. Der Preis, den er verlangte, war immer sehr niedrig und lag weit unter dem eigentlichen Wert des Tieres. Eines Tages sprach ihn ein reicher Eselhändler an. »Ich begreife nicht, wie du das machst, Nasreddin. Ich verkaufe meine Esel schon zum denkbar niedrigsten Preis. Meine Leute zwingen die Bauern, ihnen umsonst Futter zu geben. Meine Sklaven versorgen meine Esel, ohne einen Lohn dafür zu bekommen. Und trotzdem kann ich bei deinen Preisen nicht mithalten.« »Ganz einfach«, sagte Nasreddin. »Du stiehlst Futter und Arbeitskraft – ich stehle Esel.«

»Nasreddin, mein Sohn, steh morgens früh auf«, wurde er in seiner Jugend oft von seinem Vater ermahnt. »Warum, Vater?« »Es ist eine gute Gewohnheit. Ich bin

einmal bei Morgengrauen aufgestanden und spazierengegangen, und da fand ich unterwegs einen Sack mit
Gold.« »Aber dann muß doch der Mann, der das Gold
verloren hat, noch früher aufgestanden sein als du!«

Nasreddin hatte auf dem Markt zahlreiche Besorgungen
für seine Frau erledigt. »Nun, hast du alles gekauft?«
empfing ihn seine Frau daheim. »Ja, hab ich.« »Und was
hat es gekostet? Wieviel Geld ist übriggeblieben?« »Das
ganze Geld bringe ich zurück.« »Wie das!?« »Nun, ich
habe den Leuten ein Loch in den Bauch geredet, bis sie
mir alles umsonst überlassen haben!« »Sehr gut«, meinte
seine Frau. »Nur schade, daß du nicht noch ein wenig
gefeilscht hast!«

Zwei Männer lärmten nachts unter Nasreddins Fenster.
Nasreddin stieg aus dem Bett, warf sich die Schlafdecke
über und lief hinaus, um nachzusehen. Da entriß ihm
einer der Streithähne die Decke, und beide rannten fort.
»Worum stritten sich die Kerle da draußen?« fragte Nasreddins Frau, als er wieder ins Schlafzimmer kam. »Offenbar um meine Decke, denn als sie die hatten, brachen
sie den Streit ab.«

Der Herrscher befahl Nasreddin eines Tages, mit auf die
Bärenjagd zu gehen. Als Nasreddin wieder in sein Dorf
zurückkam, fragte man ihn: »Wie verlief die Jagd?«
»Ganz wunderbar!« »Wie viele Bären hast du erlegt?«
»Keinen.« »Wie viele hast du denn gesehen?« »Keinen.«
»Wieso war es dann so wunderbar?« »Wenn man auf
Bärenjagd geht, ist ›keiner‹ mehr als genug!«

Nasreddin, der auf einem Esel ritt, begegnete einem Mann, der auf einem prächtigen Pferd saß. Nasreddin stieg ab, verbeugte sich tief und sagte: »Würdet Ihr Euer Reittier mit dem meinen vertauschen?« »Warum – seid Ihr ein Narr?« »Nein«, sagte Nasreddin und verbeugte sich noch einmal so tief, »aber ich dachte, Ihr seid vielleicht einer.«

Schriftstelleranekdoten

Matthias Claudius wurde nach dem Unterschied gefragt, der zwischen seinem Stil und dem Klopstocks bestehe. »Sehr einfach«, erwiderte er. »Wenn Klopstock seinen Hausknecht ruft, klingt das so:

›Du, der du weniger scheinest als ich und der dennoch
mir gleich ist,
nahe dich mir und befreie mich hurtig, zur Erde dich
beugend,
von der bedrängenden Plage des staubüberschütteten
Kalbfells!‹

Und ich? Ich würde sagen: ›Jehann, treck mir de Stiewel ut!‹«

In einer Gesellschaft, die sich durch Reimen aus dem Stegreif unterhielt, nahm der Bürgermeister R. aus S. ein volles Glas und sprach:

»Hoch lebe Vater Gleim!
Er ist der Freundschaft Leim!«

Gleim parierte:

»Hoch lebe der Herr Bürgermeister!
Er ist der Freundschaft Kleister!«

Ein Freund Lessings äußerte sein Entzücken über den nahenden Frühling. »Ach, diese ewig grünen Bäume«, sagte Lessing unwillig, »warum können sie nicht einmal blau sein.«

Nur einen Satz umfaßte die Kritik, die der Mathematikprofessor und Epigrammatiker Abraham Gotthelf Kästner über das Buch eines unbegabten Dichters schrieb: »Dieses Buch ist auf sehr schlechtem Papier gedruckt; schade um das Papier.«

Ein junger Engländer, der in Göttingen studierte, hatte sich im ersten Stock des Kästnerschen Hauses eine Zimmerflucht gemietet und machte es sich darin auf besondere Weise behaglich: Er ließ sich mit Zweigen, Moos und Borkenstücken die Zimmer waldmäßig herrichten, kaufte sich Hasen und Hunde und vollführte mit Hussa und Hallo einen schrecklichen Jagdlärm. Da er sich davon nicht abbringen ließ, mußte er eines Tages erleben, daß ihm durch die Decke Wasser auf den Kopf tropfte, dann rieselte und schließlich strömte. Er rannte nach oben und riß die nächste Tür auf: Ein Wasserschwall donnerte ihm entgegen. Inmitten des hoch hinauf mit Wasser gefüllten Zimmers saß Kästner auf einem Stuhl und hielt eine Angelrute in der Hand. »God bless my soul!« schrie der Engländer. »Was wird das?!« »Kümmern Sie sich um Ihr Revier«, sagte Kästner. »Sie jagen unten; ich fische oben.«

Georg Christoph Lichtenberg lebte mit einem viel jüngeren Mädchen namens Margarethe Kellner zusammen, die zunächst seine Haushälterin war und die er heiratete, nachdem sie ihm zwei Kinder geboren hatte. Lichtenbergs Studenten amüsierten sich köstlich, wenn sie zu ihm kamen, nach der Frau Hofrätin fragten und von der wie eine Köchin gekleideten Hausfrau die Antwort erhielten: »Det sin ek!«

Lichtenberg behauptete während seines Londoner Aufenthalts gegenüber einem Bekannten, seine Zimmerwirtin sei von hinten hübscher als von vorn. »Wie das?« »Ersteres wegen des sehr anmutig zur Schleife gebundenen Schürzenbandes, letzteres wegen des Gesichts.«

Gottfried August Bürger lebte in größter Armut. Er saß beim Barbier und wurde gerade eingeseift, als einer seiner Gläubiger eintrat und sofortige Rückzahlung des geliehenen Geldes verlangte. »Können Sie nicht wenigstens warten, bis ich rasiert bin?« fragte Bürger. »O gewiß«, sagte der Gläubiger. »Sie sind mein Zeuge!« rief Bürger da dem Barbier zu, sprang auf, wusch sich die Seife aus dem bärtigen Gesicht und marschierte an dem verdutzten Geldeintreiber vorbei.

Johann Heinrich Voß verstand in seinen Übersetzungen von Homers *Ilias* und *Odyssee* treu das Versmaß der Vorlagen wiederzugeben. Im Jahr 1781 war er ganz in die Übersetzung Homers vertieft. Da hörte er eines Nachts das Feuerhorn blasen, öffnete das Fenster und rief dem vorbeieilenden Nachtwächter zu: »Kún-de mir Wách-ter der Nácht in be-zúg auf das Feú-er wo brénnt es?«
  Doch der Wächter, der Voß längst kannte, gab einen nicht weniger homerischen Bescheid und rief zurück: »Mánn – du im Schláf-rock Oh! stór mich jetzt nícht und ver-schwín-de!«

Christian Friedrich Daniel Schubart war in Stuttgart als Stegreiflyriker bekannt. Bei einer Abendgesellschaft trank ihm eine Verehrerin zu und improvisierte die Verse:

>Meister, seht, zu Eurer Ehr
Trinke ich mein Gläschen leer.«

Schubart tat augenblicklich Bescheid:

>Ach, das freut mich königlich,
Daß die Jungfer sauft wie ich.«

Der Schriftsteller, Arzt und Ökonom Heinrich Jung-Stilling, der eine Zeitlang Hofrat war, verlor früh seine geliebte Gattin Selma und wurde mehrere Jahre nach deren Tod Prorektor der Universität Marburg. Dort besuchten ihn alte Jugendfreunde, und er wollte ihnen die Ruhestätte der Verstorbenen zeigen. Sie gingen zum Kirchhof, und dort deutete der alte Totengräber auf das Grab der längst Verstorbenen und erklärte ehrerbietig: »Hier ruht die selige Frau Hofrätin und nunmehrige Frau Prorektorin Jung.«

Mit verschränkten Armen und in tiefes Nachdenken versunken, stand Goethe vor dem mächtigen Portal des Straßburger Münsters und bestaunte das großartige Bauwerk, als ein Karrenschieber, einen Gassenhauer pfeifend, hart an ihm vorüberfuhr. Zornig drehte sich Goethe um, gab dem Mann eine schallende Ohrfeige und wies mit den Worten: »Willst du wohl staunen, Flegel!« zum Münster empor.

Ein begeisterter, aber wunderlicher Verehrer Goethes war der Redakteur der *Spenerschen Zeitung*, Gottlob Wilhelm Burmann. Als Goethe im Frühjahr 1778 in Berlin weilte, suchte er Burmann in seinem Büro auf. Burmann fragte den Eintretenden, was ihn herführe und wie er heiße. »Goethe.« Burmann schoß von seinem Stuhl auf, warf sich zu Goethes Füßen und wälzte sich exaltiert auf dem Fußboden herum. »Um Himmels willen! Was ist Ihnen!« rief Goethe erschrocken. »Ach, die Freude, die Freude, daß Sie mich besuchen! Ich kann sie einfach nicht besser ausdrücken«, stammelte der Beglückte. »Nun, wenn's das ist, dann will ich mich zu Ihnen werfen«, rief Goethe, und sie wälzten sich miteinander auf dem Fußboden herum.

Als Goethe im Februar 1784 die Ilmenauer Bergwerke wieder eröffnete, blieb er in der Rede stecken. Bei dem nachfolgenden Bankett konnte ein dem Dichter übel gesonnener Kammerherr sich die Bemerkung nicht verkneifen, das müsse doch ein für den Redner schrecklicher Zustand gewesen sein. »Das stimmt«, pflichtete Goethe ihm bei, »ich fühlte eine so völlige Leere in meinem Kopf, daß ich allen Ernstes glaubte, ich sei ein Kammerherr.«

Goethe weilte zu Besuch bei Schiller, als der wegen einer dringenden Angelegenheit kurz weggerufen wurde. Goethe blieb allein zurück und sah sich in der Stube um. Auf Schillers Arbeitstisch lag ein Blatt mit zwei Zeilen eines Gedichts:

> »Er saß auf ihres Bettes Rand
> Und spielte mit den Flechten.«

Goethe überlegte einen Moment und vollendete:

> »Das tat er mit der linken Hand.
> Was tat er mit der rechten?«

In Jena kam eines Tages ein Setzerlehrling zu Goethe und brachte Korrekturbogen aus der Frommannschen Druckerei. Goethe nahm eine Feder zur Hand und begann, einen Satz zu ändern. Bald strich er an immer mehr Stellen Altes, fügte Neues ein, nahm Umstellungen vor, bis endlich der ungeduldig wartende Setzerlehrling eingriff: »Machen Sie doch nicht so viele Korrekturen, das gibt bei uns nur überflüssige Arbeit!«

Als preußische Truppen in Weimar lagen und Goethes Haus von Einquartierungen nicht verschont blieb, ereignete es sich, daß ein alter Major im Weinhaus, wo er sich mit seinen Kameraden über das jeweilige Logis unterhielt, hinwarf: »Ich bin bei einem gewissen Gothe oder Köthe oder weiß der Teufel, wie der Kerl heißt, einquartiert.« Die anderen versuchten ihm klarzumachen, das sei der berühmte Dichter Goethe. Worauf der alte Krieger erwiderte: »Kann sein, ja ja, doch, das kann wohl sein; ich hab dem Kerl auf den Zahn gefühlt, und er scheint mir wirklich Mucken im Kopf zu haben.«

Charles Gore, ein leidenschaftlicher Autographensammler, kam eines Tages auf den Einfall, die Handschriften der bedeutendsten Männer auf einem Blatt vereinigt zu sehen. Er ging zuerst zu Herder. Herder schrieb:
        »Die Erde ist ein Jammertal.«
    Damit wandte sich Gore an Schiller. Der las Herders Spruch und setzte fort:
        »Voller Narren und Toren.«

Nun überreichte er Goethe das Blatt. Der hörte sich die Bitte lächelnd an und vollendete das Gedicht:

»Wo Sie der allergrößte sind,
Mein lieber Herr von Goren!«

Bei einer Aufführung von Goethes *Die natürliche Tochter* wandte sich nach dem zweiten Akt ein Student an einen neben ihm sitzenden älteren Herrn mit der Frage: »Um Vergebung, ist das Stück nicht von Vulpius?« Der ältere Herr verzog keine Miene über diese Verwechslung des Dichterfürsten mit dem Verfasser des Räuberromans *Rinaldo Rinaldini* und erwiderte: »Nein, das Stück ist von Goethe.« Nach dem dritten Akt fragte der Student: »Wissen Sie gewiß, daß das Stück nicht von Vulpius ist?« »Nein«, sagte der Nachbar, »das Stück ist von Goethe.« Nach dem vierten Akt meinte der Student: »Ich glaube immer noch, das Stück ist von Vulpius!« »Von Goethe«, lautete die Zurechtweisung. Am Schluß endlich behauptete der Student: »Sie mögen sagen, was Sie wollen, aber das Stück ist von Vulpius.« Da endlich erhob sich der Nachbar und sagte mit Nachdruck: »Das Stück ist von Goethe, und ich bin Goethe!« »Sehr erfreut«, sagte der Student, »mein Name ist Müller.«

Der Weimarer Gymnasialdirektor Karl August Böttiger gehörte eine Zeitlang zum Kreis um Goethe, Schiller, Herder und Wieland, entzweite sich dann aber mit allen und ging nach Dresden, von wo er bösartige Gerüchte über die einstigen Gefährten in die Welt setzte. Einmal, bei der Kur in Karlsbad, kam Goethe von einem Morgenspaziergang nach Hause und meinte: »Man stößt in der Welt doch immer und allenthalben auf unsaubere Geister! Da habe ich von fern einen Mann vorbeirutschen sehen, und der Kerl hat mich ordentlich erschreckt. Ich glaubte, den leibhaftigen Böttiger erblickt zu haben!« »O, Exzellenz«, erwiderte ein Freund, »Ihre Augen haben nicht getrogen. Es war wirklich der leibhaftige Böttiger.« »Gottlob«, atmete Goethe auf, »gottlob, daß Gott nicht noch ein zweites solches Arschgesicht geschaffen hat!«

Goethe wurde von vielen Fremden aufgesucht. Je nach Zeit und Laune wurden sie abgewiesen oder eingelassen. Eines Tages klopfte ein durchreisender Student an und äußerte den Wunsch, Goethe zu sehen. Der Diener Stadelmann führte ihn in das Vorzimmer. Nach geraumer Weile ging die Tür auf, und Goethe trat herein. Der Student sprang auf und verbeugte sich. Goethe würdigte ihn jedoch keines Blickes, sondern ergriff wortlos einen Stuhl und nahm mitten im Zimmer Platz. Einen Augenblick lang war der Student verblüfft, dann gewann er seine Geistesgegenwart zurück, nahm eine Kerze vom Tisch, zündete sie an und schritt, ihn von allen Seiten beleuchtend, um den Dichter herum. Dann legte er einen Groschen auf den Tisch und ging.

Eine Berlinerin war nach Weimar gekommen, um Goethe kennenzulernen, und wurde durch den Bedienten abgewiesen. Da stellte sie sich heimlich hinter die Doppel-Statuetten an der Haupttreppe des Hauses am Frauenplan, und als Goethe vorbeiging, trat sie vor und rief: »Bin ick endlich so jlücklich, den jroßen Dichter vor mir zu sehen?« Den Dichter belustigte die Anrede: »Nun, Madame, kennen Sie mich denn?« Die Berlinerin: »Jott, wer sollte Ihnen, Jöte, nicht kennen? Festjemauert in der Erde steht die Form aus Jips jebrannt.« Der Olympier lachte: »Es freut mich, daß Sie meine Werke so gut kennen! Adieu, Madame!«

Goethe ließ sich 1818 in Karlsbad zwei Flaschen Rotwein auf sein Zimmer bringen und trank Glas um Glas. Der ihn behandelnde Arzt, Dr. Rehbein, kam wie alle Tage auf sein Zimmer.

Goethe: »Ihr seid mir ein schöner Freund! Was für einen Tag haben wir heute?«

Rehbein: »Den 27. August, Exzellenz.«

Goethe: »Nein, es ist der 28. und mein Geburtstag.«

Rehbein: »Ach was, Ihren Geburtstag vergeß ich nie. Wir haben den 27.«

Goethe: »Es ist nicht wahr. Wir haben den 28.«

Rehbein: »Den 27.«

Goethe klingelte, der Bediente trat ein.

Goethe: »Was für ein Datum haben wir heute?«

Bedienter: »Den 27., Exzellenz.«

Goethe: »Daß dich ... Kalender her!«

Der Kalender wurde gebracht.

Goethe (nach langer Pause): »Donnerwetter! Da habe ich mich umsonst besoffen.«

Goethe schickte dem in Berlin lehrenden Hegel 1821 ein Exemplar seiner *Farbenlehre*. Hegel bedankte sich in einem ausführlichen Brief, in dem er Goethes Naturverständnis und sein Erfassen des Wesens der Erscheinung als »Urphänomen« rühmte. Erfreut sandte Goethe dem Philosophen nun ein zierliches, gelb gefärbtes Trinkglas, worin sich ein Stück schwarzer Seide befand, die durch das Gelb des Glases blau erschien, und dazu die Widmung: »Dem Absoluten empfiehlt sich schönstens zur freundlichen Aufnahme das Urphänomen.«

Als der Hegel-Schüler Carové einst Goethe besuchte, öffnete er alle Schleusen seiner Beredsamkeit, um dem Dichter einen Inbegriff von der neuesten Entwicklung der Hegelschen Philosophie zu geben. Goethe hörte Carové mit großen Augen an, ohne ein Wort zu sprechen; endlich stand er auf, zog die Glocke und sagte zu dem eintretenden Diener: »Bringen Sie dem Herrn eine Tasse Bouillon!«

Zu Goethes 80. Geburtstag feierte der Weimarer Metzger Auerbach den Dichter, indem er über seinem Laden ein Transparent anbrachte mit dem Vers:

> »Herr Goethe ist in seinem Fach
> Was Metzgermeister Auerbach.«

Der Kölner Philologe Heinrich Düntzer gab seiner Goethe-Ausgabe einen Kommentar von peinlicher Genauigkeit mit. An einer Stelle schreibt Goethe, er habe nur eine Frau wirklich geliebt, Lili Schönemann. Dazu verfaßte Düntzer die Randglosse: »Hier irrt Goethe! Das war vielmehr bei Friederike Brion der Fall!«

Der Münchner Psychiater Emil Kraepelin unterhielt sich mit dem Literaturhistoriker Muncker über die Frage, ob der alte Goethe eigentlich noch normal gewesen sei. Muncker vertrat die Auffassung, daß Goethe, strenggenommen, eigentlich nie normal gewesen sei; dieser Ausdruck passe ganz einfach nicht auf ein Genie. Dadurch ermutigt, erklärte Kraepelin: »Im zweiten Teil des *Faust* erkennt man bereits Spuren beginnender Gehirnerweichung.« Als der Literaturhistoriker entrüstet widersprach, klopfte ihm der Psychiater auf die Schulter und sagte: »Mein lieber Freund, das kann ich besser beurteilen. Solche Leute kommen täglich zu mir in die Sprechstunde.«

Als Friedrich Schiller noch auf die Karlsschule ging, besuchte er einen Klassenkameraden, der nicht zu Hause war. Schiller beschloß zu warten und sah auf dem Schreibtisch ein angefangenes Gedicht liegen, das sein Freund, der ebenfalls gern, doch unglücklich dichtete, begonnen hatte. Die ersten Verse lauteten:

> »Es dringt der Sonne Strahlenspitzen
> Bis auf des Meeres tiefsten Grund.«

Rasch schrieb Schiller darunter:

> »Die Fische fangen an zu schwitzen.
> O Sonne, treib es nicht zu bunt.«

Im Jahre 1905 beging man auch in Potsdam Schillers hundertsten Todestag mit Fahnenschmuck, Schulfeiern, Vorträgen, Festvorstellungen im Theater usw. Abends im Kasino fragte ein Gardehauptmann den andern: »Wie

heeßt eijentlich der Kerl, den se da feiern?« »Schiller!«
»Nie jehört. Und die Leute machen ein Wesen drum,
wie wenn 'n preußischer Jeneral bejraben würde.«

Im Auftrag des Verlegers Brockhaus schrieb Ludwig
Tieck eine Novelle in Fortsetzungen für die Zeitschrift
Urania. Nachdem das so mehrere Hefte hindurch gegangen war, sollte es allmählich zum Schluß des Ganzen
kommen. Da bemerkte der Verleger beim Lesen im fer-
tiggedruckten Heft, daß Tieck die Heldin Eugenie ver-
sehentlich in diesem Teil der Geschichte von ihrem Liebhaber »Emilie« anreden ließ. – Was tun? Das Stück neu
setzen und drucken lassen? Tieck wußte Abhilfe, und
alle zusätzlichen Kosten blieben erspart: Er ließ im nächsten Heft innerhalb der Schlußabschnitte der Novelle
den Liebhaber einmal sagen: »Teure Eugenie, die ich
mitunter auch Emilie zu nennen pflegte, du bist mir
unter beiden Namen gleich wert und lieb.«

Außerordentlich eitel war August Wilhelm Schlegel. Er
hatte eine ganze Anzahl Perücken, alle in verschiedener
Haarlänge. Mit der kürzesten fing er an und setzte dann,
dem natürlichen Wachstum der Haare entsprechend, die
folgenden mit immer längeren Locken auf, bis er zur
Schlußnummer kam. In diesem Stadium fuhr er sich
dann in Gegenwart anderer nachdenklich durch die
Mähne und sagte: »Ich glaube, ich muß mir bald wieder
die Haare schneiden lassen.« Kurz darauf erschien er
dann wieder mit der Perücke Nr. 1.

Wilhelm Grimm besuchte seine Freunde Achim von Arnim und Clemens Brentano und traf eine Frau bei ihnen, eine Verehrerin Brentanos, an der Grimm weder Jugend noch Geist bemerkte, weshalb er nicht bedauerte, daß sie sich bald verabschiedete. Ganz anders Brentano. »Ich werde ein Gedicht auf sie machen!« rief er feurig aus, und zu Wilhelm Grimm gewandt, fragte er schwärmerisch: »Ist sie nicht schön wie ein Märchen?« »Nun ja«, entgegnete Grimm zögernd. »Es war einmal ...«

Als Ludwig Uhland 1815 seinen ersten Gedichtband zusammenstellte, leitete er ihn mit Versen ein, die er, um das Erscheinen des Buches anzukündigen, einer Zeitung zum Vorabdruck überließ.

> »Lieder sind wir. Unser Vater
> schickt uns in die offne Welt ...«

So stand es im Manuskript. Was mußte Uhland in der Zeitung lesen? »Luder sind wir ...« Der Dichter bat um eine Berichtigung. Sie erfolgte und lautete: »Leider sind wir ...« Nochmal nahm Uhland den Kampf mit dem Druckfehlerteufel auf. In der nächsten Ausgabe stand: »Leder sind wir ...«

Da gab er es auf, weitere Berichtigungen zu fordern.

Der Wiener Poet Ignaz Castelli bat einen Freund, der eine größere Reise antrat, ihm dann und wann eine Nachricht über sein Wohlbefinden zu geben. Der Freund hielt Wort. Schon in der dritten Poststation sandte er einen Eilboten auf Castellis Kosten ab mit der Depesche: »Lieber Freund, ich befinde mich wohl! Dein getreuer Freund X.« Castelli ließ Spaß Spaß sein und bezahlte die kostspielige Stafette. Nach einiger Zeit erhielt der abwesende Freund eine schwere, unfrankierte Kiste nachgesandt. Als er die beträchtlichen Postgebühren bezahlt hatte, fand er darin nichts als einen großen Feldstein und ein Blatt des Inhalts: »Lieber Freund! Bei der erwünschten Nachricht von Deinem Wohlbefinden ist mir beifolgender Stein vom Herzen gefallen. Es grüßt Dich Dein Castelli.«

Der schwäbische Arzt und Dichter Justinus Kerner, der ziemlich weltfremd war, mußte in die Schweiz reisen. Der Grenzer hielt ihn an. »Min Cherr, hier müsset Se Ihr Päßli visiere losse!« Kerner blickte den Mann verständnislos an und sagte: »I hab kein Paß!« Der Schweizer Grenzer: »Das ischt was anderes. Reiset Se glücklich.«

Heinrich Heine stritt sich mit einem Bruder der Rahel Varnhagen über das Wesen seiner Lyrik. Der Freund sagte: »Der Hauptreiz deiner Gedichte liegt in den gesucht schroffen Übergängen vom Poetisch-Romantischen zum Gewöhnlichen. Es ist nicht schwer, ähnliche Gedichte zu machen.« »Dann mach doch eins«, versetzte Heine. Nach drei Tagen erschien der Freund wieder und überreichte Heine folgendes Gedicht:

> »Sie gab mir bei ihrem Tode
> Ein blasses blaues Band –
> Es liegt in meiner Kommode
> Im Schubfach rechter Hand!«

Heine sagte lachend: »Wenn du das veröffentlichst, bin ich verloren!«

Heine kam aus dem Innenministerium in Paris, wo er sich seine Monatsrente abholte. Er traf seinen Freund Alexander Weill, der ihn erstaunt fragte: »Was, du bekommst eine Pension und hast doch Guizot in der *Allgemeinen Zeitung* angegriffen?« »Natürlich! Sonst würde man mich ja für bestechlich halten.«

Als es mit Heine zu Ende ging, kniete seine Frau Mathilde weinend an seinem Lager und betete zu Gott, daß er ihrem Mann seine Sünden vergeben möge. »Gott wird mir schon vergeben«, hauchte Heine. »Das ist sein Beruf!«

Als Karl Leberecht Immermann sein Amt als Landgerichtsdirektor in Düsseldorf mit dem eines Theaterleiters vertauscht hatte, wurde er von einem Mitglied des preußischen Königshauses empfangen, das bewundernd einer Aufführung beigewohnt hatte. »Nun«, fragte hinterher ein Höfling den Dichter, »war Seine Königliche Hoheit gnädig?« »Gnädig? Mir?« fragte Immermann zurück und straffte sich. »Bin ich denn ein Verbrecher?!«

Ferdinand Raimund hatte sich ein Landhaus in Gutenstein nahe Wien gekauft und lud Grillparzer zu einem Besuch ein. Als Grillparzer vorgefahren kam, sagte man ihm, Raimund sei ein wenig spazierengegangen, und Grillparzer ging ihn suchen. Da sah er eine sonderbare Gestalt im Astwerk eines hohen Baumes sitzen: Sie war in einen geblümten Schlafrock gehüllt, hatte eine grüne Schirmmütze auf, hinter den Ohren Schreibfedern, in allen Taschen Papierrollen und um den Hals ein großes Tintenfaß. »Gott im Himmel«, rief Grillparzer, »Raimund! Wie schauen Sie denn aus?« »Wie soll ich denn ausschauen, wenn ich auf die Bäum' sitz' und dichte?« erwiderte Raimund.

Trotz des Verbots, Extempores einzufügen, konnte es Johann Nestroy nicht lassen. So hatte er in einer seiner Possen die Semmeln auf dem Frühstückstisch selbst mit einer großen Lupe nicht finden können, weil »sie gar so viel klein waren«. Das trug ihm eine Klage der Wiener Bäckerinnung ein, und er mußte zwei Tage in Arrest. Als er wieder auftrat, hatte er in der Szene am Frühstückstisch keine Lupe, aber auch keinen Hunger mehr. »Ja, hast denn im Gefängnis nicht hungern müssen?« fragte man ihn. »Das Hungern«, improvisierte der Volkskomiker,

> »Das Hungern, Freunderl, braucht' im Arrest
> net zu sein,
> man warf mir die Semmeln durchs
> Schlüsselloch rein!«

Als Grillparzer im Alter gefragt wurde, warum er denn seine ewige Braut Kathi Fröhlich nicht geheiratet habe, antwortete er nach einigem Zögern aufrichtig: »Ich hab mich halt nit traut!« Und fügte hinzu: »Ich hätt halt müssen in der Eh' allein sein.«

Heinrich Hoffmann, der Verfasser des *Struwwelpeter*, bewarb sich um die Tochter des Frankfurter Patriziers Donner. Der stellte ihm die Frage: »Und was haben Sie für Aussichten für die Zukunft?« »Je nun«, antwortete Hoffmann unverfroren, »ich spiele ein Achtellos in der Lotterie.«

Der Humorist Moritz Gottlieb Saphir besaß in Wien ein Haus, dessen zweites Stockwerk an einen Offizier vermietet war. Dieser wollte den Vertrag vorzeitig lösen. Saphir erklärte sich einverstanden, falls der Mieter imstande wäre, ihm sein Anliegen brieflich mit einem einzigen Wort mitzuteilen. Der Brief traf ein und enthielt das einzige Wort: »Judicium« (Jud, ich zieh um). Saphir antwortete ebenso lakonisch: »Officium« (O Vieh, zieh um).

Julius Stettenheim, der Erfinder des komischen »Berichterstatters Wippchen«, war stolz darauf, seine Kinder durch eine besondere Methode zu erziehen, wobei er es an Humor nicht fehlen ließ. »Ich habe den Kindern einige nützliche Weisungen zur Unterdrückung egoistischer Gelüste gegeben. Paß mal auf!« sagte er einem Freund, der zu Besuch war. Und mit erhobener Stimme richtete er, die Stirn in finstere Falten legend, an die armen Geschöpfe, die keinen Blick vom Kuchen ließen, die verfängliche Frage: »Wer – will – Apfelkuchen – haben?!« Vier helle Stimmen antworteten: »Du!« »Siehst du«, sagte Stettenheim zu seinem Freund, »so erzieht man die Jugend zum Altruismus.«

Als Detlev von Liliencron noch Hardesvogt auf Pellworm war, nahm er es mit der Tanzkonzession der dreizehn Gastwirte seines Amtskreises nicht so genau. Sie selbst waren es, die ihm diese Großzügigkeit erschwerten, indem sie den Gastwirt Nielsen denunzierten. Wohl oder übel mußte Liliencron der Sache nachgehen und bestellte die zwölf Konkurrenten Nielsens ausgerechnet in dessen Lokal. Dann begann die Vernehmung. Jeden einzelnen ersuchte er, sich zu äußern, das dauerte lange; wenn es ihm aber zu langweilig wurde, unterbrach er und forderte die Herren auf, zunächst einmal einen Grog zu nehmen. Nicht weniger als sieben Runden wurden so einverleibt. Das machte pro Mann 1,75 Mark und zusammen 22,75 Mark. Zum Schluß nahm Liliencron den Gastwirt Nielsen in eine Ordnungsstrafe von drei Mark.

Ein junger Autor hatte ein Drama in drei Akten geschrieben und schickte sein Werk an Liliencron. Dabei war er bestrebt, sich von möglichen Mitbewerbern durch Besonderheit abzuheben: Er schickte am Sonntag den ersten Akt, am Montag den zweiten, am Dienstag den dritten. Durch Boten; und ohne jegliches Begleitschreiben.

Der Mittwoch verlief ohne besondere Ereignisse.

Am Donnerstag erhielt er von Liliencron den ersten Akt zurück; am Freitag den zweiten; am Sonnabend den dritten. Durch Boten; und ohne jegliches Begleitschreiben.

Die letzten Jahre in Alt-Rahlstädt brachten dem berühmt gewordenen Liliencron viele, allzu viele Besucher. Am Hauseingang hing deshalb ein Schild: »Ich arbeite

137

und bin nicht zu sprechen.« Schützte auch das nicht, so bekam das Dienstmädchen den Auftrag zu sagen: »Der Herr Dichter ist soeben gestorben.«

Wilhelm Busch war als junger Künstler nicht immer übereifrig. Es kam sogar vor, daß er sich lang ins Gras legte, während seine Kameraden zeichneten. »Schäm dich!« rief ihm einer zu, »bei diesem herrlichen Licht ist die Arbeit ein Vergnügen!«

Busch rührte sich nicht. »Man muß auch mal auf ein Vergnügen verzichten können«, war seine Antwort.

Frank Wedekind war bedenklich erkrankt. Deshalb bemühten sich einige Freunde, eine Versöhnung mit dem Kollegen Max Halbe zustande zu bringen. Sie holten Halbe ans Krankenbett, und die beiden versöhnten sich. Wedekind genas und traf bald darauf Max Halbe auf der Straße. Dieser eilte mit ausgestreckten Händen auf ihn zu. Wedekind jedoch verhielt sich völlig ablehnend. »Aber Frank, was hast du, wir haben uns versöhnt!« »Das war nur für den Todesfall«, wehrte Wedekind eisig ab.

Jemand wollte in Max Halbes neuestes Stück gehen. »Nehmen Sie sich einen Revolver mit«, riet Wedekind, »es ist eine einsame Gegend.«

Wedekind war mit seinen Liedern aufgetreten und traf Halbe nach der Vorstellung. »Na«, fragte Wedekind spitz, »wie haben Sie sich unterhalten?« »Sehr gut, aber nicht gern.«

Eine Dame der besseren Gesellschaft schilderte Wedekind verzweifelt ihre Notlage: Die Erbschaft sei verbraucht, ihr Gemahl habe bankrottiert, und einen bürgerlichen Beruf auszuüben verstehe sie nicht. Sie überlege und überlege, finde aber keinen Ausweg. »Das ist wirklich schrecklich«, sagte Wedekind grübelnd. »Aber haben gnädige Frau schon einmal daran gedacht, Ihren Körper zu verwerten?«

War Paul Scheerbart betrunken, warf er sich bäuchlings auf die Straße, bearbeitete das Pflaster mit seinen Fäusten und brüllte: »Weltgeist, wo bist du?«

In Prag gab es einen dichtenden Arzt, den Gynäkologen Hugo Salus. Über ihn kursierte der Spottvers:

>   »Hugo Salus ist ein Geburtshelfer und Poet dazu.«

Im Jahre 1917 soll es eine Begegnung zwischen Robert Walser und Lenin in der Spiegelgasse in Zürich gegeben haben. Dabei habe Robert Walser eine einzige Frage an Lenin gerichtet: »Haben Sie auch das Glarner Birnbrot so gern?«

Im Ersten Weltkrieg mußte auch Rainer Maria Rilke im Wiener Kriegsarchiv Dienst tun. Vorschriftsmäßig meldete er sich in der Offiziersmesse dem Vorsitzenden der Tafel, einem ergrauten Hauptmann: »Einjährig-Freiwilliger Rainer Maria Rilke stellt sich gehorsamst vor!« Der Hauptmann sah von seiner Suppe auf. »Wie heißen S'?« »Rainer Maria Rilke«, wiederholte der berühmte Dichter. Der Offizier schüttelte den grauen Kopf. »Rainer Maria Rilke«, sagte er. »Wer kann sich den Namen merken? Wissen S' was? Ich werd Sie Mizzi nennen!«

Gerhart Hauptmann pflegte seine Dramentexte zu diktieren und ließ sie dann, ohne sie noch einmal durchzusehen, gleich ins reine tippen. Das Typoskript wanderte ungelesen in die Druckerei und von dort direkt in die Rollenbücher. Gespannt folgte Hauptmann einmal der Uraufführung eines seiner Dramen, bis in einer leidenschaftlichen Szene die Worte ertönten: »Celia, wenn Sie nicht Ja sagen, so spreche ich Zauberworte, die den Mond vom Himmel reißen. Wenn Sie nicht mein werden, so wird mein Schrei die Flüsse bergauf strömen lassen. Fräulein, wo sind wir stehengeblieben?«

Ein Münchner Bürger hatte eine neue Köchin und wunderte sich täglich über die seltsamen Redewendungen, mit denen sie um sich warf. Wenn sie nach Bier geschickt wurde, blieb sie eine Stunde weg, »sintemalen frisch angeschlagen werde«. Wurde sie gefragt, ob der Gasmann mit der Rechnung bereits dagewesen sei, antwortete sie: »Mitnichten.« Schließlich wurde es dem Münchner zu dumm, und er fragte die Köchin eines Tages: »Sagen Sie, Resi, bei wem waren Sie eigentlich früher im Dienst?« »Platterdings bei Thomas Mann.«

Franz Kafka suchte nach dem Ersten Weltkrieg im Sanatorium von Klosterneuburg bei Wien Heilung von seinem Lungenleiden. Als er bereits im Sterben lag, schrieb Franz Werfel dem behandelnden Arzt, Professor Hajek, er möge alles tun, um den Dichter zu retten. Hajek quittierte den Empfang des Briefes mit den Worten: »Da schreibt mir ein gewisser Werfel, ich soll etwas für einen gewissen Kafka tun. Wer der Kafka ist, das weiß ich. Das ist der Patient auf Nummer 12. Aber wer ist der Werfel?«

Gottfried Benn war befreundet mit Else Lasker-Schüler, der er eines Tages bekannte: »Ich möchte einmal etwas ganz Großes, etwas ganz Reines vollbringen!« Darauf Else Lasker-Schüler: »Dann waschen Sie doch einen Elefanten!«

Zum Lustspieldichter Karl Rößler kam eines Tages ein Herr und sagte: »Sö san Herr Rößler? Sö schreiben Lustspiele? Da hätt ich für Eahna a Idö! Erschter Akt: A Stammtisch mit Herren – a Preiß, a Bayer, a Sachs, a Weaner: Ein Witz, eine Laune, eine Komik nach der andern. Zweiter Akt: A Kaffeegesellschaft – die Frauen von dene Herrn: Ein Witz, ein Humor, eine Komik nach der andern, Lacher folgt auf Lacher ...« »Und der dritte Akt?« fragte Rößler. Da sagte der Herr: »Alles ich, Herr Rößler? Etwas könnten Sö doch a selber dazudichten!«

Roda Roda und Karl Rößler hatten 1918 den *Feldherrnhügel* geschrieben, eine Satire auf die k. u. k. Monarchie. Das Stück wurde von der Zensur verboten. Die beiden

Autoren versuchten vergeblich zu intervenieren. »Dieses Stück wird nicht aufgeführt, solange die Monarchie besteht!« erklärte der Zensor. »Gut«, antwortete Roda Roda, »die paar Wochen können wir auch noch warten.«

Als es Roda Roda einmal lausig ging, pumpte er den Bankier Löwenstein um 50 Mark an. Löwenstein sagte: »Lieber Freund, bei den 50 Mark wird es nicht bleiben. Sie werden mich nächstens um 100 Mark anborgen – zum dritten-, viertenmal anborgen – um wachsende Beträge – und das wird schließlich unsere Freundschaft trüben. Wählen Sie also zwischen 50 Mark und meiner Freundschaft!« – »Herr Löwenstein«, antwortete Roda Roda energisch, »ich ersuche um die ersten 50 Mark.«

Roda Roda trank in der Schwabinger Kneipe »Die Brennessel« einen Wein. Am anderen Ende der Kneipe saß der Maler Futterer und rief über die Menschenmenge hinweg: »Roda, i hob a furchtbar lustige Gschichtn ghört. I ko dir's aba jez net dazähln – vor die Damen. Später – alloa. Erinner mi an: Arschloch.«

Roda Roda stieg in ein Eisenbahnabteil, in dem schon eine Dame mit ihrem Töchterchen saß. Da die Dame gern allein geblieben wäre, sagte sie: »Darf ich Sie darauf aufmerksam machen, daß mein Kind Scharlach hat!« »Ach, das macht nichts!« antwortete Roda Roda, »ich begehe sowieso im ersten Tunnel Selbstmord.«

Roda Roda besuchte eine politische Veranstaltung. »So muß ich also bekennen«, rief der Redner, »wenn die Nationalsozialisten die nationale Größe Deutschlands wiederherstellen wollen, so stehe ich mit einem Fuß im Lager Hitlers!« Zwischenruf von Roda Roda: »Und mit den übrigen dreien?«

Der Wiener Feuilletonist und Bohémien Peter Altenberg trat im Kaffeehaus, dessen Stammgast er war, auf einen Bekannten zu und erklärte: »Ich brauche zwei Kronen für ein Reisfleisch.« Der Angepumpte spendete das Geld, worauf Altenberg sich neben ihn setzte und das Reisfleisch bestellte. Als der Dichter gegessen und bezahlt hatte, warf ihm der Bekannte vor: »Wieso verlangen Sie von mir zwei Kronen? Dem Ober haben Sie nur eine Krone und zwanzig Heller bezahlt!« »Hören Sie mal«, fuhr Altenberg auf, »haben Sie hier Extrapreise oder ich?«

Peter Altenberg schnorrte seinen Freund Karl Kraus an. »Karl, gib mir zehn Kronen ... Karl, gib mir zehn Kronen ...« »Ich hab's nicht, Peter.« Doch Peter Altenberg ließ nicht locker. »Karl, gib mir zehn Kronen, Karl ...« Schließlich sagte Karl Kraus: »Schau, Peter, ich würde sie dir geben, aber ich hab's wirklich nicht.« Darauf Peter Altenberg, mit selbstverständlicher Bereitschaft: »Ich borg's dir!«

Peter Altenberg sagte zu mir: »Wenn man von dir nichts anderes wüßte, als daß du ein Buch über Novalis geschrieben hast, so wüßte man schon, daß du ein *gottver-*

lassener Trottel bist! Wer war denn dieser Novalis!?! Der hat ein paar blöde Bücheln über griechische Kunst und Kultur gelesen und daraus hat er sich dann eine ganz öde, ausgeronnene, gymnasiastenhafte Idee von ›Griechentum‹ zusammenphantasiert! Und das Ganze hat er dann *Wiederbelebung der Antike* genannt! Ich bin aufs Äußerste *gegen* Novalis!«

»Aber nein, Peter«, erwiderte ich, »der mit der Wiederbelebung der Antike, das war doch der Hölderlin!«

»Nun, so war's der Hölderlin, das sind *Namen*!«

Egon Friedell

Eines Tages kam ich ins »Casino de Paris«, ein Wiener Nachtlokal, und sah dort Peter Altenberg mit einem ziemlich verkommenen Nigger sitzen. Als er sich entfernt hatte, fragte ich: »Wie kannst du denn mit diesem abscheulichen Nigger verkehren?«

»Warum soll ich denn nicht mit ihm verkehren?!?« sagte Peter Altenberg. »Mit einem Menschen, der die äußerste Anmut des Gehens, Stehens und Sitzens hat!«

»Ja ja«, sagte ich, »aber er ist doch ein ordinärer Zuhälter.«

»Was??« sagte Altenberg, »*der* soll ein Zuhälter sein?!? An dieser Bemerkung sieht man, daß du genau so mit infamen, perfiden, niederträchtigen Vorurteilen vollgepfropft bist wie die übrigen Philister! Das ist einer der edelsten, adeligsten, nobelsten, vornehmsten Menschen, die ich je kennengelernt habe! An dem sieht man den Unterschied zwischen *afrikanischer* und *europäischer* Kultur! Der soll ein Zuhälter sein?!«

»Ja was ist er denn sonst?«

»Er ist der Sohn des Königs der Goldküste!«

»Und was macht er in Wien?«
»Er studiert hier Medizin!«
»Und was macht er im Casino de Paris?«
»Er tanzt hier.«
»Ich habe ihn aber nicht tanzen gesehen.«
»Ja, jetzt ist er allerdings entlassen.«
»Wovon lebt er denn dann?«
»Nun, er hat doch das *Mädel*!«

Egon Friedell

Einmal sagte Peter Altenberg über eine Dame: »Diese Frau ist doch die einzige wirklich glückliche. Und warum? Weil sie die einzige ist, die ein *vollkommen keusches* Leben führt! Weil sie *nie* das Gift der Sexualität in sich eingesogen hat! Weil sie *nie* geschlechtlich funktioniert hat! Weil sie immer ein vollkommen außerirdisches, jungfräuliches, unschuldsvolles, paradiesisches Dasein geführt hat! Und deshalb ist sie eine *ganz Friedevolle!* Alle Frauen könnten genau so glücklich leben und dieselben geistigen Höhen erklimmen, wenn sie, wie diese, die geniale Kraft hätten, sich *nie in ihrem Leben* von einem Manne berühren zu lassen!«

»Aber Peter!« sagte ich, »sie hat doch drei Kinder!«
»Was geht das *dich* an, du Rotzbub?!?«

Egon Friedell

Wir waren einmal um drei Uhr früh bei einem Greißler und aßen eine Wurst. Sie war sehr schlecht, aber sie schmeckte Peter Altenberg sehr gut, denn er hatte die ganze Nacht mit mir einen furchtbaren Krach wegen der Frauenseele gehabt; und das macht Appetit. Infolgedessen sagte er: »Diese Wurst ist großartig!«

»Ja«, sagte der Greißler, »dös is a a echte Veroneser Salami!«

»Das brauchen Sie mir doch nicht erst zu *sagen*!« erwiderte Peter Altenberg. »Diese Wurst *kann* nur aus Verona sein! Diese Wurst ist der *Extrakt von Verona*! Wenn man diese Wurst ißt, so sieht man *ganz Verona*! Man sieht die mittelalterlichen Gebäude, man sieht die Scholaren, die in ihren schwarzen Mänteln zur Universität eilen, man sieht den Rector magnificus, man sieht den Romeo und die Julia mit ihren *unerhörten seelischen Komplikationen*, man sieht die reizenden dreizehnjährigen rothaarigen Hexerln, die wegen nichts und wieder nichts verbrannt werden, man sieht den *schiefen Turm –*«

»Aber Peter«, sagte ich, »der schiefe Turm ist doch in Pisa!«

»Nun, man sieht auch *Pisa*!«

Egon Friedell

Egon Friedell war ein begehrter Vorwortschreiber. Doch Friedell lehnte meistens ab: »Was wollen Sie? Ist Ihr Buch gut, braucht es keine Empfehlung; ist es schlecht, macht es ohnehin seinen Weg.«

Der Feuilletonist Anton Kuh und Geza von Cziffra, der spätere Regisseur, waren bei dem Mäzen Baron Hatvany zum Mittagessen eingeladen. Als Cziffra Kuh abholen wollte, lag er noch in tiefem Schlaf; nur mit Mühe war er wachzurütteln. Gähnend, seufzend und fluchend stieg Kuh in seine Hose. Cziffra tröstend: »Schimpfen Sie nicht, Anton, es wird bestimmt ein schöner Tag werden.« »Was kann das schon für ein Tag werden«, meuterte Kuh, »der damit beginnt, daß man aufstehen muß!«

Anton Kuh litt an chronischem Geldmangel. Bevor er im Dritten Reich auswanderte, fragte man ihn, was er in New York zu tun gedenke. Er antwortete: »Schnorrer braucht man überall.«

Kurt Schwitters sollte seine »Ursonate« vortragen. Der Saal war ausverkauft, das Publikum wartete, aber Schwitters kam nicht. Das Publikum wurde unruhig, verzweifelt stand der Veranstalter am Eingang. Endlich kam Schwitters. »Sie!« rief ihm der Veranstalter entgegen, »Sie sind eine halbe Stunde zu spät!« »Wieso?« sagte Schwitters, »hat es schon angefangen?«

Leonhard Frank stieg spätnachts in die letzte Straßenbahn. Als einziger Fahrgast begann er sich zu langweilen. Er verwickelte den Schaffner in ein Gespräch, fragte den Mann nach Wohin und Woher, und der Schaffner begann über die schlechten Zeiten zu klagen: »Das Geld ist von Tag zu Tag weniger wert, der Sohn lernt nichts, die Tochter erwartet ein Kind, die Frau hat Krampfadern.« Der Dichter, von so viel Elend erschüttert und gewillt, dem Schaffner irgendwie zu helfen: »Wissen Sie was – geben Sie mir noch einen Fahrschein!«

Josef Ponten war seiner ungeheuren Eitelkeit wegen nicht sehr beliebt. Er ging mit einem Verlagslektor durch München, sie kamen an einer Telefonzelle vorbei. »Da fällt mir ein«, sagte Ponten, »würden Sie mir zehn Pfennige leihen, ich muß noch einen Freund anrufen.« »Hier haben Sie zwanzig Pfennige, dann können Sie alle Ihre Freunde anrufen.«

In seiner Novelle *Wir fordern Reims zur Übergabe auf* führte Rudolf G. Binding eine neue Interpunktion ein und ließ in Anlehnung ans Englische und Französische, nicht ohne Seitenhiebe auf die pedantische Muttersprache, das Komma in Relativ- und anderen Nebensätzen weg. Mit einem Rezensenten Dr. C. geriet er dabei in eine kontroverse Diskussion, bis schließlich der Verlag das Schlußwort für sich beanspruchte: »Herr Binding behauptet Herr Dr. C. hat unrecht.« Der Kontrahent ließ sich jedoch nicht beirren und behauptete für sich das letzte Wort: »Ich bin ebenfalls nicht der Auffassung, daß in diesem Satzgefüge ein Komma stehen muß; ich setze sogar zwei: Herr Binding, behauptet Herr Dr. C., hat unrecht.«

Einige Autoren hatten sich zusammengesetzt und überlegten, wie man einen Roman anfangen könne, damit er ein Bestseller würde. Sie kamen überein, daß das erste Kapitel einen Schuß Sexualität haben, in den Kreisen reicher und hochstehender Leute spielen und von einer ungewöhnlichen Situation handeln müsse. Am nächsten Tag begann Kasimir Edschmid sein neues Buch: »Teuflischer Kerl«, sprach die Herzogin entrüstet zum König, »nehmen Sie die Hand da weg!«

Valentin wollte sich ein Klavier kaufen. Der Geschäftsinhaber zeigte ihm die Instrumente: »Wünschen Herr Valentin vielleicht diesen Ebenholzflügel zu 3000 Mark?« »Nein«, sagte Valentin diskret, »nein, so viel hab i mer net denkt ...« Man zeigte ihm bereitwilligst einen zu 2500, zu 2000, zu 1000 Mark – und immer sagte

Valentin sinnend, »so viel hab i mer net denkt . . .« Endlich zeigte man ihm ein Piano für 600 Mark. »Ja«, sagte Valentin langsam, »wann's auf Abzahlung ginget?« »Aber gern. Wie wär's mit vierteljährlichen Raten à 100 Mark?« »Nein«, sagte Valentin leise, »so viel hab i mer net denkt . . .« »Wir kommen Ihnen gern entgegen. Bitte, was haben sich Herr Valentin als Vierteljahresrate gedacht?« »50 Pfennig, hab i mer denkt –« sagte Valentin ängstlich. »Aber Herr Valentin! Das macht ja 300 Jahre! Wie wollen Sie das schaffen?!« »Leicht!« sagte Valentin mit einem Aufleuchten.

Karl Valentin traf in Bad Kissingen zur Kur ein. Den Koffer in der Hand, spazierte er durch eine Allee und sah vor sich eine Gestalt gehen, die ihm bekannt vorkam – richtig, es war der Komiker Otto Reutter, selbst von hinten unverkennbar! Reutter wandelte tief in Gedanken, ließ die Arme steif hängen und hielt die Finger gekrümmt, als wenn er zwei unsichtbare Koffer trüge. Karl Valentin erkannte seine Chance, schlich von hinten heran – und hing ganz vorsichtig seinen Koffer in die gekrümmten Finger hinein!

»Der Reutter hat mich damals besiegt«, erzählte Valentin weiter. »Stellen Sie sich vor: der Mann ist ganz ruhig, ohne sich umzusehen, weitergegangen – mit dem Koffer in der Hand! Kann man halt nix machen . . .«

In der Inflation nach dem Ersten Weltkrieg fiel die Mark täglich um Millionen. Man fragte Karl Valentin, ob er schon wisse, daß der Dollar jetzt auf einer Milliarde sechshundert Millionen fünfhundertfünfzigtausend Mark stehe. »Mehr ist er auch nicht wert!« antwortete Valentin.

Karl Valentin saß eines Tages, 1935, in seiner Wirtschaft, trank seine Maß, zahlte und erhob sich. Alles schaute auf ihn, um zu hören, ob er »Heil Hitler!« grüßen würde. Valentin hob seine Hand, rief: »Heil ...« – und verstummte. Dann begann er noch einmal: »Heil ...« – und erstarrte wieder. Endlich sagte er deprimiert: »Also – ich kann mir den Namen einfach nicht merken ...«

Karl Valentin zog in seinem Kabarett Bilanz: »Früher herrschten bei uns die Ultramontanen. Und was hatten wir? Bonzen! Dann, nach der Revolution, kamen die Marxisten. Und was hatten wir? Bonzen! Dann kamen endlich die Nationalsozialisten. Und was haben wir heute? Freitag!«

Lion Feuchtwanger hatte sich ein Auto gekauft. Gleich bei seiner ersten Fahrt im Grunewald geriet er ins Schleudern, der Wagen sauste mit voller Wucht gegen einen Baum. »So«, murmelte Feuchtwanger und kroch aus den Trümmern, »das geht ja. Aber wenn gerade mal kein Baum da ist, wie halte ich dann den Wagen an?«

Robert Musil sah in seinen erfolgreichen Kollegen Stefan Zweig und Thomas Mann vor allem Konkurrenten, die ihm mit ihren Werken das Publikum für seinen anspruchsvollen Roman *Der Mann ohne Eigenschaften* streitig machten. Dennoch bemühte sich Thomas Mann für den schwierigen Autor um eine Fluchtmöglichkeit vor den Nazis und erwirkte in letzter Stunde ein Visum für Südamerika. Musil lehnte ab: Nach Südamerika könne er nicht, dort sei schon Stefan Zweig.

Werner Fuld

Joachim Ringelnatz stand auf dem Podest und trug leicht beschwipst, ein Weinglas in der Rechten, seine Gedichte vor. Da machte er eine heftige Bewegung, das Glas Wein schwappte über, und der halbe Inhalt ergoß sich in den Ausschnitt einer Dame in der ersten Reihe. Obwohl Ringelnatz alles tat, um die Dame zu beruhigen, hörte diese nicht auf, ihn zu beschimpfen, und jedesmal, wenn er in seinem Gedicht fortfahren wollte, unterbrach sie ihn kreischend. Ringelnatz versuchte es noch einmal: »Hören Se, sehn Se – ich hab mich doch bei Ihnen entschuldigt – nun lassen Sie mich auch hier oben weitermachen!« Die Antwort war ein noch heftigeres Gekreisch. Da sagte Ringelnatz ganz ruhig: »Dann eben nich!« und goß den Rest des Weines in den Ausschnitt der Dame.

Der junge Reporter Kisch wurde zum Chefredakteur gerufen. »Sie müssen nach Teplitz fahren«, sagte der Gewaltige zu ihm, »dort findet eine Nachwahl zum Reichsrat statt, bei der es heiß zugehen kann. Lassen Sie sich von der Kasse 15 Gulden Vorschuß auszahlen und fahren Sie gleich los!« »15 Gulden? Nein, das ist –« »Widersprechen Sie nicht! Zu meiner Zeit hat es nie mehr als drei Gulden gegeben ... Nein, ich will nichts weiter hören ... Nein, 15 sind übergenug ... Auf Wiedersehen! Und daß Sie mir pünktlich berichten!« Am Abend des Wahltages lief in der Redaktion das folgende Telegramm ein: »Die heutige Nachwahl zeichnete sich durch besondere Zwischenfälle aus und ergab zur allgemeinen Überraschung ... hier endet Vorschuß. Kisch.«

Rockefeller erhielt eines Tages von Egon Erwin Kisch einen Brief, in dem er um eine Unterredung von zwei Minuten gebeten wurde. Der Milliardär glaubte Kisch entmutigen zu können, wenn er ihm antwortete, daß jede Minute seines Lebens 250 Dollar wert wäre. Aber Kisch akzeptierte und wurde am nächsten Tag von dem Milliardär empfangen. »Was wollen Sie?« fragte er Kisch. »Nichts anderes, als Ihnen die zwei Minuten bezahlen, die Sie mir verkauft haben. Hier sind die 500 Dollar!« »Und weiter?« »Weiter nichts.« »Aber weshalb haben Sie um dieses Zusammentreffen gebeten?« »Weil ich mit einem Kollegen um 2500 Dollar gewettet habe, daß ich bis zu Ihnen vordringen würde!«

Egon Erwin Kisch betrat die Villa »Shatterhand« in Radebeul, um mit Karl May zu sprechen. »Jetzt?!« sagte man ihm. »Ausgeschlossen! Herr Dr. May fährt in einer Stunde nach Dresden.«

Kisch wurde im Romanischen Café von einem Mann angesprochen, der ihn um eine Spende für unheilbare Trinker bat. »Schön«, sagte Kisch, »was wollen Sie lieber: Kognak oder Rum?«

Eine Soldatin der Heilsarmee kam ins Romanische Café mit der Sammelbüchse. »Bitte, mein Herr, eine kleine Gabe für gefallene Mädchen ...« »Nein«, sagte Egon Erwin Kisch, »ich gebe direkt.«

Als Bertolt Brecht ein Knabe war, hing seine Versetzung aus der Tertia von einer Klassenarbeit in Französisch ab. Sie ging daneben. Einem Mitschüler geschah dasselbe in Latein. Dieser radierte einige Fehler aus, ging zum Lehrer und verlangte eine bessere Note. Er bekam eine schlechtere, die radierten Stellen waren dünn geworden. Brecht aber nahm rote Tinte, strich sich in seiner Arbeit mehrere Fehler an, die keine waren, ging zum Lehrer und fragte ihn, was hier falsch sei. Der Lehrer mußte zugeben, daß diese Worte richtig seien und er zuviel angestrichen habe. »Dann«, sagte Brecht, »muß ich doch eine bessere Zensur haben.« Der Lehrer änderte die Zensur, und Brecht wurde versetzt.

In Berlin hatte der junge Brecht nicht immer genug zu essen. Mit seinem Freund Arnolt Bronnen fuhr er oft zu Aschinger, wo es Gratisbrötchen gab. Die Stadtbahn hatte damals noch Wagen erster und zweiter Klasse. Auf dem Bahnsteig trennten sich die Freunde – Brecht stieg in die zweite Klasse, Arnolt Bronnen, der ein Monokel trug, in die erste. Am Zielbahnhof trafen sie wieder zusammen. In dem bekannten Lokal aßen die Freunde dann Erbsensuppe: Arnolt Bronnen ohne, Brecht mit Speck.

Freunde von Brecht diskutierten über die alte Streitfrage: Was ist Kunst? Nach langer Debatte sagte einer ärgerlich: »Alles Quatsch. Kunst ist, wenn man mitten in die Stube scheißt.« Brecht horchte auf und begann zu überlegen. »Nein«, sagte er. »Kunst ist, wenn man unter Beifall mitten in die Stube scheißt.«

Ein Mitarbeiter Brechts war in München gewesen. Brecht fragte interessiert: »Haben Sie auch Weißwürste gegessen?« Der Mitarbeiter hatte diese Spezialität probiert, sie hatte ihm aber nicht besonders geschmeckt. »Warum nicht?« wollte Brecht wissen. »Weißwürste schmecken nach nichts«, sagte der Mitarbeiter. Brecht erwiderte genußvoll: »Ja, eben!«

Seine Liebe zur Weißwurst bekannte Brecht bei vielen Gelegenheiten. Er erklärte kategorisch: »Die Weißwurst ist der höchste Genuß.« Er wurde gefragt: »Warum?« Verklärt antwortete Brecht: »Wenn man anfängt, sie zu verstehen, ist sie schon weg.«

Am Tag seiner Heirat mit der Schauspielerin Helene Weigel holte Brecht die Schauspielerin Carola Neher vom Bahnhof ab. Er hatte einen Blumenstrauß mitgebracht. Carola Neher nahm den Strauß, warf ihn auf die Erde und sprach kein Wort mit Brecht. Dieser trottete eine Zeitlang stumm neben ihr her und fragte dann: »Was hast du eigentlich?« Carola Neher antwortete: »Immerhin hast du heute geheiratet!« Brecht verwundert: »Na und?«

Bertolt Brecht reichte beim Frühstück einem seiner Kinder eine Praline. Zu den anderen sagte er: »Damit ihr euch rechtzeitig an die Ungerechtigkeit gewöhnt.«

Ein angehender Schauspieler, der aus Ostpreußen stammte, wollte von Brecht engagiert werden. Er trug ihm sein Anliegen vor, und Brecht sagte: »Dann müssen Sie vorsprechen. Wie lange brauchen Sie, sich vorzubereiten?« »Vier Wochen«, sagte der angehende Schauspieler nach einigem Überlegen. Brecht war einverstanden. Nach vier Wochen kam der Bewerber wieder zu Brecht und sagte: »Ich bin noch nicht fertig.« Brecht fragte: »Wie lange brauchen Sie noch?« »Noch einmal vier Wochen.« Brecht war wieder einverstanden, und nach Ablauf dieser Frist kam es zum Vorsprechen. Der Bewerber trug einen Stuhl auf die Bühnenmitte, stellte ihn ab, trat einen Schritt zurück und sagte mit einer leichten Verbeugung: »Setz dir, Mamachen.« Er wurde von Brecht engagiert.

Der Exilant Erich Maria Remarque ließ sich 1938 durch New York chauffieren. Da sah er Ernst Toller mit einer Zigarrenkiste unterm Arm an einer Haltestelle stehen. Remarque ließ den Wagen halten und sagte, auf die Zigarrenkiste deutend: »Es freut mich, daß es Ihnen besser geht, Herr Toller!« »Sie irren sich«, entgegnete Toller, »ich ziehe nur gerade um.«

Der Verleger Ernst Rowohlt fragte eines Tages Ernst von Salomon: »Da ich nur arische Autoren verlegen darf, muß ich Sie fragen, ob Sie arisch sind?« »Nein«, antwortete Salomon. »Wieso nicht?« »Ich habe im Lexikon nachgeschlagen und festgestellt, daß Arier ein Sprachstamm sind. Bin ich denn ein Wort?« Rowohlt: »Arschloch ist auch ein Wort, und Sie sind es trotzdem.«

Arno Schmidt brachte seinem Verleger Rowohlt ein neues Manuskript. Der sagte, manche Stellen seien zu kompliziert. »Sie müssen so schreiben, daß der erste beste Trottel es versteht«, sagte Rowohlt. »Gut«, erwiderte Arno Schmidt, »zeigen Sie mir die Stellen, die Sie nicht verstanden haben.«

Dürrenmatt saß im Münchner Hotel »Vier Jahreszeiten«, etwas abseits saß Zuckmayer. Plötzlich erhob sich Zuckmayer und kam mit einer ungeheuer süßen Weinfahne zu Dürrenmatt herüber, stellte sich vor seinen Tisch und sagte: »Sie halten meine Stücke für Scheiße, und ich halte Ihre Stücke für Scheiße.« Dürrenmatt: »Herr Zuckmayer, das haben Sie sehr gut formuliert.«

Martin Walsers neues Buch *Jenseits der Liebe* war von Marcel Reich-Ranicki verrissen worden. Er telefonierte mit seinem Lektor: »Was sagen Sie zu dieser Unverschämtheit? Das muß ich mir nicht bieten lassen. Ich habe dem Kerl einen Brief geschrieben und ihm erklärt, daß ich ihn für einen kompletten Trottel halte!« »Und was«, fragte der Lektor, »hat er geantwortet?« »Was heißt geantwortet«, entgegnete Walser, »Sie glauben doch nicht im Ernst, daß ich einen solchen Brief an Reich-Ranicki abschicken würde?«

Heiner Müller hörte geduldig zu, wie Friedrich Schorlemmer über die Folgen des Mauerfalls sprach: »Da gab es plötzlich mehr Verkehrstote, die Selbstmordquote stieg sprunghaft an, viele hatten keine Arbeit mehr und begannen zu trinken ...« Da unterbrach ihn Heiner Müller: »Aber es gab auch Nachteile!«

Werner Fuld

Jeanne Moreau erzählte später, Peter Handke hätte sie nach der ersten Nacht gefragt, warum sie ihm nicht längst gesagt habe, daß er sie liebe. Nach ihrer Antwort: »Ich wußte nicht, ob ich es hören wollte«, habe er lautlos geweint.

Werner Fuld

Den deutschen Feuilletonisten, meinte Hellmuth Karasek, sei es mit dem neuen Roman von Peter Handke so gegangen wie dem jungen Mann, der in einer leeren Dachstube sitzt, in der einen Hand ein Glas Wasser, mit der anderen spielt er an sich herum und lächelt: »Was für ein Leben! Champagner und Frauen!«

Werner Fuld

Ein junger Münchner Autor war berühmt geworden und führte sich entsprechend großspurig auf. Bei einem Essen kritisierte er jeden Gang und meinte am Ende verächtlich: »Das war alles Schweinefutter.« Die Gastgeberin lächelnd: »Dann darf ich Ihnen bestimmt noch etwas geben.«

Moliere'n überraschte einst die Stunde der Vorstellung im Theater, und er konnte, da er schon angekleidet war, in der Eile kein anderes Fuhrwerk haben, als eine Brouette (einen Tragsessel, der auf zwei Rädern steht und von einem Menschen gezogen wird). Er setzte sich in dieselbe, und sie ging ihren gewöhnlichen langsamen Gang. Seine Eile und Ungeduld vermischte sich mit dem Gegenstande, der ihm im Kopfe lag, und in der Zerstreuung, die daraus erfolgte, sprang er mit seinen seidenen Strümpfen in den Kot, und fing an, die Brouette aus allen Kräften zu schieben, damit sie geschwinder gehen sollte. Er trieb dies so lange, bis der Fuhrmann ihn durch sein Gelächter aus seiner Zerstreuung weckte. Nun kroch er, mit Kot und Schweiß bedeckt, schamrot in den Kasten zurück.

Anekdotenlexikon

Der Fabeldichter La Fontaine wurde gefragt, ob er jemals Lust gehabt hätte, zu heiraten. Er antwortete: »Manchmal morgens.«

Als die Maintenon noch mit dem Dichter Paul Scarron verheiratet war, in dessen Haus es sehr sparsam zuging, war ihre Unterhaltungsgabe berühmt. Als sie eines Abends wieder bei Tisch plauderte und die Gäste mit ihren Erzählungen fesselte, erschien der Diener und flüsterte ihr ins Ohr: »Bitte, Madame, noch eine Geschichte – wir haben keinen Braten mehr!«

Ein junger Autor traf mit Bernard Le Bovier de Fontenelle zusammen und versuchte, seiner Hochachtung Ausdruck zu geben. Er wolle Fontenelle so gern loben, sagte er, aber wage das nicht, da er fürchte, dafür nicht die nötige Zartheit des Gemüts und Klarheit des Geistes zu besitzen. »Das macht nichts«, beruhigte ihn Fontenelle, »loben Sie nur immerzu.«

Fontenelle aß leidenschaftlich gern Spargel in Öl. Ein Freund, den er zu einem Diner einlud, liebte Spargel in Butter, weshalb Fontenelle seiner Wirtin aufgab, die Hälfte des Spargels in Butter zuzubereiten. Kurz vor Tisch überfiel den Gast eine Übelkeit, er sank zu Boden und hatte einen Schlaganfall erlitten. Fontenelle sprang auf, stürzte in die Küche und rief: »Alle in Öl! Alle in Öl!«

Kurz vor seinem hundertsten Geburtstag empfing Fontenelle den Besuch von Madame Grimaud, die bereits 103 Jahre alt war. »Der Tod hat uns vergessen«, sagte sie. »Pst!« antwortete Fontenelle und legte den Finger auf den Mund.

Die Diners im Salon der Prinzessin Matilde waren Diskussionsabende, bei denen die Dame des Hauses als Vorsitzende fungierte. An einem dieser Abende entwickelte Jules Simon ausführlich eine soziale Theorie, wobei Ernest Renan, Autor des Buches *Das Leben Jesu*, mehrmals etwas sagen wollte, aber nicht das Wort erteilt bekam. Als Simon endlich mit seinen Ausführungen fertig war, wandte sich die Gastgeberin höflich an Renan: »Bitte, Monsieur Renan, nun können Sie sagen, was Sie auf dem Herzen haben.« – »Ich wollte nochmals um die Bohnen bitten, Madame.«

Bei einer Tischgesellschaft lobte Voltaire den berühmten Arzt und Dichter Albrecht von Haller. Jemand fragte: »Wie kommt es, daß Sie Haller so sehr loben, der über Sie nur Schlechtes spricht?« Voltaire dachte einen kurzen Augenblick nach: »Vielleicht irren wir uns beide.«

Voltaire erhielt einen Erpresserbrief: »Wenn Sie mir nicht sofort 500 Louisdor schicken, werde ich einige nicht ganz feine Geschichten, die ich von Ihnen weiß, zum besten geben.« Seine Antwort lautete: »Wenn Sie mir nur 50 Louisdor schicken, werde ich diese Geschichten noch um ein paar reizende vermehren!«

Als Voltaires *Semiramis* bei der Uraufführung durchgefallen war, fragte Voltaire den Dichter Alexis Piron, was er von dem Stück halte. »Ich glaube«, sagte Piron, »jetzt wäre es Ihnen recht lieb, wenn ich die *Semiramis* geschrieben hätte!«

Voltaire und Diderot diskutierten über die Religion. »Wenn es keinen Gott gäbe«, sagte Voltaire, »müßte man ihn erfinden.« »Was man ja dann auch tat«, erwiderte Diderot.

Diderot reiste 1769 auf Bitten der Zarin Katharina durch Rußland und wunderte sich über das schmutzige Aussehen der Leibeigenen. Die Kaiserin verstand sein Befremden nicht und erwiderte: »Warum sollen die Leute einen Körper pflegen, der ihnen nicht gehört?«

Madame de Staël war keine Schönheit, besaß aber hübsche Arme und einen schönen Busen. Beides trug sie so offen wie möglich zur Schau. »Man muß eben«, sagte sie, »sein Gesicht dort zeigen, wo man es hat.«

Auf ihren Reisen durch Deutschland lernte Madame de Staël auch den Philosophen Fichte kennen. Sie forderte ihn auf, ihr sein berühmtes Ich-Ich zu erklären. Fichte begann. Aber bereits nach wenigen Minuten unterbrach sie ihn. »Mit Ihrem Ich verhält es sich also wie mit dem Baron Münchhausen«, sagte sie. »Er kommt an einen Fluß, klammert sich mit der rechten Hand an seinen linken Arm und schwingt sich ans andere Ufer. Reizend.«

Der gastronomische Schriftsteller Jean Anthelme Brillat-Savarin erzählte: »Ich saß im Salon und genoß mein Diner...« »Im Salon?« unterbrach ein Zuhörer. »Nicht im Speisezimmer?« Der Gastronom blickte den Fragesteller durchdringend an: »Ich bitte zu beachten, daß ich nicht sagte: ›Ich dinierte‹, sondern: ›Ich genoß mein Diner.‹ Gespeist hatte ich eine Stunde zuvor.«

Brillat-Savarin, schon schwerkrank, war eben im Begriff, sein Diner im Bett zu beenden, als er einen Schwächeanfall bekam. »Ich fühle, daß es zu Ende geht«, rief er, »schnell das Dessert!«

Der junge Balzac hatte einem Verleger das Manuskript eines Romans gebracht. Der Verleger war begeistert und beschloß, das Buch für 3000 Francs zu erwerben. Er erkundigte sich nach Balzacs Adresse, und als er erfuhr, daß der Autor in einem billigeren Viertel wohnte, fand er, 2000 Francs seien genug. Er kam zu dem Haus und hörte, Balzac wohne im sechsten Stockwerk. »Er wird 1000 Francs mit Begeisterung annehmen«, dachte der Verleger und stieg hinauf. Er öffnete die Tür und sah das jämmerliche Zimmer, in dem Balzac hauste. »Monsieur Balzac«, sagte er, »ich biete Ihnen 300 Francs für Ihren Roman.« Und Balzac nahm das Geld.

Um wenigstens die Illusion von Luxus zu haben, ließ Balzac die Wände seiner kargen Dachkammer weiß tünchen. Darauf zeichnete er Quadrate und Rechtecke, in die er mit Holzkohle schrieb: »Kommode aus Rosenholz mit Elfenbeinintarsien«, »Gobelin«, »Gemälde von Rembrandt« oder »Statue von Cellini«. An der Wand, vor der er seine billigen Mahlzeiten einnahm, stand in einem großen Kreis: »Souper mit acht Gängen – mit der Herzogin von X.«

In einem Lokal, in dem Schriftsteller und Journalisten verkehrten, kam es zwischen Balzac und einem Kollegen zu einem erbitterten Streit. Man wurde heftig, schließlich waren die Beleidigungen nur noch durch ein Duell aus der Welt zu schaffen. Man brachte Würfel, Balzac verlor und mußte in ein Nebenzimmer gehen, um sich zu erschießen. Nach einer Weile ertönte ein Schuß. Erschüttert blieben alle auf ihren Plätzen. Plötzlich ging die Tür auf. Balzac erschien lächelnd und hob bedauernd die Arme: »Vorbeigeschossen!«

Nach dem Erscheinen seines Buches *Les Misérables* war Victor Hugo aufs Land gefahren, wo ihm aber die Ungewißheit über den Erfolg seines Werkes keine Ruhe ließ. Also schrieb er seinem Verleger: »?« Postwendend bekam Hugo die hochbefriedigende Antwort: »!«

Alphonse Daudet frühstückte mit einigen Kollegen bei Victor Hugo. Die Unterhaltung gestaltete sich einigermaßen schwierig, denn Hugo war gleichgültig gegenüber allem, was sich nicht unmittelbar auf ihn bezog, und litt zudem an wachsender Taubheit. Allmählich und ganz von selbst kehrten sich die Eingeladenen zum anderen Ende des Tisches, zu den jungen Leuten. Es ertönte Gelächter, anfangs gedämpft, später lauter. Plötzlich, mitten in eine lustige Anekdote, die irgendeiner erzählte, hörte man eine tiefe Stimme, eine tiefgekränkte Stimme, die Stimme des großen alten Mannes: »Man hat mir kein Biskuit gegeben . . .«

Alfred de Vignys Drama *Chatterton* sollte aufgeführt werden. Vigny hatte seinem Vater eine Karte geschickt und ihn gebeten, unter allen Umständen der Premiere beizuwohnen. Er selbst weilte während der Aufführung hinter der Szene, da er vor Aufregung sich nicht im Zuschauerraum aufhalten konnte.

Der alte Graf de Vigny war wenige Tage vor dem großen Ereignis unpäßlich geworden, hatte jedoch versprochen, auf alle Fälle zu erscheinen, und zwischen Vater und Sohn war verabredet worden, daß der Vater dem Sohn nach jedem Akt ein Billett hinter die Bühne senden und darin seinen Eindruck von der Wirkung auf das Publikum mitteilen solle.

Nach dem ersten Akt kam ein Diener des Grafen und brachte dem Sohn ein Billett mit den Worten: »Erster Akt: Ausgezeichnet.« Nach dem zweiten Akt schrieb der alte Graf, die Wirkung habe sich wesentlich gesteigert, und nach dem dritten und Schlußakt enthielt das Billett die Worte: »Ein überwältigender Erfolg. Ich gratuliere Dir und bin stolz auf meinen Sohn.«

Als der junge Graf überglücklich in die Loge eilte, um seinen Vater zu umarmen, fand er dort lediglich den Diener, der ihm eröffnete, der Graf sei am Nachmittag gestorben, habe ihm aber vorher drei verschlossene Umschläge übergeben mit der Weisung, nach jedem Akt einen derselben, die numeriert waren, dem Sohn hinter die Bühne zu tragen.

Die französischen Zeitungen rissen sich derart um die Fortsetzungsromane von Alexandre Dumas dem Älteren, daß er seinen Freund Maquet beauftragen mußte, einen der vielen gewünschten Romane unter Dumas' Namen zu verfassen und der Zeitung zuzuschicken. So erschien nun Tag für Tag der Roman *La belle Gabrielle* – da plötzlich starb Maquet. Dumas sah sich gezwungen, den Roman selbst zu vollenden. Er fuhr in die Redaktion und ließ sich sämtliche bisher erschienenen Fortsetzungen geben. Maquet hatte aber die Handlung derart verwickelt angelegt, daß Dumas schon bald erkannte, er werde den Roman niemals weiterschreiben können. So verfiel Dumas auf den Ausweg, sich ins Bett zu legen und der Redaktion mitzuteilen, er liege auf den Tod und könne die nächste Fortsetzung nicht liefern.

Doch wie erstaunt war er, als ihm die Redaktion mitteilte, die fehlende Fortsetzung sei bereits eingetroffen, und auch in den nächsten Wochen kam jeden Tag eine Fortsetzung, bis der Roman sein Ende gefunden hatte. Es stellte sich nämlich heraus, daß Maquet einen anderen Schriftsteller zum halben Honorar, das ihm Dumas zahlte, mit der Abfassung des Romans beauftragt hatte, und dieser Autor war nicht gestorben.

Der Pariser Schriftsteller Alphonse Allais hatte einen abwegigen, fast wahnwitzigen Humor. Eines Tages ging er mit dem Lustspieldichter Alfred Capus auf der Landstraße spazieren. Drei Radfahrer tauchten auf und rasten in wilder Fahrt den Abhang herunter, um Schwung für die nächste Steigung zu bekommen. Allais stellte sich mitten auf die Straße, ruderte heftig mit den Armen – kurz, machte die drei auf eine furchtbare Gefahr aufmerksam! Die bremsten auch mit aller Kraft, blieben atemlos stehen: »Um Gottes willen, was ist los?« Darauf Allais, mit erhobenem Zeigefinger: »Vorsicht, meine Herren, es kommt eine Steigung!« Capus konnte ihn nur mit dem Regenschirm von der Rotte befreien.

Als Gabriele D'Annunzio in Venedig weilte, erzählte man ihm, daß im Jahr 1816 der englische Dichter Lord Byron vom Lido bis zum Canale Grande geschwommen sei. D'Annunzio, der ebenso eitel wie ein großer Schwimmer war, ließ diese Nachricht nicht schlafen. Also stürzte er sich am Lido ins Wasser und stieg eine halbe Stunde später an der großen Anlegebrücke am Canale Grande wieder heraus. »Aber nein«, erklärte man ihm, »dies ist nicht die richtige Stelle, Lord Byron ist noch 400 Meter weiter bis zur Seufzerbrücke geschwommen.« Aber D'Annunzio schüttelte den Kopf. »Nein«, sagte er, »das ist keine Literatur mehr, das ist Sport.«

Als (William) Shakespeare einst der Vorstellung seines *Richard des III.* beiwohnte, sah er einen Schauspieler sehr eifrig und zärtlich mit einem jungen reizenden Frauenzimmer sprechen. Er näherte sich unvermerkt, und hörte das Mädchen sagen: »Um zehn Uhr poche dreimal an die Tür, ich werde fragen: ›wer ist da?‹, und du mußt antworten: ›Richard der III.‹« – Shakespeare, der die Weiber sehr liebte, stellte sich eine Viertelstunde früher ein, und gab beides, das verabredete Zeichen und die Antwort, ward eingelassen, und war, als [er] erkannt wurde, glücklich genug, den Zorn der Betrogenen zu besänftigen. Zur bestimmten Zeit fand sich der wahre Liebhaber ein. Shakespeare öffnete das Fenster und fragte leise: »Wer ist da?« – »Richard der III.«, war die Antwort. – »Richard«, erwiderte Shakespeare, »kommt zu spät; Wilhelm der Eroberer hat die Festung schon besetzt.«

Berliner Abendblätter

Laurence Sterne, der Autor des *Tristram Shandy*, war auch in seinen Predigten oft witzig. Seine Gemeinde war deshalb sehr aufmerksam, als er am Tag nach seiner Hochzeit die Predigt zu halten hatte. Er stellte diese unter das Wort von Petrus dem Fischer, Lukas-Evangelium, Kapitel fünf, Vers fünf: »Herr, siehe, wir arbeiteten die ganze Nacht und fingen doch nichts.«

Ralph Waldo Emerson und Thomas Carlyle waren ein Leben lang befreundet. Wenn sie sich besuchten, setzten sie sich Pfeife rauchend ans Kaminfeuer, saßen schweigend beisammen bis Mitternacht, bedankten sich dann für den angenehmen, kurzweiligen Abend und verabschiedeten sich.

Mark Twain begann seine Schriftstellerlaufbahn als Lokalreporter. Der Chefredakteur ermahnte ihn: »Sie dürfen für eine Zeitung nichts schreiben, bevor Sie nicht genau wissen, daß es sich einwandfrei um Tatsachen handelt. Richten Sie sich danach!«

Noch am selben Tag wurde Twain zu einer Abendgesellschaft geschickt und lieferte folgende Notiz ab: »Eine Dame, die sich Mildred Taylor nannte, hat, wie verlautet, einen sogenannten Gesellschaftsabend für einige Gäste gegeben, von denen man sagt, daß sie Damen seien. Von der Gastgeberin erzählt man sich, sie sei mit dem Bürgermeister dieser Stadt verheiratet.«

Als Redakteur eines kleinen Blattes fehlte Mark Twain eines Tages das Material für eine ganze Seite. Kurz entschlossen hob er den Leitartikel aus der letzten Ausgabe noch einmal ins Blatt und schrieb darüber in einer redaktionellen Vorbemerkung: »Auf vielseitiges Verlangen unserer geschätzten Leserschaft bringen wir diesen Artikel heute noch einmal zum Abdruck.«

Mark Twain wurde von seiner Frau dazu erzogen, vor der Mahlzeit das Tischgebet zu sprechen. Einmal hatte er einen halbtauben Kapitän zu Gast, mit dem er von seiner Mississippizeit her bekannt war. Mark Twain begann das Tischgebet, und der Kapitän fragte: »Was sagen Sie?« »Ich spreche das Tischgebet.« »Sie müssen lauter sprechen, ich verstehe Sie nicht.« »Das Tischgebet!« wiederholte Mark Twain mit erhobener Stimme. »Noch lauter!« verlangte der Kapitän. Mark Twain brüllte: »Verdammt noch mal, ich spreche das Tischgebet!!«

Nach langjährigen Erfahrungen erklärte Mark Twain, auf den Veranstaltungen der New Yorker Gesellschaft höre keiner dem andern zu. Er verpflichtete sich, auf der nächsten den Beweis zu liefern. Mark Twain kam eine halbe Stunde zu spät und begrüßte die beschäftigte Hausherrin mit den Worten, sie möge seine Unpünktlichkeit entschuldigen. Er habe noch seine Tante erwürgen müssen, und das habe ein wenig länger als erwartet gedauert. »Reizend von Ihnen«, erwiderte die Gastgeberin, »daß Sie trotzdem gekommen sind.«

Auf einer Gesellschaft fragte ein berühmter Pianist Mark Twain, wie er denn zum Klavier stehe. »Ganz besonders gut«, antwortete Mark Twain, »ein Klavier hat mir einmal das Leben gerettet!« »Wie das?« »Als ich noch ein kleiner Junge war, gab es in meiner Vaterstadt eine große Überschwemmung. Als das Wasser unsere im ersten Stock gelegene Wohnung erreichte, setzte sich mein Vater auf eine Kommode und schwamm auf ihr den Fluß hinunter, bis er gerettet wurde.« »Nun, und Sie?« fragten alle erwartungsvoll. »Ich begleitete ihn auf dem Klavier.«

Mark Twain haßte Interviews. Dennoch war es wieder einem Reporter gelungen, zu ihm vorzudringen, um Material für einen persönlichen Artikel über Mark Twain zu sammeln. »Sind Sie das einzige Kind Ihrer Eltern?« fragte der Journalist, »oder haben Sie noch Geschwister?« »Leider kann ich mich nicht mehr erinnern«, erwiderte Mark Twain. »Das verstehe ich nicht«, schüttelte der Journalist den Kopf, »übrigens, jenes Bild dort an der Wand, das Ihnen so sehr ähnelt, muß doch ein Bild Ihres Bruders sein, oder nicht?« »Doch, doch, jetzt fällt es mir wieder ein. Das war der arme William!« »Ist er tot?« »Gewiß, oder richtiger: Ich nehme es an. Wenn Sie es nicht weitererzählen, will ich es Ihnen verraten. Wir waren Zwillinge, verstehen Sie, der verstorbene William und ich. Eines Tages aber, als wir kaum zwei Wochen alt waren, wurden wir vertauscht. Einer von uns beiden ist dann gestorben, ohne daß festgestellt werden konnte, wer es eigentlich war. Die einen glaubten, es sei William gewesen, die andern, ich sei der Tote. Und nun will ich Ihnen ein Geheimnis anvertrauen, das bis heute nicht aufgeklärt worden ist: Einer von uns trug ein auffälliges Muttermal auf dem linken Handrücken, und dieses Kind ist gestorben. Und nun, Sie werden es schon erraten haben, muß ich hinzufügen, daß ich dieses Kind war ...«

Mark Twain wollte eine Reise machen und fragte den Gepäckaufseher auf dem Bahnhof in New York: »Ist dieser Reisekoffer fest genug für den Gepäckwagen?« »Das werden wir gleich sehen«, sagte der Mann. Er hob den Koffer hoch über den Kopf und warf ihn mit ganzer Kraft zu Boden. »Das«, sagte er, »wird er in Philadelphia abbekommen.« Jetzt hob er den Koffer auf und knallte ihn vier- bis fünfmal gegen die Seite des Wagens. »So wird's ihm in Chicago ergehen.« Nun schleuderte er den Koffer hoch in die Luft und sprang auf ihn mit beiden Füßen, als er herunterkam. Der Koffer platzte auseinander und übergab seinen Inhalt dem Bahnsteig. »Und das«, sagte er, »wird ihm in Sioux City passieren. – Wenn Sie also weiter bis Sioux City fahren, so nehmen Sie das Ding lieber mit in Ihr Abteil.«

Mark Twain hielt den Freitag für einen Unglückstag. Ein Freund fand diesen Aberglauben lächerlich. Er hielt ihm vor, Gladstone, Tennyson, Washington und Napoleon seien sogar an einem Freitag geboren worden. »Und?« erwiderte Mark Twain, »tot sind sie. Alle.«

Mark Twain wurde nach seiner Meinung über das Paradies und die Hölle befragt. »Ich möchte mich zu diesem Thema nicht äußern«, sagte er, »ich habe in beiden Institutionen gute Freunde.«

Rudyard Kipling bekam einen Brief, in dem 15 Shilling und ein weißes Blatt lagen. In dem Brief stand: »Sehr geehrter Herr! Ich sammle Autographen berühmter Männer und bitte Sie, mir das Ihre auf dieses weiße Blatt zu setzen. Anbei das Geld – schließlich sind 15 Shilling genug für zwei Worte.« Kipling sandte das Blatt, wie gewünscht, sofort zurück. Darauf stand: »Herzlichen Dank!«

Ein Spaßvogel schickte der *Times* ein Gedicht »Die alte Garde« und unterzeichnete es kühn mit Kiplings Namen, worauf es prompt erschien. Kipling schrieb der Zeitung: »Wie konnten Sie ein solches Gedicht veröffentlichen? Ich finde es verdammenswert schlecht.« Worauf die Redaktion erwiderte: »Wir auch. Aber wir glaubten, es sei von Ihnen.«

Oscar Wilde hatte in einem Spielklub seinen letzten Penny verloren. Beim Weggehen sagte er beiläufig zum Portier: »John, können Sie mir drei Pfund leihen?« »Selbstverständlich, Sir«, antwortete der Portier und reichte dem abgebrannten Dichter das Geld. Wilde gab es ihm mit der Geste eines Grandseigneurs zurück und bemerkte dazu: »Hier, John, das ist für Sie.«

Cyril, der fünfjährige Sohn Wildes, fragte seinen Vater eines Tages, ob er träume. »Es ist die oberste Pflicht eines Gentlemans zu träumen«, antwortete Wilde. Wovon er träume, wollte sein Sohn wissen. Er träume von Drachen mit goldenen und silbernen Flügeln, aus deren Rachen rote Flammen kämen; von Adlern mit Augen aus Diamanten, die über die ganze Welt hinblicken könnten; von Löwen mit goldenen Mähnen und donnergleichen Stimmen; von Elefanten mit kleinen Häusern auf dem Rücken; von Tigern und Zebras mit Fellen aus kostbaren Stoffen, erklärte Wilde, der seiner Phantasie keine Zügel anlegte. »Aber sag du mir doch, Cyril, wovon träumst du?« »Ich träume von Schweinen«, antwortete sein Sohn.

Oscar Wilde lebte in größtem Luxus. Und eines Tages war sein Vermögen aufgebraucht. »Der Erlös meiner Bücher«, sagte er, »reicht für Kaviar und Champagner. Wovon soll ich aber Miete und Essen bezahlen?«

Nach Verbüßung seiner Zuchthausstrafe verließ Wilde England als gebrochener Mann. Kurz vor seinem Tod sagte er zu Robert Ross, einem der wenigen Freunde, die ihm geblieben waren, in einem Gespräch über das Schicksal des Menschen nach dem Tod: »Wenn die letzte Trompete erklingt und wir in unseren porphyrnen Gräbern liegen, werde ich mich umwenden und dir zuflüstern: ›Robbie, Robbie, wir wollen so tun, als hätten wir nichts gehört.‹«

Bei der Premiere von Shaws *Pygmalion* tobte das Publikum vor Begeisterung und wollte den Autor sehen. Als Shaw sich endlich vor dem Vorhang blicken ließ, ertönte ein gellender Pfiff von der Galerie her. Freundlich rief Shaw hinauf: »Ich bin ja mit Ihnen vollkommen einer Meinung! Aber was können wir zwei gegen die Übermacht!«

Als Winston Churchill im Ersten Weltkrieg als Erster Lord der Admiralität gestürzt worden war, galt er als erledigt. Shaw hatte Mitleid mit ihm und schickte ihm zur Premiere seines neuesten Stückes eine Einladung. »Anbei zwei Freikarten«, schrieb er dazu, »eine für Sie selbst und die andere für einen Freund, falls Sie noch einen haben.« Churchill schickte beide Karten mit der Bemerkung zurück: »Kann leider nicht kommen, erbitte aber zwei Karten für die zweite Vorstellung, falls noch eine stattfindet.«

Ein reicher Amerikaner besuchte Shaw und erzählte ihm von seinen ungewöhnlich guten geschäftlichen Erfolgen. Er schloß seinen Bericht: »Wie Sie nun gehört haben, bin ich ein Selfmademan.« »Soso, selbstgemacht«, entgegnete Shaw schmunzelnd. »Dann haben Sie also Ihren Eltern die Mühe erspart.«

Ein neues Buch des Vielschreibers Edgar Wallace trug den Vermerk des Autors: »Das Beste, was ich je geschrieben habe.« George Bernard Shaw: »Glänzendes Gedächtnis.«

Gilbert Keith Chesterton, der sehr dick war, stritt sich mit Shaw und sagte zu dem dürren Iren: »Wenn man Sie sieht, glaubt man, es sei eine Hungersnot im Lande.« »Und Sie hält man für den Schuldigen daran«, gab Shaw zurück.

Shaw und Chesterton hatten sich häufig in den Haaren. »Wenn ich einmal so dick würde wie Sie«, meinte Shaw, »würde ich mich aufhängen.« »Und wenn ich einmal die Absicht haben sollte, mich aufzuhängen«, entgegnete Chesterton freundlich, »würde ich Sie gern als Strick benutzen.«

Nach dem Tod seiner Frau verbat sich Shaw alle Kondolenzbezeigungen. Wer versuchte, ihm das Beileid auszusprechen, erhielt zur Antwort: »Man muß dem Tod stoisch gegenübertreten. Kennen Sie die Geschichte vom indischen Prinzen, der mit seiner Frau beim Abendessen saß? Unglücklicherweise fing sie an der Tafelbeleuchtung Feuer und verbrannte zu Asche. Der Prinz bewahrte aber die Ruhe des Gemüts und sagte zu der weinenden Dienerschaft: ›Kehren Sie meine Frau hinaus, und bringen Sie den Braten herein!‹«

Hemingway war viermal verheiratet. Seine Frau Mary Welsh lernte er während des Zweiten Weltkriegs in Frankreich kennen, wo er Kriegsberichterstatter war. Bevor sie sich zu heiraten entschlossen, geriet ihre Beziehung in eine schwere Krise: Hemingway hatte mit einer Pistole in eine Toilette geschossen, in der Mary Welsh sich befand. Marlene Dietrich, die mit beiden befreundet war, vermittelte und machte ihm wegen des Vorfalls Vorwürfe. »Aber Kraut«, sagte Hemingway, »ich war doch nur gut gelaunt!«

Vollkommen betrunken und gänzlich zerstritten wollten sich Hemingway und der Autor des *Großen Gatsby*, Scott Fitzgerald, in einem Pariser Lokal duellieren. Die anderen Gäste flüchteten, der Wirt löschte das Licht. In letzter Sekunde hatte Scott Fitzgerald Bedenken und schoß unter einen Tisch. Seitdem hinkte Hemingway.

Werner Fuld

Als der Erstling des später berühmten William Somerset Maugham nicht gehen wollte, bekam er Streit mit seinem Verleger, der sich weigerte, Geld in die Reklame zu stecken. Maugham entschloß sich zur Selbsthilfe. Er gab in einigen Londoner Tageszeitungen folgende Heiratsanzeige auf: »Junger Millionär, sportliebend, kultiviert, musikalisch, verträglicher, empfindsamer Charakter, wünscht ein junges, hübsches Mädchen zu heiraten, das in jeder Hinsicht der Heldin des Romans von W. S. Maugham gleicht.« Sechs Tage nach Erscheinen der Anzeige war der Roman vergriffen.

Graham Greene hatte einem Verleger einen Beitrag für eine Anthologie britischer Gepenstergeschichten versprochen. Der Ablieferungstermin rückte heran, die dringenden Telegramme häuften sich, Greene mußte seine anderen Arbeiten unterbrechen und sich an den Schreibtisch setzen. Tags darauf öffnete der Verleger den Umschlag. Auf einem Blatt Papier stand, fein säuberlich: »Graham Greene: Die kürzeste Gespenstergeschichte der Welt«, und auf dem nächsten: »Neulich traf ich den Earl of Tyne. Er war in Begleitung seiner Witwe.«

Clark Gable, Howard Hawks und William Faulkner fuhren durch Palm Springs. Das Gespräch kam auch auf die Literatur. Gable, dessen Ignoranz geradezu klassisch war, fragte Hawks' grauhaarigen Freund so nebenher, welche Schriftsteller seiner Ansicht nach etwas taugten. »Thomas Mann, John Dos Passos, Ernest Hemingway und ich«, sagte Faulkner. Gable schien gelinde überrascht. »O, Sie schreiben, Mr. Faulkner?« fragte er. »Ja«, sagte Faulkner, »und was machen Sie so, Mr. Gable?«

Ein unbekannter Bewunderer schickte Hans Christian Andersen eingemachte Früchte, von denen er wußte, daß Andersen sie besonders gern aß. Andersen wollte sie auf der Stelle probieren, aber da fiel ihm ein, die Früchte könnten vergiftet sein. Also schickte er sein Hausmädchen mit einer Kostprobe zu einer befreundeten Familie – als Gabe für die Kinder. Am nächsten Tag erkundigte er sich, ob die Kinder auch die Früchte gegessen hätten. Es war so, sie hatten ihnen wunderbar geschmeckt. »Dann waren sie also nicht vergiftet«, sagte Andersen zu der entsetzten Mutter und ging nach Hause, um sich an dem Rest zu laben.

Bei einer Mittagsgesellschaft sprach man über Literatur. Der Gastgeber brachte die Rede auf Ibsens neues Stück. Man lobte es, rühmte seinen dramatischen Aufbau, die Führung der Personen, die Echtheit des Milieus und die Kraft der Sprache. Andersen schwieg betont und blickte immer unfreundlicher. Seine Nachbarin fragte ihn schließlich, was er von dem norwegischen Dramatiker halte. »Sagen Sie«, knurrte Andersen, »haben Sie schon einmal etwas von einem dänischen Dichter namens Hans Christian Andersen gehört?«

Björnstjerne Björnson und Edvard Grieg weilten auf Aulestad. Sie saßen auf der Veranda beim Kaffee, und Björnson sprach leidenschaftlich über Politik und vor allem die Dreyfusaffäre. Nach dem Frühstück mußten sich beide erleichtern. Während sie in den Garten wanderten, redete Björnson weiter mit Pathos davon, daß es eine Schande für Europa ist, wie Dreyfus auf der Teufelsinsel leiden muß, und er, Björnson, seine ganze Popularität als Dichter für den unschuldigen Dreyfus einsetzen wird, um die Menschheit etwas vorwärtszubringen auf ihrem Weg zum Licht. Mit diesen Worten waren sie bei den Büschen angelangt, wo sie sich trennen mußten. Nach zehn Minuten trafen sie sich wieder, und Björnson fuhr mit ganz demselben Pathos fort: »Jetzt ist es nicht gegangen, aber vielleicht, daß es dann heute nachmittag noch gehen kann.«

Als Puschkin einmal bei seinem Freund Baron Delwig zu Besuch war, erwähnte dieser, daß sein siebenjähriges Söhnchen bereits Gedichte mache. Puschkin war sogleich interessiert und wünschte ein Gedicht von dem Knaben zu hören. Der Kleine kam herein, legte beide Hände auf Puschkins Knie und sprach langsam und deutlich, ohne die geringste Verlegenheit:

>Indiandi, Indiandi, India!
Indiandi, Indiandi, India!«

Da streichelte Puschkin dem Jungen das Haar, küßte ihn auf die Stirn und sagte: »Ein echter Romantiker!«

Puschkins Onkel, der alte vornehme Wassili Lwowitsch, war ein Literat bis auf die Knochen. Als er auf dem Sterbebett lag, wurde Puschkin zu ihm geführt. Der alte

Onkel sah Puschkin lange schweigend an, endlich sprach er todesmatt mit einem tiefen Seufzer: »Wie langweilig sind die Aufsätze von Katénin!« Dann verschied er.

Puschkin saß im Theater neben zwei jungen Leuten, die der mittelmäßigen Schauspielerin Assenkowa unaufhörlich Beifall klatschten. Da sie Puschkin nicht erkannten und sahen, daß das Spiel ihrer Abgöttin ihn gleichgültig ließ, begannen sie untereinander zu tuscheln und erklärten schließlich ziemlich laut, ihr Nachbar müsse ein Dummkopf sein. Puschkin wandte sich zu ihnen um und sagte: »Meine Herren, Sie haben mich einen Dummkopf genannt. Ich bin Puschkin und könnte jetzt jedem von Ihnen ein paar Ohrfeigen geben, will's aber nicht: Die Assenkowa könnte noch glauben, daß ich ihr applaudiere!«

Zu Anton Tschechow kamen drei sehr elegante Damen, die das Zimmer mit dem Rascheln ihrer seidenen Röcke und dem Duft eines starken Parfüms erfüllten. Sie nahmen ihm gegenüber Platz und legten ihm immerfort Fragen vor: »Was meinen Sie? Wie wird der Krieg zwischen den Türken und den Griechen enden?« Tschechow hustete, stellte sich, als wenn er alles überlegen wollte, und erwiderte in mildem, gütigem Ton: »Wahrscheinlich mit einem Friedensschluß.« »Nun ja, natürlich! Aber wer wird siegen?« »Ich denke mir, der Stärkere wird siegen.« »Und wer ist Ihrer Meinung nach der Stärkere?« »Wer sich besser ernährt und bessere Bildung hat.« »Wie geistvoll!« riefen die Damen aus. »Und wen lieben Sie mehr, die Griechen oder die Türken?« Tschechow sah die Fragende freundlich an und antwortete gütig lächelnd: »Marmelade liebe ich. Sie auch?«

In Paris kam Ilja Ehrenburg durch einen Zufall von seinen anarchistischen Neigungen ab, nachdem er lange Zeit im Verdacht stand, einen größeren Teil Westeuropas in die Luft sprengen zu wollen. Er saß auf dem Boulevard Montparnasse vor einem Café und beobachtete, wie sich ein Maler aus Protest gegen die bürgerliche Gesellschaft auszog, und zwar direkt neben einem Polizisten. Als er schließlich splitternackt dastand, fragte der Polizist träge: »Na, mein Junge, ist dir nicht kalt?«

Der ungarische Dichter Mór Jókai vermählte sich mit einer jungen Frau, als er bereits siebzig war. Einer seiner Freunde wagte zu bemerken: »Hast du auch bedacht, daß, wenn du achtzig bist, deine Frau Ende 20 ist?« Jókai entgegnete: »Wenn man eine Frau wahrhaft liebt, stößt man sich nicht an ihrem Alter.«

Franz Molnár hatte die Gewohnheit, bis Mittag im Bett zu liegen. Einmal aber war er morgens um acht Uhr als Zeuge vor Gericht geladen. Rechtzeitig weckte ihn ein Freund, um ihn zum Gericht zu begleiten. Als Molnár um halb acht vors Haus trat und die belebte Straße sah, war er fassungslos: »Was«, rief er, »– lauter Zeugen . . .?«

Molnár hatte in einem vornehmen Restaurant gespeist und bekam eine gesalzene Rechnung serviert. Molnár beschwerte sich beim Maître d'Hôtel: »Wieso berechnen Sie mir, als Kollegen, solche Preise?!« Der Maître verbeugte sich: »Der Herr ist ein Kollege? Einen Augenblick!« Er eilte fort und kam mit einer Rechnung zurück, die nur halb so hoch war. Molnár zahlte und schritt dem Ausgang zu. Der Maître geleitete ihn höflich zur Tür und fragte bescheiden: »Pardon, Monsieur, wo ist Ihr Restaurant? Ich würde es gern einmal aufsuchen.« Molnár sagte kurz: »Ich habe kein Restaurant.« »So«, erwiderte der Maître befremdet, »weshalb sind wir dann Kollegen?« »Weil ich ebenfalls ein Gauner bin«, erwiderte Molnár.

Während der Emigration in den USA. Friedrich Torberg besuchte Franz Molnár und klagte sein Leid über die Schwierigkeiten mit der englischen Sprache, in der er als Drehbuchautor zu schreiben gezwungen war. »Oft kommt es mir vor«, sagte er, »daß ich nicht schreibe, was ich möchte, sondern, was ich in der fremden Sprache einigermaßen fehlerlos ausdrücken kann.« Molnár gab ihm seufzend recht: »Wenn Sie wüßten, mein Freund, wie oft ich mitten im Satz meine Weltanschauung habe ändern müssen!«

Ende der vierziger Jahre erlitt Molnár einen Schlaganfall und schwebte wochenlang zwischen Leben und Tod. Nach seiner Genesung überschütteten ihn die Budapester Freunde mit Briefen, in denen sie ihn zur Wiederherstellung seiner Gesundheit beglückwünschten. Allen dankte er für ihre Teilnahme. Diese Briefe begannen mit den Worten: »Und gezählt waren meine Tage, und der Herr rief mich zu sich, – ich bin aber nicht gegangen ...«

Gelehrtenanekdoten

Sulajmān Al A'masch, ein berühmter Araber des 8. Jahrhunderts, wurde gefragt, welche Farbe die Sandalen Mohammeds hatten. »Sie waren grün«, antwortete er ohne Zaudern. Der Fragende jedoch widersprach: »Du täuschst dich, sie waren blau.« Al A'masch ließ sich nicht verwirren: »Mohammed besaß zwei Paar ...«

Einer, der gefragt ward / was er dencke / wann er nichts dencke? antwortet: Er dencke / wie er dem antworten wolle / der ihn nichts frage.

Der Teutschen Scharpfsinnige kluge Sprüch

Ein Baur.   Solt einem Doctor / der irr geritten war / wieder uff den rechten weg weisen: da sagt er / mich wundert / daß ihr ein Doctor seyt / und wist den weg nicht besser.

Teutsche Apophthegmata 4

Isaac Newton gab eine Gesellschaft. Man erging sich im Garten und disputierte über alles mögliche. Dabei entdeckte einer der Gäste eine Glaskugel, die als Zierat auf eine Stange in ein Rosenbeet gesteckt war und sich auf der sonnenabgewandten Hälfte stark erwärmt hatte, während die der Sonne zugewandte Seite kühl geblieben war. Man riet über die Erklärung des seltsamen Phänomens hin und her, ohne zu einem Ergebnis zu kommen. Auch Newton blieb das Ding rätselhaft. »Nun, John«, wandte er sich da an seinen gerade des Wegs kommenden Gärtner, »was sagst du hierzu, wie erklärst du das?« »Das ist doch ganz einfach«, sagte John, »als ich vor einer halben Stunde durch den Garten ging, bemerkte ich, daß die Glaskugel auf der sonnenzugewandten Seite sich stark erhitzt hatte, nun, und da habe ich die Kugel einfach herumgedreht, damit sie nicht platzt.«

Der Grammatiker Beauzée ertappte seine Frau mit einem Liebhaber. Entsetzt sprang sie auf und sagte zu ihrem Liebhaber: »Ich habe dir doch gesagt, daß es Zeit ist zu gehen!« Da brüllte der Grammatiker wütend: »Sag wenigstens: ›daß es Zeit gewesen wäre, weggegangen zu sein!‹«

Es behauptete jemand in einer Gesellschaft hartnäckig, daß die Sonne ihren Lauf nicht um die Erde nähme.

Aber, sagte einer: wenn dies nicht der Fall wäre, wie kommt es denn, daß sie jeden Abend unter-, und jeden Morgen wieder aufgeht?

»Das ist ein schöner Einwand, sie geht den nämlichen Weg zurück, wir werden es nur nicht gewahr, weil es in der Nacht geschieht.«

Anekdotenalmanach (1815)

Moses Mendelssohn war Buchhalter in einer Handlung in Berlin, und zwar bei einem jüdischen Kaufmann von sehr beschränkter Fähigkeit.

»Das Schicksal ist doch sehr ungerecht«, sagte Herr ... zu ihm: »Sie, ein so gescheiter Mann, müssen einem so beschränkten Kopf dienen?«

»Ich finde das sehr verständig von dem Schicksal«, versetzte Mendelssohn: »denn, wenn ich Herr wäre, ihn könnt ich nicht brauchen.«

Anekdotenalmanach (1809)

Kant speiste etliche Wochen in einer Garküche. Eine Salatschüssel wurde vor ihn gestellt, und ein ihm vis-à-vis sitzender Gast schüttete, ohne groß zu fragen, die Pfefferbüchse darüber aus: »Ich esse so was gar zu gern mit recht viel Pfeffer.« »So hat jeder Mensch seine Eigenheiten«, erwiderte Kant, »ich zum Beispiel bevorzuge beim Speisen den Tabak«; und damit entleerte er seine geräumige Schnupftabaksdose über die Schüssel.

Als das Semester zu Ende ging, schloß Immanuel Kant ein Kolleg mit den Worten: »In der nächsten Woche werde ich noch kurz über die Elemente der Urnebeltheorie sprechen.« Ein Student erkundigte sich, wieviel Zeit diese Vorlesungen in Anspruch nehmen würden. Kant: »Am Montag beginne ich mit der Weltschöpfung, und am Freitag hoffe ich damit fertig zu sein.«

Kant war überaus vergeßlich. Als er seinen langjährigen Diener Lampe wegen einiger Verfehlungen hatte entlassen müssen, notierte er sich auf einem Zettel: »Der Name Lampe muß nun völlig vergessen werden.«

Der Physiker Alessandro Volta war ein leidenschaftlicher Kaffeetrinker, trank ihn aber immer ohne Zucker. Als man ihn fragte, warum, erwiderte Volta: »Auf diese Art geht mehr Kaffee in die Tasse.«

Wieder einmal plagte sich Hegel mit seiner *Phänomenologie des Geistes* herum. Nichts wollte heute gelingen. »Die Vermittlung der Natur«, sann Hegel, »erkennt das Absolute in der Reflexion, allein die gleiche Bewegung des Selbst« – aber das war doch nichts! Das stimmte doch hinten und vorne nicht! Das war doch – perhorreszierend!

»Perhorreszierend«! Gerade dieses Wort war es dann, das in Hegel die Gedanken locker machte. Jetzt klappte die Vorrede plötzlich: »Dies Perhorreszieren stammt aber in der Tat aus der Unbekanntheit mit der Natur der Vermittlung und des absoluten Erkennens selbst. Denn die Vermittlung ist nichts anderes als die sich bewegende Sichselbstgleichheit, oder sie ist« (jetzt lief es wie geschmiert) »die Reflexion in sich selbst, das Moment des fürsichseienden Ich, die reine Negativität« (jetzt war Hegel schon nicht mehr zu bremsen) »oder, auf ihre reine Abstraktion herabgesetzt, das einfache Werden.«

»Na also!« rief Hegel aus, »so geht's doch auch!«

Eckhard Henscheid

Früher schon einmal, in Heidelberg, kam Hegel einmal stark angetrunken zur Vorlesung auf der Universität. »Das Ganze hier ist doch eine unerträgliche Scheiße!« rief er erbittert. Als Hegel die ungläubigen Mienen der Studenten sah, wußte oder ahnte er, daß er etwas falsch gemacht hatte. »Das Ganze«, probierte er es noch einmal, »ist eine einzige Lüge!« Erste leise Pfiffe wurden laut – und also nahm Hegel einen letzten Anlauf: »Das Ganze«, einer Eingebung gehorchend senkte Hegel den Ton ins mehr Schmeichlerische und fast Kokette, »ist das Wahre«.

Worauf die Studenten naturgemäß erleichtert aufatmeten.

Eckhard Henscheid

Schon am Tübinger Stift, als er es noch mit Schelling und Hölderlin hatte, beschäftigte Hegel sich stark mit der Aufhebung der Selbstentfremdung bzw. der Rückkehr des Geistes zu sich selbst. »Das wissende Sich-selbst-gleich-sein in anderen ist – si diis placet – das An-und-für-sich des Geistes«, sann Hegel eines Tags. »Mit anderen Worten: Was nicht vernünftig ist, hat keine Wahrheit, oder was nicht begriffen ist, ist nicht.«

»Genau!« rief Schelling, »Fritz gibt und du hebst ab.«

Eckhard Henscheid

Professor K. in B. hatte einen Sohn, der Professor in L. war. Der Professor-Sohn schrieb dem Professor-Vater und bat um Geld. Dieser antwortete ihm mit folgenden Worten:

»Mein Sohn! Entweder hat ein Professor Geld, in diesem Falle brauchst Du keines, oder er hat keines, und in diesem Falle kann ich Dir auch keins schicken.«

Berliner Anecdoten

Deutlicher konnte Schopenhauer seinen Zweifel kaum ausdrücken als durch die Verse, die man in seinem Nachlaß fand:

»Gott – wenn du bist – errette aus dem Grabe
Meine Seele – wenn ich eine habe!«

Der Chemiker Robert Wilhelm Bunsen wurde oft mit dem Theologen Josias Bunsen verwechselt, der am Hof des preußischen Königs Friedrich Wilhelm IV. eine große Rolle gespielt hatte. Bei einem Festessen fragte ihn wieder ein ahnungsloser Nachbar: »Weshalb haben Sie eigentlich Ihr Bibelwerk nie vollendet?« Bunsen antwortete: »Mein allzu früher Tod hat mich daran gehindert – und dann bin ich als Chemiker wieder auferstanden.«

Ein Student experimentierte unter Bunsens Aufsicht im Labor. »Nicht wahr, Herr Professor«, fragte er, »wenn ich den Inhalt des Reagenzglases dieser Mischung beifüge, dann erhalte ich Knallquecksilber?« »Sie nicht mehr!« war die lakonische Antwort.

Justus Liebig trug seine Grundsätze der Mineraldüngung vor einer Versammlung märkischer Gutsbesitzer vor, prophezeite der Agrikulturchemie eine rasche Entwicklung und machte schließlich die scherzhafte Behauptung: »In einigen Jahrzehnten sind wir soweit, daß wir den Dünger für zehn Hektar in eine Jackentasche stecken können!« »Und in die andere«, rief ein Skeptiker dazwischen, »stecken wir dann die Ernte!«

Der Chemiker Emil Fischer, dem es gelang, eine Form des Eiweißes künstlich herzustellen, ließ sich in seiner Vorlesung darüber aus: »Damit eröffnen sich uns weite Perspektiven, meine Herren. Der Urstoff aller belebten Substanz, das Protoplasma, enthält, wie Sie wissen, im wesentlichen Eiweiß. Eiweiß ist der Träger des Lebens. Vielleicht führt meine Entdeckung dazu, den alten Homunkulustraum der Alchimie zu verwirklichen – das heißt also: Menschen künstlich herzustellen!« Da erklang aus dem Hintergrund des Hörsaals eine tiefe Stimme: »Ich bleibe bei der alten Methode!«

Mein Vater hatte einen verspäteten Bruder, nicht viel älter als ich selbst. Ich sehe ihm sehr ähnlich.

Als dieser junge Onkel gestorben war, sollte ich seine postumen Angelegenheiten ordnen. Ich ging umher und zahlte Verbindlichkeiten des Onkels da und dort.

Zuletzt kam ich zu seinem Konsiliarius, Professor Neuschloß.

Der Professor blickte von einem Buch auf, öffnete weit die Augen und begrüßte mich, herzlich erfreut: »Ah, sieh da! Mein lieber verstorbener Gutsverwalter Roda!«

Roda Roda

Der Philosoph Ernst Cassirer saß eines Tages am Schreibtisch bei seiner Arbeit – es war nach dem Ersten Weltkrieg in der Zeit der Geldentwertung –, als seine Frau aufgeregt ins Zimmer stürzte und ausrief: »Ernst, heute kostet ein Dutzend Eier schon 10000 Mark.« Der Philosoph sah von seiner Arbeit auf und fragte erstaunt: »Wozu brauchst du ein Dutzend Eier?«

Albert Einstein sprach vor einem ausgewählten Kreis von seiner Relativitätstheorie, als ein zweifelnder Zuhörer aufstand und spöttisch rief: »Mein gesunder Menschenverstand lehnt alle Dinge ab, die man nicht sehen kann!« Gelassen entgegnete Einstein: »Dann kommen Sie bitte nach vorn, und legen Sie Ihren gesunden Menschenverstand hier auf den Tisch.«

In geselliger Runde bat jemand Albert Einstein, ihm seine Relativitätstheorie zu erklären. »Nehmen wir an«, sagte Einstein, »ich gehe mit einem blinden Freund spazieren und erzähle ihm, daß ich gern ein Glas Milch trinke. ›Milch? Was ist das?‹ fragt er. ›Das ist eine weiße Flüssigkeit.‹ ›Was ist weiß?‹ ›Die Farbe einer Schwanenfeder.‹ ›Was ist ein Schwan?‹ ›Ein Vogel mit gebogenem Hals.‹ ›Was ist gebogen?‹ Ich zeige ihm das, indem ich seinen Arm zuerst strecke, dann biege. ›Aha‹, sagt der Freund, ›jetzt weiß ich, was mit Milch gemeint ist.‹«

Als Einstein 1921 den Nobelpreis für Physik erhalten hatte, befragten ihn die Reporter, woran er jetzt arbeite. Sie erfuhren: an einer Ergänzung seiner Feldtheorie, und wollten wissen, wann er diese veröffentliche. »Ach, das geht schnell«, sagte Einstein. »Ich schreibe einfach eine Postkarte an Lorentz; dem Planck habe ich es schon gesagt.«

Einstein war umgezogen und gab einem seiner Freunde die neue Telefonnummer – 24361. Dieser hatte nichts zum Schreiben und klagte, er könne sich Telefonnummern so schlecht merken. »Aber diese ist einfach zu behalten«, widersprach Einstein: »Zwei Dutzend und neunzehn hoch zwei.«

Einstein konnte auf einer Reise zu einem Vortrag seine Fahrkarte nicht finden. Der Kontrolleur riet ihm, einfach eine neue Karte zu lösen und die alte als unbenutzt einzureichen, er bekäme dann das Geld zurück.

»Wenn das so einfach wäre«, erwiderte Einstein, »aber ohne Fahrschein weiß ich ja nicht, wohin ich fahren wollte.«

Einstein war meist salopp, wenn nicht schäbig gekleidet. »Willst du dir nicht mal einen neuen Mantel kaufen?« fragte ihn ein Freund, der ihn auf einem Spaziergang traf. »Wozu?« lächelte Einstein. »Hier kennt mich jeder und weiß, wer ich bin.« Der Freund traf Einstein in demselben Mantel einige Zeit später in New York und meinte: »Du trägst ihn ja immer noch!« »Warum nicht?« fragte Einstein. »Hier weiß ja niemand, wer ich bin.«

Auf einer Gesellschaft wettete Einstein, er könne sich, ohne den Mantel auszuziehen, seines Sakkos entledigen. Mit Verrenkungen, die er teilweise auf dem Boden vollführte, zog Einstein seine völlig zerknüllte Jacke tatsächlich aus. Die Gäste applaudierten, Frau Einstein seufzte: »Das macht er neuerdings bei jeder Party. Und zu Hause übt er. Die Jacke habe ich schon hundertmal gebügelt.«

Einstein spielte leidenschaftlich gern Geige. Er war sehr musikalisch, worauf sich auch seine Freundschaft mit Arnold Schönberg gründete, obwohl er kein Anhänger der Zwölftonmusik war. Dafür mochte Schönberg Einsteins Geigenspiel nicht. Als sich die beiden kennenlernten, spielte Einstein Schönberg etwas vor. Schönberg schwieg beredt, schließlich fragte Einstein: »Na, wie war es?« »Relativ gut«, antwortete Schönberg.

Einstein, der 1933 nach Princeton emigriert war, wurde eingeladen, die Sternwarte des Mount Wilson Observatoriums zu besuchen. Dort stand damals das größte Fernrohr der Welt, und während Einstein sich mit den Wissenschaftlern unterhielt, erklärte einer der Astronomen Frau Einstein das fünf Meter dicke Teleskop. Sie fragte, wozu man ein so riesiges Instrument benötige. »Das brauchen wir, um die Dimensionen des Weltraums auszumessen.« »Seltsam«, erwiderte Frau Einstein, »mein Mann macht das auf der Rückseite gebrauchter Briefumschläge.«

Um die verzweifelte Stimmung, welche die »Frankfurter Schule« um das Jahr 1933 herum befallen hatte, etwas aufzulockern, veranstaltete Max Horkheimer eines schönen Tages einen kleinen Wettstreit. Derjenige sollte Sieger und der beste Kritische Theoretiker sein, der das Reflexivum »sich« am weitesten postponieren (nachstellen) konnte. »Das hört *sich* gut an!« rief Erich Fromm und schied sofort aus. »Jetzt wird *sich* mal zeigen«, schrie begeistert Herbert Marcuse, »wer was drauf hat im Kopf!« – und natürlich sah damit auch Marcuse kein Land. Etwas geschickter stellte sich Walter (»Benjamin«) Benjamin an, der mit einem »Der Marxismus muß mit dem Judentum *sich* verbrüdern!« zum Erfolg zu kommen hoffte. Habermas hatte offensichtlich die Regel mißverstanden oder was, jedenfalls schied er mit seinem Beitrag »*Sich* denken, bringt wahre Selbstreflexion des Geistes« aus, und auch Pollock brachte es mit einem »Gott ist an *sich* im Himmel« nicht recht weit, ja er wurde sogar mit Schulverweis bedroht (nachher wollte er es ironisch verstanden haben usw., was aber vor allem Marcuse bestritt, während Fromm irgendwie mit der ganzen Welt verkracht war und nur verbissen an seiner Rache bzw. einem Bleistift kaute) – jedenfalls legte nun lächelnd Max Horkheimer mit dem Satz »Die Judenfrage erweist in der Tat als Wendepunkt *sich* der Geschichte« einen echten Hammer vor, indessen –

– nicht zu glauben, daß auch dies noch übertroffen werden konnte: Sieger wurde und sein Meisterstück machte nämlich Adorno mit dem seither geflügelten Satz: »Das unpersönliche Reflexivum erweist in der Tat noch zu Zeiten der Ohnmacht wie der Barbarei als Kulmination und integrales Kriterium Kritischer Theorie *sich*.«

Selten ein schönerer, ein rührenderer Anblick als der, da Max Horkheimer mit den Worten »Brav, sehr brav« dem Jüngeren über den schon haarlosen Kopf strich und ihm als Siegestrophäe Fritzi Massary überreichte.

Eckhard Henscheid

Mitten im Semester brach der Bonner Sanskritist Hermann Jacobi seine Vorlesung ab und fuhr in Urlaub. Zornig verlangte der Rektor eine Erklärung für dieses Verhalten. Jacobi ungerührt: »Sanskrit ist eben nicht länger.«

Der Göttinger Mathematiker David Hilbert hatte Gäste. Als die Abendgesellschaft begann, kam Hilbert die Treppe herunter, jedoch ohne Krawatte. Seine Frau bemerkte es und schickte ihn wieder hoch, um sich einen Schlips umzubinden. Sie wartete, die Gäste warteten, doch Hilbert kam nicht. Schließlich ging sie ins Obergeschoß und sah ins Schlafzimmer. Da lag Hilbert seelenruhig im Bett und schlief.

Was war geschehen? Hilbert war die Treppe hinaufgestiegen, ins Schlafzimmer gegangen und hatte sich die Jacke ausgezogen. Ganz in Gedanken zog er sich immer weiter aus, zog den Pyjama an und ging, nichts natürlicher als das, zu Bett.

Ein Student traf David Hilbert auf einem Waldspaziergang. Der Professor stand regungslos, das Haupt gesenkt, inmitten einer vom Weg abgelegenen Baumgruppe, in tiefes Sinnen verloren. Der Student beobachtete ihn lange, ehe er wagte, ihn anzusprechen, sich entschuldigend, daß er den Professor beim Nachdenken über ein schwieriges Problem störe. »Schwierig wie jede Entscheidung, junger Freund. Aber das Problem wird Ihnen unwesentlich vorkommen. Ich überlege, an welchem dieser vielen Bäume ringsum ich mein kleines Geschäft verrichten soll.«

David Hilbert wurde auf dem Campus der Universität von einem Studenten angesprochen, der eine mathematische Frage hatte. Hilbert blieb stehen und erörterte mit dem Studenten das Problem. Als sie fertig waren, fragte er: »Bin ich aus dieser Richtung oder aus der entgegengesetzten gekommen, als Sie mich ansprachen?« Der Student nannte ihm die Richtung, aus der er gekommen war. »Aha«, sagte Hilbert, »dann habe ich noch nicht gegessen«, und setzte seinen Weg in Richtung Mensa fort.

Hilbert fragte einen Teilnehmer seines Seminars nach seinem Namen. »Hücker, Herr Professor.« »Ah, Hükker!« wiederholte Hilbert, und ein leuchtendes Wiedererkennen trat in seine Augen, »da sind Sie vielleicht ein Bruder von dem Kandidaten Krücke, der kürzlich sein Examen bei mir mit Auszeichnung bestanden hat?«

Der Kasseler Mathematikprofessor Friedrich Wille hielt eine Anfängervorlesung und begann mit Logik. Zunächst erklärte er, was man unter einer »Aussage« versteht: »Eine Aussage ist ein Text, dessen Inhalt entweder wahr oder falsch ist«, und nannte als Beispiel den Satz: »Karl ist krank.« In diesem Augenblick fiel dem Professor siedendheiß ein, daß er unbedingt einen lebenden Menschen namens »Karl« brauchte, auf den sich der Satz bezog, denn andernfalls konnte man den Satz weder als wahr noch als falsch bezeichnen, und er wäre gar keine Aussage. Wille fragte also in den Saal: »Ist jemand unter Ihnen, der Karl heißt?« Sekundenlange Stille. Dann eine Stimme aus dem Hintergrund: »Der ist krank!«

Theologenanekdoten

Martin Luthers Hauptgegner, der Theologe D. Eck, sagte, man solle dem Namen des D. Martinus Lutherus das ›r‹ herausnehmen, so hieße er, was er sei: Lutheus, deutsch: der Kotige. Darauf Luther: »Das mag man tun, aber man setze das meinem Namen entrissene ›r‹ vor D. Ecks Namen, so hieße er auch, was er ist: Dreck.«

Luther arbeitete an einer Predigt. Seine Frau Katharina wunderte sich: »Lehrst du nicht, durch den Prediger rede Gott selber zur Gemeinde?« »Ja, gewiß.« »Warum streichst du dann so viel weg?«

Juncker. Den fragt ein Prister waß er were / unnd was Religion er were / der Juncker ich bin ein Narr / der Priester sprach weiter / ich frag was Religion ihr seit / oder was ihr glaubt. Der Juncker ich glaube das ihr ein Narr seit als ich.

Teutsche Apophthegmata 3

Ein Judin. Diese sprach ein Jesuit an / daß sie ihm solte ein nachtdienst thun / die antwortet ihm: Herr daß Sawfleisch ist mir verbotten.

Teutsche Apophthegmata 5

Als der später berühmte Rabbi Jonathan Eybeschütz sieben Jahre alt war, schickte sein Lehrer ihn nach Bier. Als der Knabe um Geld bat, machte sich der Lehrer einen Spaß und sagte: »Bier für Geld bringen ist keine Kunst. Bier ohne Geld bringen ist eine Kunst.« Jonathan ging fort, kam bald zurück und reichte dem Lehrer den Krug. »Wo ist das Bier?« fragte der. Darauf der Knabe: »Trinken aus einem vollen Krug ist keine Kunst. Trinken aus dem leeren Krug ist eine Kunst.«

Friedrich II. von Preußen hörte von einem Prediger in Schlesien, der im Ruf stand, mit Geistern zu verkehren. Er ließ den Mann kommen und fragte ihn: »Er kann Geister beschwören?« Der Prediger antwortete: »Zu Befehl, Majestät, aber sie kommen nicht.«

Henry Fielding, der Autor des *Tom Jones*, reiste durch Frankreich und weilte auch in Fontainebleau. Man fragte ihn: »Seid Ihr Hugenotte, Herr?« »Nein«, sagte er. »Ihr seid also Katholik?« »Noch weniger.« »Ah, Ihr seid Lutheraner!« »Keineswegs.« »Aber was seid Ihr denn?« »Ich will es Euch sagen«, meinte der Engländer, »ich habe so eine kleine Religion für mich besonders ...«

Der spätere theologische Aufklärer Karl Friedrich Bahrdt kam bei seinem ersten Kanzelauftritt in einige Verlegenheit. Er begann seine Predigt mit der pathetischen Wendung: »In dem Herrn geliebte Gemeinde! Jesus Christus läßt euch grüßen!« Da war er aber auch schon am Ende. Er sah in die Luft, und da ihm nichts zuflog, sagte er noch einmal, aber gedämpfter: »Jesus Christus läßt euch grüßen!« Dann starrte er auf die Häupter der Andächtigen nieder und hoffte, von dort eine Eingebung zu empfangen. Vergebens. Und so sagte er in seiner Not zum drittenmal, aber leise: »Jesus Christus läßt euch grüßen.« Da erhob sich der Bürgermeister und sagte mit frommem Ernst: »Herr Pfarrer, die Gemeinde bedankt sich!«

Als der spätere Hofprediger Emil Frommel in Baden noch Dorfpfarrer war, erhielt er vom Konsistorium einen von der Kanzel zu verlesenden Erlaß, daß den Bauern mehr Ethik gepredigt werden solle. Nach der Verlesung wandte sich Frommel an seine Bauern: »Ihr werdet mich wohl fragen, was Ethik ist. Ich werde es euch durch ein Gleichnis erklären. Seht, meine Lieben, Ihr seid gute, brave Apfelbäume und habt ordentlich einfache Äpfel hervorgebracht. Nun will das Konsistorium, daß ihr Bergamottbirnbäume werdet und Bergamottbirnen hervorbringen sollt. Da werdet ihr mir antworten: ›Herr Pfarrer, das können wir nicht.‹ Da habt ihr ganz recht, das könnt ihr nicht, also bleibt Apfelbäume.«

Der Theologe und Kirchenhistoriker Adolf von Harnack weilte zu Besuch in seiner baltischen Heimat. Er kam zu seiner alten Tante in Dorpat und erfuhr von ihr, daß sie sich mit einigen gleichaltrigen Damen zu einem Bibel-Lesekränzchen zusammengetan hatte und sie gerade den Propheten Hesekiel lasen. Etwas überrascht fragte Harnack: »Aber versteht ihr das denn auch?« »Nun ja«, antwortete die alte Dame, »was wir nicht verstehen, das erklären wir uns eben.«

Der berühmte evangelische Theologieprofessor Wolfgang Trillhaas besuchte seinen Kollegen Professor Rudolf Bultmann in Marburg. Trillhaas wollte abends noch ausgehen, Bultmann aber war ruhebedürftig, gab dem Kollegen deshalb die Schlüssel und zeigte ihm noch den Lichtknopf im Treppenhaus. Einige Stunden später kehrte Trillhaas heiter heim, schloß die Tür auf und drückte den Lichtknopf. Es war aber der Klingelknopf. So öffnete sich also oben die Wohnungstür, Bultmann erschien und sprach mit milder Ironie: »Sehen Sie, Herr Kollege, so geht es uns Theologen: Wir wollen Licht machen und machen Lärm!«

Als der Kölner Kardinal Frings seinen letzten Amtsbesuch in Rom machte, schenkte er Papst Paul VI. seinen langjährigen Gefährten, den Papagei Yoko. An jedem Morgen kam nun seine Heiligkeit an den Käfig, und Yoko krächzte: »Guten Morgen, Eminenz! Guten Morgen, Eminenz!« Nach sechs Wochen hatte Paul VI. genug. Er beschloß, durch seinen feierlichsten Aufzug Yoko davon zu überzeugen, daß einem Papst mehr gebühre als die Anrede eines Kardinals. Die Türen öffneten sich, und die ganze Farbenpracht der päpstlichen Kurie tat sich auf: Vom Tragsessel über der Schweizer Garde schaute Seine Heiligkeit mit Tiara und Soutane würdevoll und zugleich erwartungsvoll auf Yoko, den Papagei. Der erstarrte, blinzelte und schrie endlich begeistert flatternd: »Kölle Alaaf!«

Adelsanekdoten

Der Kardinal Pietro Bembo gab in Rom ein prunkvolles Fest. Unter den vielen vornehmen Gästen befand sich auch ein Graf Montebello, berühmt wegen seiner feinen Lebensart. Als das Bankett anging, erhob sich der Graf plötzlich von seinem Sessel und schaute suchend umher. Er blickte auf die kostbaren Teppiche, Spiegel, Bronzen – und schüttelte den Kopf. Er blickte auf die herrlichen Wandgobelins, das goldene Tafelgeschirr, das Tafelkristall – und zuckte die Achseln. Endlich faßte er die Dienerschaft ins Auge, die in Samt und Seide statuenhaft längs den Wänden stand. Und jetzt ging er auf einen der Lakaien zu und – spuckte ihm ins Gesicht!

Befremdet erhob sich der Kardinal und sah fragend den Grafen an. Der sagte, sich entschuldigend: »Messire – es war der einzige Ort im Saal, den ich zum Spucken finden konnte!«

Ein Teutscher Edelmann ritte anliegende Geschäffte halber mit seinem reisigen Knecht nach Speyer, als ihm nun die Zeit etwas lang wurde, sagte er zum Reuter: Hans, wovon reden wir eine Weile, daß uns die Zeit kurtz wird? Ich denke, wir wollen miteinander reimen und zusehen, wer solches am besten kan zu Marck bringen. Der Knecht antwortete: Er wäre seines Theils wol zu frieden. Als fieng der Juncker an nachfolgenden Reimen zu machen:

> Ich heisse Syllvester
> Und schlaff bey deiner Schwester.

Der Knecht antwortete:

> Juncker, ich heiß Hans,
> Und schlaff bey eurer Frau.

Ja, sprach der Juncker, das reimet sich aber nicht. Es reime sich oder reime sich nicht, antwortet der Knecht, so thu ichs doch. Jagte damit dem Juncker so viel Argwohn ein, daß, so bald er nach verrichteter Reise wieder heim kam, er dem Knecht seinen Lohn zuzehlete, und sprach: Gehe hin, ich bedarff deiner nicht mehr, du bist mir im Reimen überlegen.

Der Kurtzweilige Hanß-Wurst

Ein ahnenstolzes Fräulein sagte immer, wenn sie von ihrem Vater sprach: mein Herr Vater, der Reichsgraf, »und wie nennen sich die andern?« fragte sie einst ein Spötter, den dieser Hochmut verdroß.

Anekdotenalmanach (1809)

Die Barone Engelhardt im kurischen Oberland lebten besonders kulturfern – nur dem Ackerbau und der Jagd.

Einmal schwang sich ein Engelhardt auf, etwas Gedrucktes anzuschaffen – die Zeitschrift *Waidmannslust*.

Seitdem nannten seine Vettern ihn »den Bücherwurm«.

Roda Roda

Wenn der alte Herr von Thedla seine Besucher satt hatte, rief er neckisch drohend: »Du böse, böse Uhr! Vertreibst mir meine liebsten Gäste!«

Roda Roda

Der von König Ludwig I. gebaute Donau-Main-Kanal litt an zu wenig Wasser. Als dem König über die Eröffnungsfeier Bericht erstattet wurde und der vortragende Baurat erwähnte, der Andrang der Schaulustigen sei so groß gewesen, daß sogar ein Mann von der Menge in den Kanal gestoßen und ertrunken sei, antwortete der König nur: »Sie Schmeichler!«

Der mecklenburgische Großherzog Friedrich Franz II. kam einst, als er sich in Königsberg aufhielt, im Hotel mit einem Fremden ins Gespräch. »Ich bin Färrdezichter aus Trakehnen«, erzählte der Fremde, »und was sind Sie?« »Ich bin der Großherzog von Mecklenburg.« »Ist sich auch serr scheener Posten!« bemerkte der andere.

Der für seine gewalttätige Art berüchtigte Preußenkönig Friedrich Wilhelm I. ritt in Berlin durch den Tiergarten. Da sah er zwei Menschen bei seinem Anblick ins Dickicht fliehen. Er befahl dem Reitknecht, die beiden hervorzuholen. Es waren zwei jüdische Bettler. »Warum habt ihr euch versteckt?« fragte der König streng. »Mir ham uns geforcht!« bekannten die Juden. Zornig ergriff der König sein spanisches Rohr und verbleute die Bettler mit den Worten: »Donnerwetter! Lieben sollt ihr mich, lieben! Nicht fürchten!«

Ein Musikus, der zwar sehr geschickt in seiner Kunst, zugleich aber auch von seinen Verdiensten sehr eingenommen war, wurde Friedrich dem Zweiten vorgestellt; der König bemerkte, daß er höchst elende Strümpfe anhatte, und fragte ihn daher: Ist er der Musikus, den man mir so gelobt hat? »Ich weiß nicht, Ew. Majestät« – antwortete er – »so viel aber kann ich mich rühmen, daß ich eine Stimme habe, woraus ich machen kann was ich will.« Wenn das ist, – sagte der König – so mach er sich doch ein paar Strümpfe daraus, denn die hat er höchst nötig.

Der musikalische Gesellschafter

Der sarkastische Humor des Alten Fritz war sprichwörtlich.

So sagte er zu einem Dachdecker, der bei Ausbesserungsarbeiten am Turm der Nicolaikirche ausgerutscht und auf den Platz gefallen war: »Wenn Er nichts vom Dachdecken versteht, braucht Er da oben nicht herumzuturnen.«

Ein Bauer bekam den Witz des Königs ebenfalls zu spüren. Weinend stand er vor seinem gerade abgebrannten Hof, als der König vorbei kam.

»Was heult Er so«, fragte der Alte Fritz bissig, »verbrannt ist verbrannt.«

Schluchzend sagte der Bauer, daß seine Frau und seine fünf Kinder ein Raub der Flammen geworden seien. Darauf fiel selbst dem schlagfertigen König kein Witzwort ein, und er ritt ärgerlich davon.

Robert Gernhardt

Friedrich Wilhelm III. überraschte einen Lakaien, der heimlich eine Rotweinflasche an den Mund gesetzt hatte und sich beim schnellen Verbergenwollen der Flasche die weiße Weste beschmutzte. »Aufstehen!« sagte der König zu dem fußfällig um Verzeihung Flehenden: »Künftig Weißwein trinken!«

Der Pfarrer Sintenis in Zerbst hatte ein dickes Buch mit dem Titel *Pistavon* geschrieben und Friedrich Wilhelm III. gewidmet. Durch den Hofprediger war ihm eine Audienz beim König erwirkt worden. Aber schon nach der Begrüßung trat Stille ein; denn den Titel *Pistavon* lesend, wußte der König mit dem merkwürdigen Wort nichts anzufangen, hob den Buchdeckel mit beiden Händen dem Verfasser hin und fragte in seiner kurzen Art: »Was also bedeuten?« Er habe in seinem Buch das Dasein Gottes zu beweisen versucht! sagte der Pfarrer Sintenis mit Betonung und verneigte sich. »Auch schon das Dasein der Sonne zu beweisen versucht?« fragte der König und reichte das Buch in die Hände seines Verfassers zurück.

Die Stadt Gumbinnen an der Pissa bat Friedrich Wilhelm IV., den Namen des Flusses ändern zu dürfen. Der König schrieb an den Rand des Gesuches: »Genehmigt. Schlage vor: Urinoko.«

Friedrich Wilhelm IV. fragte bei einem Hofball einen Astronomen: »Nun, was gibt es Neues in Ihrem Fach?« »Mancherlei«, war die Antwort. »Aber kennen Majestät schon das Alte?«

Als Kaiser Wilhelm I. in Wiesbaden weilte, wurde ihm der neue Kurdirektor Ferdinand Heyl vorgestellt. »Wie heißen Sie?« fragte der alte Kaiser. »Heyl, Ew. Majestät!« »Wie Sie heißen!« »Heyl, Ew. Majestät!« »Schon gut, Ihren Namen bitte!« »Heyl, Ew. Majestät!« Darauf der Adjutant, Graf Lehndorff, zum Kurdirektor: »Majestät wünschen Ihren Namen zu wissen!« »Heyl, Ew. Majestät!«

Es ist nicht bekannt geworden, wie diese Unterhaltung endete.

Lange hatte Kaiser Wilhelm I. überlegt, welchen Titel man dem berühmten Zirkusbesitzer Ernst Jakob Renz verleihen solle. Die paar Orden, die man einem Zirkusdirektor geben konnte, besaß er schon, und zum Kommerzienrat wollte man ihn nicht machen, das wäre zu viel für den Sohn eines Seiltänzers gewesen. Also entschied man sich für den Titel Kommissionsrat. Als Renz die kaiserliche Urkunde in Händen hielt, versammelte er sein ganzes Personal in der Manege und hielt folgende kurze Ansprache: »Seine Majestät der Kaiser haben die große Ehre gehabt, mich mit dem heutigen Tage zum königlich preußischen Kommissionsrat zu ernennen. Wer mich so anredet, fliegt!«

Während seiner Palästinareise kam Kaiser Wilhelm II. mit seinem Gefolge nach Jerusalem und besuchte auch die Grabeskirche. Im Gebet versunken, kniete er vor dem heiligen Grab. Das war dem General von Plessen freilich etwas Neues, denn daheim in der Kirche pflegte er stehend sein Gebet zu verrichten. Also blieb er auch hier, die

Hände zum Gebet gefaltet, stehen. Ein Kammerherr rügte diese Formlosigkeit und flüsterte: »Majestät knien!« »Doll wat?« flüsterte von Plessen und blieb stehen.

Kronprinz August stattete dem Kaiser Wilhelm in Berlin eine Visite ab.

Das ging einigermaßen geräuschvoll vor sich.

Der Kaiser begrüßte den künftigen Sachsenherrscher mit großer Suite und dito Herzlichkeit und äußerte seine Genugtuung darüber, daß August die Strapazen der Reise Dresden – Berlin auf sich genommen habe, um sich endlich mal in der preußischen Metropole blicken zu lassen.

Bescheiden wehrte der Kronprinz ab. »'s klappte gerade so scheen mit Eurer Hunde-Ausstellung.«

Hans Reimann

Eine Brücke im Vogtland sollte dem Verkehr übergeben werden.

Was den König [Friedrich August III. von Sachsen] magnetisch anzog, waren die klotzigen, aus den Fluten ragenden Vorbauten, deren Sinn und Zweck ihm nicht ohne weiteres einleuchtete.

Einer der Ingenieure erläuterte die Bestimmung dieser Eisbrecher, und August freute sich über die praktische Anlage. Dann aber, weil sich die Leute so schrecklich stur und devot benahmen, glitzerte es verschmitzt in seinen rosigen Zügen:

»Und wenn 's Eis von der andern Seite kommt?«

Hans Reimann

Auch im Gewandhaus hat sich August mehrfach aufgehalten.

Im zweiten Satz von Bruckners Siebenter, dem Adagio, ist eine Stelle, in der gleichsam das Ableben Richard Wagners vorausempfunden wurde. »Sehr feierlich und sehr langsam« steht in der Partitur.

August und Kammerherr von Groitzsch mopsen sich maßlos.

Mitten im Adagio hört man den Geenich, der traumversunken nach oben starrt, vernehmlich äußern:

»Enne scheene Decke.«

Hans Reimann

Während einer Audienz am Königlichen Hof fielen Friedrich August zwei abseits stehende Herren auf. Der König fragte seinen Adjutanten: »Wer sind 'n die?« Der Adjutant antwortete: »Majestät, zwei Direktoren von der Feuerversicherung.« Der König, auf sie zugehend: »Na, ihr beeden Gokelfritzen?«

Ein Gymnasialprofessor bedankte sich bei Friedrich August für seinen Orden. »Sind Se eegentlich Neuphilolooche oder Altphilolooche?« fragte der Herrscher. »Altphilologe, Majestät«, erwiderte der Mann und straffte sich. »Nu ja«, sagte der König, »so sehn Se ooch aus!«

Wiederholt hatte ein Offizier Menschenleben gerettet. Dafür war er vom König bereits mehrfach ausgezeichnet worden. Kurz darauf rettete der Offizier unter Einsatz des eigenen Lebens erneut einen Menschen. Als der König dies erfuhr, ließ er den Offizier kommen, belohnte ihn mit einem neuerlichen Orden und gab ihm einen Rat mit auf den Weg: »Nu heern Se aber mal uff!«

Bei einer Parade fragte Friedrich August einen Soldaten: »Wie heißen Sie?« »Schrackel, Euer Majestät.« »Närrischer Name. Na, besser wie gar keener.«

Friedrich August besuchte im Weltkrieg ein sächsisches Regiment. »Wie lange sind Sie schon im Feld?« fragte er einen. »Seit Anfang des Krieges.« »Na, da ham Sie 's wohl ooch bald satt?«

Nach der Seeschlacht am Skagerrak. Die deutsche Flotte lag wieder im Heimathafen. Man geleitete Friedrich August auf eines der Schiffe. Dort hatte man alle erreichbaren sächsischen Matrosen zusammengezogen und auf dem Vorschiff aufgestellt. Man wollte dem König eine Freude machen, aber was mußten die begleitenden Offiziere hören, als sie ihn zu seinen tapferen Sachsen hindirigierten? »Eigentlich wollt'ch die zerdöpperten Schiffe sehn. Sachsen hab'ch genug dr'heeme.«

Einer von seinen Ministern war übergesiedelt in die ewigen Jagdgründe.

Nach dem Begräbnis saß der König mit den restlichen höchsten Amtsträgern des Staates in Wachwitz, in Seiner Villa.

Gedämpft tröpfelte die Unterhaltung.

Mit halbem Ohr hörte der König hin, wie man den Entschlafenen in hohen Tönen lobte und seine Verdienste pries.

Dann verebbten die Gespräche.

In die Stille hinein, die Ellbogen auf die Tafel gestützt, krähte Friedrich August, den Blick von einem zum andern schweifen lassend:

»Wer wird denn nuh von Eich der Nächste sinn?«

Hans Reimann

Das Urbild des Serenissimus war der Großherzog Karl-Alexander von Sachsen-Weimar-Eisenach. Er war weniger dumm als vielmehr außerordentlich zerstreut und hörte oft nicht zu. Außerdem hatte er die Eigenart, beim Sprechen Verlegenheitstöne einzuschieben, die wie »ham, ham« klangen. So sprach er bei einer Audienz einen Rittergutsbesitzer mit einer Reihe solcher »ham, ham« an, worauf noch vor dem ersten Wort des Serenissimus die Erwiderung des Gutsbesitzers erfolgte: »Nein, Königliche Hoheit.« Serenissimus: »Ja, ham, ham, mein Bester, was haben Sie denn verstanden?« »Ich glaubte zu verstehen, daß Eure Königliche Hoheit mich fragten, ob ich auf meinem Gut schon Hamster gefangen hätte, und das mußte ich verneinen.«

Auf der Wartburg wurden Serenissimus die Reserveoffiziere, die beim Eisenacher Bataillon seines Regiments übten, vorgestellt. »Wie heißen Sie?« »Schulze, Königliche Hoheit.« »Was sind Sie?« »Oberförster, Königliche Hoheit.« »Wo sind Sie her?« »Aus Treffurt,

Königliche Hoheit.« Mit dem Ausdruck freudigen Wiedererkennens schüttelte der Großherzog ihm die Hand und sagte: »Ah, da sind Sie ja der Oberförster Schulze aus Treffurt!«

Einmal jagte der Großherzog in der Nähe einer noch recht neuen Bahnlinie und sah im Garten des Bahnwärterhäuschens eine Mutter inmitten vieler Kinder arbeiten. Erfreut über das Idyll, wandte er sich an die Frau: »Sie sind wohl die Frau des Bahnwärters?« »Jawohl, Königliche Hoheit!« »Wieviel Kinder haben Sie denn, gute Frau?« »Neun«, erwiderte die Mutter. »Wie lange sind Sie denn verheiratet?« »Zehn Jahre, Königliche Hoheit.« Schalkhaft drohte der Großherzog: »Das kann nicht gut sein, gute Frau, die Bahn geht ja erst zwei Jahre!«

Man zeigte Serenissimus ein bemerkenswertes Gebäude. »Hier gebaut?« fragte er.

Serenissimus hatte an der Westfront einen Flugplatz besichtigt. Daheim gaben Hoheit dann die gewonnenen Eindrücke wieder. Jemand gestattete sich ehrerbietig zu äußern: »Trotz allem großartigen Nutzen der Flieger und ihrer Flugzeuge wird die Kavallerie wohl nie entbehrt werden können.« Serenissimus dachte lange nach. »Gewiß! Gewiß! Selbstverständlich, mein Lieber – das heißt – vielleicht teilweise am ehesten noch im Dingsda – äh! – im Luftkampf!«

Nach stundenlangen Audienzen eilte Kaiserin Maria Theresia in ihre Privatgemächer zurück und rief dem Kammermädchen zu: »Gehen S', Charlott, und bringen S' mer rasch meine Pantoffeln!« Dann, nach kurzem Sinnen: »Apropos – wissen S' net, wo mein Gemahl ist?«

»Gott erhalte Franz den Kaiser«, konnte man nicht mehr singen, als Franz 1835 gestorben und Ferdinand sein Nachfolger geworden war. Es wurde nach einem neuen Text gesucht. In der Zwischenzeit mußte man sich eben behelfen. Man unterlegte der Haydnschen Melodie ein einziges, allen verständliches Wort und summte: »Dumm, dumm, dumm, dumm, dumm, dumm, dumm, dumm, dumm – – –«

Kaiser Ferdinand stand mit seinem Kanzler Metternich in einem Erker, der über der Zufahrt zur Wiener Hofburg lag. Metternich hielt einen wichtigen Vortrag über die außenpolitische Lage. Der Kanzler legte diesmal die Gründe seiner Verfügungen mit ganz besonderer Eindringlichkeit dar und war nicht wenig froh, daß der Kaiser gar nichts einzuwenden fand. Nach einiger Zeit rief Ferdinand plötzlich aus: »Schauen S', Metternich, jetzt fährt gerade der hundertste Fiaker zur Hofburg 'nein!«

Kaiser Franz Joseph hatte ein Todesurteil zu unterschreiben. Als er gerade die Feder ansetzen wollte, ließ sich eine Fliege auf dem schicksalsschweren Papier nieder. Der Adjutant verscheuchte das Tier, das jedoch immer wiederkam. Vergeblich schlug der Adjutant nach

der Fliege, bis der Kaiser schließlich sagte: »Lassen S'
doch das arme Viecherl!« Dann unterschrieb er das Todesurteil.

Die Freundin des Kaisers Franz Joseph, die Hofschauspielerin Katharina Schratt, hatte sich einen Ring gekauft, d. h. sie hatte ihn noch nicht bezahlt, weil sie das
vom Kaiser erhoffte. Als Franz Joseph sie am Nachmittag besuchen kam, zeigte sie ihm den Ring. Der Ring
trug einen riesengroßen Brillanten. Sie fragte den Kaiser,
was er wohl glaube, wieviel dieser Ring koste. Franz Joseph schaute ihn prüfend an und sagte: »20 Gulden.«
»Aber nein«, sagte die Schratt, »er kostet natürlich viel
mehr. Rat noch einmal!« Franz Joseph schaute ihn noch
prüfender an und sagte: »40 Gulden.« »40 Gulden? –
8000 Gulden kostet er!« »8000 Gulden? Aa net teuer.«

Karl, der 1916 die Nachfolge Franz Josephs I. antrat,
hatte wegen seiner impulsiven Art bald den Spitznamen
»Karl der Plötzliche« weg. Seinen Stil charakterisierte
man in Wien mit dem Scherz, wonach er einmal zum Te-
lephon gegriffen und gesagt habe: »Hallo? Ich ernenne
Sie zum Finanzminister! Wer dort?«

Im Jahre 1917. Man meldete Karl, der deutsche Kaiser
habe sich über das letzte Treffen der Österreicher an der
russischen Front gar nicht gefreut; die Bundesgenossen
seien zu schlapp. »So, zu schlapp sind wir ihm?« fuhr
Karl auf. »Wenn wir nicht schlapp wären, würden wir
längst nicht mehr mittun!«

Bei einer Audienz fragte der französische König Heinrich IV. den spanischen Botschafter, ob sein Herr, der König von Spanien, tatsächlich keine Mätresse habe. Sein König habe keine Laster, antwortete der Botschafter, er liebe nur seine Frau. »Hat er denn nicht genügend Tugenden«, meinte Heinrich, »um ein kleines Laster zu verdecken?«

Seinen Freund und Minister Sully ließ Heinrich IV. eines Tages besonders lange im Vorzimmer warten. Als er ihn endlich zu sich rief, entschuldigte er sich: Er habe Fieber gehabt. »Ich habe das Fieber eben durch die Tür kommen sehen«, sagte Sully, »es hatte ein grünes Kleid an.«

Bevor Heinrich IV. König von Frankreich wurde, kämpfte er fast 20 Jahre lang an der Spitze der Hugenotten. Einer seiner Hauptwidersacher war der katholische Herzog von Mayenne. Als Abgesandte des Pariser Parlaments einen Frieden zwischen den streitenden Parteien zu vermitteln suchten, bemerkte Heinrich, er wisse ein vorzügliches Mittel, den Brand zu löschen, der in Frankreich wüte. Welches das sei, wollten die Abgesandten wissen. »Ein Eimer Wasser«, antwortete Heinrich. »Man muß ihn nur dem Herzog von Mayenne zu saufen geben, bis er platzt.«

An der Tafel Ludwigs XIV. äußerte der Schriftsteller Boileau im Gespräch: »Alle Menschen müssen sterben.« Da traf ihn ein scharfer Blick des Monarchen. Sofort verbesserte er sich: »Fast alle Menschen, Sire, fast alle!«

Ludwig XIV. hatte für Punkt zehn Uhr die Kutsche bestellt. Als die Glocke zehn schlug, trat er aus dem Tor, gleichzeitig fuhr die Kutsche vor. Zornig wandte sich der Sonnenkönig an den Kämmerer: »Ich hätte beinah warten müssen!«

Als Frau von Esparbès mit Ludwig XV. schlief, sagte ihr der König: »Du hast mit allen meinen Untertanen geschlafen.« – »Ah, Sire!« – »Du hast den Herzog von Choiseul gehabt.« – »Er ist so einflußreich!« – »Den Marschall von Richelieu.« – »Er ist so geistreich!« – »Monville.« – »Er hat so schöne Beine!« – »Nun gut, aber der Herzog von Aumont, der nichts von all dem hat.« – »Sire, er ist Eurer Majestät so ergeben!«

Nicolas Chamfort

Ludwig XV. wandte sich an einen Hofmann: »Wieviel Kinder haben Sie?« »Ich habe, Sire, deren vier.« An demselben Tage richtete der König wiederholt die gleiche Frage an den Hofmann. Als er ihm abends beim Spiel wieder die gleiche Frage stellte, antwortete der Hofmann: »Sechs Kinder, Sire!« Darauf der König: »Haben Sie mir vorhin nicht von vier gesprochen?« »Ja«, antwortete der Hofmann, »ich befürchtete aber, es möchte Eurer Majestät langweilig sein, wenn ich auf ein und dieselbe Frage ein und dieselbe Antwort gebe.«

Auf der Rückfahrt von Choisy stürzte der Kammerdiener Ludwigs XV. von der Kalesche und brach sich das Genick. Der König beugte sich aus dem Fenster und murrte: »Nimmt denn mein Pech überhaupt kein Ende?«

Die folgende Anekdote ist Tatsache. Die Tochter des Königs betrachtete einmal die Hand einer ihrer Kinderzofen, zählte die Finger und sagte erstaunt: »Wie? Sie haben auch fünf Finger, ganz wie ich?« Und dann zählte sie noch einmal.

Nicolas Chamfort

Demoiselle du Thé hatte einen ihrer Liebhaber eingebüßt, und die Sache machte Aufsehn. Ein Bekannter von ihr, der sie besuchte, fand sie die Harfe spielend, und sagte voll Erstaunen: Mein Gott, ich dachte sie in Verzweiflung zu finden? –

»Ha!« erwiderte sie in einem pathetischen Tone: »gestern hätten Sie mich sehn sollen!«

Anekdotenalmanach (1808)

Der englische König Heinrich VIII. schrieb an den französischen König Franz I. einen Brief voller Schimpfwörter und Beleidigungen. Der Brief sollte von Bischof Bonner überbracht werden. »Majestät«, sagte er, »wenn ich einen solchen Brief überbringe, wird man mich in Paris köpfen.« »Wenn dem so ist«, antwortete der König, »werde ich alle Franzosen in England köpfen lassen!« »Ich fürchte«, sagte der Bischof, »daß keiner dieser Köpfe auf meinen Hals passen wird.«

Unter der Regierung Carls II. in England überreichte der marokkanische Gesandte dem Monarchen eine Adresse, die sich mit dem Wunsch schloß:

»Möge der Allmächtige Ew. Königl. Majestät bis an's Ende der Welt einpökeln!«

Der Dolmetscher hatte nämlich in seinem Wörterbuche gefunden, daß »conservieren« ebensoviel heiße, als: einsalzen, einpökeln.

Anekdotenalmanach (1809)

Georg II., König von England, fragte den Präsidenten seines höchsten Gerichts in den hannöverischen Landen, Freiherrn von Wrisberg, an öffentlicher Tafel: Wie kömmt es, daß ich alle meine Prozesse beim Oberappellationsgericht verliere?

»Weil Ihro Majestät unrecht haben.«

Anekdotenlexikon

Die englische Prinzessin Viktoria, die spätere Kronprinzessin und Frau des deutschen Kaisers Friedrich III., nannte als junges Mädchen den Leibarzt Brown kurzweg »Brown«, obschon sie deswegen Verweise erhielt. Als ihr einmal gedroht worden war, sie werde zur Strafe ins Bett geschickt werden, sobald sie ihn nicht mit »Mister Brown« anspräche, rief sie eines Morgens dem Leibarzt zu: »Guten Morgen, Brown, auch gute Nacht, da ich zur Strafe ins Bett muß.«

Elisabeth wurde 1952 zur Königin gekrönt. Eine der populärsten Figuren in dem kilometerlangen Krönungszug, der sich zur Westminsterabtei bewegte, war Königin Salote von Tonga, von der es hieß, ihr Vater sei noch Kannibale gewesen. Ihr gegenüber in der offenen Kutsche saß der Sultan von Kelantan, ein winziges Männchen im weißen Burnus. Der Unterhaltungskünstler

Noel Coward, der mit seinen Freunden auf einer der Ehrentribünen saß, wurde gefragt: »Wer ist dieser kleine Mann neben der dicken Königin?« »Wahrscheinlich ihr Gabelfrühstück«, antwortete er.

Der kleine Mohr, der Peter I. auf seinen Spaziergängen zu begleiten pflegte, blieb einst wegen einer gewissen Notdurft zurück. Plötzlich jedoch hörte man ihn schreien: »Herr! Herr! Meine Eingeweide kriechen hinaus!« Peter trat an ihn heran und sagte, nachdem er den Sachverhalt gesehen: »Schwindle nicht, das sind keine Eingeweide, das ist nur ein Bandwurm!« worauf er den Bandwurm mit seinen eigenen Fingern entfernte. Die Anekdote ist ziemlich unsauber, allein sie kennzeichnet Peters Bräuche.

Alexander Puschkin

Um auch ihre in den entfernten Provinzen wohnenden Untertanen kennenzulernen, befahl Kaiserin Elisabeth I. sechs Jungfrauen aus Kamtschatka zu sich nach Petersburg. Die lange Reise wurde in Begleitung eines Offiziers unternommen. In Irkutsk waren die Jungfrauen längst keine Jungfrauen mehr, sondern kamen zum erstenmal nieder. Und obgleich man den Begleitoffizier auswechselte, kamen die Ex-Jungfrauen kurz vor Petersburg zum zweitenmal nieder. Als die Kaiserin die Bescherung sah, meinte sie: »Ich sehe nun zwar keine Jungfrauen aus Kamtschatka mehr, dafür lerne ich aber gleich eine größere Zahl Einwohner dieser Halbinsel kennen.«

Als [General] Kretschetnikow aus Polen zurückgekehrt war, wurde er alsbald ins Kabinett der Kaiserin [Katharina II.] befohlen. »Hast du meine Befehle ausgeführt?« fragte die Kaiserin. »Nein, Herrscherin«, entgegnete Kretschetnikow. Die Kaiserin fuhr auf. »Warum nicht?« Kretschetnikow begann alsbald seine Gründe darzulegen, die ihm nicht gestattet hatten, den allerhöchsten Anordnungen nachzukommen. Allein die Kaiserin hörte nicht zu; von gewaltigem Zorn bewegt, überschüttete sie ihn mit Vorwürfen und Drohungen. Kretschetnikow sah sein Verderben heraufziehen. Endlich verstummte die Kaiserin und schritt im Zimmer auf und ab. Kretschetnikow stand halbtot da. Einige Minuten darauf wandte sich die Kaiserin aufs neue zu ihm und sagte mit bedeutend gemäßigter Stimme: »So sagen Sie mir doch wenigstens, welche Ursachen Sie gehindert haben, meinen Willen zu erfüllen?« Kretschetnikow wiederholte seine vorige Rechtfertigung. Da Katharina deren Berechtigung fühlte, ihren Jähzorn jedoch nicht eingestehen wollte, entgegnete sie mit völlig beruhigter Miene: »Das ist eine andere Sache. Warum haben Sie mir das nicht gleich gesagt?«

Alexander Puschkin

Skierniewice, den 26. September 1884.

Skierniewice (sprich: Skierniewice) gehört der Klio an. Nun ist das Städtchen wieder still geworden, so daß man kaum hören kann, daß es 5000 Einwohner zählt und etwas mehr als eine Dampfroßstunde von dem geräuschvollen Warschau entfernt liegt. Das Schloß, in welchem sich die drei Souveräne die Hände geschüttelt haben und dessen Mauern sich unter der Last der an ihnen hängenden Augäpfel der ganzen Welt beugten, ist in das Grün des prächtigen Parkes zurückgesunken, und seine Teppiche dämpfen keine Sohle der Staatsmänner mehr, die auf ihnen dahinschritten. Nun ist – und diese Ansicht ist allgemein verbreitet – Skierniewice wieder Skierniewice.

Heute will ich einige Erinnerungen aus den glänzenden jüngsten Tagen in kurzen Anekdoten, die in aller Mund sind, aus demselben befreien und allgemein bekannt machen.

*

Als der Zar eintraf, fragte ihn der ihn begleitende Graf Rostoptschin, ob er die Volksmassen, welche ihn erwarteten, vertilgen solle.

O nein, erwiderte milde der Zar, es ist uns im Gegenteil sehr angenehm, wenn es so voll ist, daß keine Bombe zur Erde fallen kann.

Und die Luft erbebte von den brausenden Viväterchen der Volksmenge.

*

Sehr interessant war die erste Begegnung der drei Minister. Wenn auch Rußland mit uns auf einem leidlich tönernen Fuß steht, wenn Deutschland auch das Vertrauen verdient, welches man ihm vorenthält, und wenn Österreich sich auch dem neuen Bund nur mit Vordergedanken anschließt, so näherten sich die Minister doch mit jener Mutter, welche die Weisheit unter ihrem Herzen getragen hat. Als also die erste Begegnung stattfand, sagte Fürst Bismarck nichts. Ihm antwortete Graf Kalnoky mit einem haustiefen Schweigen, das von v. Giers nur dadurch unterbrochen wurde, daß er kein Wort verlor.

In dieser Weise unterhielten sie sich längere Zeit sehr lebhaft. [...]

*

Die drei Minister berieten über die Abrüstung: von Giers war dagegen, Fürst Bismarck wollte nicht, und Graf Kalnoky hielt die Sache für verfrüht. Nun sollten die Würfel entscheiden. Sie wurden in einem goldenen Becher gebracht. Jeder Minister warf 18, worauf die drei Herren ein Stündchen zur Tagesordnung übergingen.

*

Als der Zar an einem der zwei Dreikaisertage eine Ausfahrt machte, warf sich ihm Yelva, eine russische Waise, zu Füßen und bat um Gnade für ihren Vater, der zu lebenslänglichem Sibirien verurteilt war. Derlei Bitten waren zwar streng verboten, doch sagte der Zar, sie solle ihr Anliegen schriftlich einreichen. Da Yelva nicht schreiben kann, so befahl der Zar, sie solle es lernen, und schenkte ihr das Geld zu Feder und Dinte. Dann fuhr er davon, indem er mit seinem herrlichen Bariton sein Lied sang: »O selig, o selig, ein Kind noch zu sein!« Dem Wagen folgte ein betäubendes Hurrahgeschrei seiner Untertanen, die in Massen herbeigeströmt waren, unter ihnen viele Finnen und Lappen, die stundenlang, von zahlreichen Kalmücken belästigt, dastanden, um vor ihrem Landesväterchen in den Staub zu jubeln.

Julius Stettenheim

Gustav VI. Adolf von Schweden ging trotz seines hohen Alters und seiner schlechten Augen jedes Jahr auf die Elchjagd. Er nahm aber wohlweislich nur eine Flinte mit feinem Schrot, damit er keinen größeren Schaden anrichten konnte, falls er einmal in die falsche Richtung schoß. Bei einer dieser Jagden hatte sich ein Adjutant zum Spaß ein Schild auf den Rücken gebunden, auf dem in großen, schwarzen Buchstaben stand: ICH BIN KEIN ELCH.

Während der Jagd hörte man einen Schuß des Königs und gleich darauf einen unterdrückten Fluch des Adjutanten, dem der mißglückte königliche Schuß einige harmlose Wunden beigebracht hatte. Mit kläglicher Stimme fragte er den König: »Majestät, haben Sie denn das Schild auf meinem Rücken nicht gesehen?«

Der König besah sich die Aufschrift genau und entschuldigte sich: »Ich muß Sie um Verzeihung bitten. Ich dachte, es heißt: ICH BIN EIN ELCH.«

Als Wilhelm der Eroberer 1066 vom Schiff auf englischen Boden sprang, stürzte er. Befürchtungen seines abergläubischen Gefolges begegnete er, indem er auf den Knien verharrte und ausrief: »So ergreife ich dich denn, Land der Angeln und Sachsen!«

James Marquis von Abercorn, erster Herzog von Hamilton, war ein tapferer Soldat und wüster Geselle. 1648 fiel er als Anhänger König Karls I. mit einem Haufen Söldner in Südengland ein und begann die Küste zu verwüsten. Als er in einem Gasthof in Portsmouth übernachtete, kam der Wirt aufgeregt zu ihm gelaufen: »Einer eurer Leute hat meinen Knecht erschlagen!« »Setzt ihn auf die Rechnung« war das einzige, was der Herzog erwiderte.

Der General Rivaroles hatte durch eine Kanonenkugel ein Bein verloren.

In der Schlacht von Nerwinden riß ihm abermals eine Kanonenkugel das hölzerne Bein weg.

»Die Narren«, sagte er gelassen: »sie wissen nicht, daß ich noch ein halbes Dutzend unter meiner Equipage habe.«

Anekdotenalmanach (1810)

Der Marschall Saint-Cyr kam während der Französischen Revolution wegen seines Passes aufs Amt und nannte seinen Namen: »De Saint-Cyr.« Der Bürger auf

dem Amt knurrte: »Es gibt kein ›de‹ mehr.« »Bitte.
Dann einfach Saint-Cyr.« »Es gibt keinen Saint mehr.«
»Zum Teufel, dann also Cyr.« »Es gibt keinen Sire mehr
– dem haben wir den Kopf abgeschlagen.«

Der in Frankfurt an der Oder, wo er ein Infanterieregi-
ment besaß, verstorbene General Dieringshofen, ein
Mann von strengem und rechtschaffenem Charakter,
aber dabei von manchen Eigentümlichkeiten und Wun-
derlichkeiten, äußerte, als er in spätem Alter, an einer
langwierigen Krankheit, auf den Tod darniederlag, seinen Widerwillen, unter die Hände der Leichenwäsche-
rinnen zu fallen. Er befahl bestimmt, daß niemand, ohne
Ausnahme, seinen Leib berühren solle; daß er ganz und
gar in dem Zustand, in welchem er sterben würde, mit
Nachtmütze, Hosen und Schlafrock, wie er sie trage, in
den Sarg gelegt und begraben sein wolle; und bat den
damaligen Feldprediger seines Regiments, Herrn P..,
welcher der Freund seines Hauses war, die Sorge für
die Vollstreckung dieses seines letzten Willens zu über-
nehmen. Der Feldprediger P... versprach es ihm: er verpflichtete sich, um jedem Zufall vorzubeugen, bis zu
seiner Bestattung, von dem Augenblick an, da er ver-
schieden sein würde, nicht von seiner Seite zu weichen.
Darauf nach Verlauf mehrerer Wochen, kömmt, bei der
ersten Frühe des Tages, der Kammerdiener in das Haus
des Feldpredigers, der noch schläft, und meldet ihm, daß
der General um die Stunde der Mitternacht schon, sanft
und ruhig, wie es vorauszusehen war, gestorben sei. Der
Feldprediger P... zieht sich, seinem Versprechen getreu,
sogleich an, und begibt sich in die Wohnung des Generals. Was aber findet er? – Die Leiche des Generals schon

eingeseift auf einem Schemel sitzen: der Kammerdiener, der von dem Befehl nichts gewußt, hatte einen Barbier herbeigerufen, um ihm vorläufig zum Behuf einer schicklichen Ausstellung, den Bart abzunehmen. Was sollte der Feldprediger unter so wunderlichen Umständen machen? Er schalt den Kammerdiener aus, daß er ihn nicht früher herbeigerufen hatte; schickte den Barbier, der den Herrn bei der Nase gefaßt hielt, hinweg, und ließ ihn, weil doch nichts anders übrig blieb, eingeseift und mit halbem Bart, wie er ihn vorfand, in den Sarg legen und begraben.

Heinrich von Kleist

In den 1840er Jahren war General v. Kuhn Direktor der preußischen Kriegsakademie und gab Unterricht in Taktik. Seine Spezialität waren die Feldzüge Napoleons. Diesmal war die Schlacht bei Bautzen an der Reihe, wo Napoleon über die Preußen gesiegt, jedoch keinen entscheidenden Erfolg errungen hatte. Der General war mit seinen Darlegungen zu Ende und forderte zu Stellungnahmen auf. Ein Hauptmann trat vor und meinte: »Also wenn Napoleon den Flügel des Gegners ganz einfach mehr umfaßt hätte, dann hätte er die Front von der Seite vollständig aufgerollt und den Gegner komplett vernichten können.« General v. Kuhn nickte und sagte dann in seinem breiten Sächsisch: »Ja, ja, wie der Naboleon eben war – e gutmütjes Luder, aber dumm – saudumm!«

Im Revolutionsjahr 1848 rief König Friedrich Wilhelm IV. den 64jährigen General von Wrangel nach Berlin. Als er mit seinen Truppen anmarschierte, drohten die Berliner, sie würden seine Frau aufhängen. Trotz dieser Drohung zog Wrangel durch das Brandenburger Tor in die Stadt ein. Unter den Linden wandte er sich an den neben ihm reitenden Adjutanten und fragte ihn: »Ob se ihr wohl hängen?«

Als Wrangel 1849 die preußischen Truppen in Schleswig kommandierte, wohnte er einige Zeit in einem Flensburger Hotel. Die Besitzerin, eine ältliche Witwe, war als derb und schlagfertig bekannt. Als Wrangel im Jahr 1864 im deutsch-dänischen Krieg wieder in die Stadt kam, nahm er im gleichen Hotel Quartier und wurde an der Tür von der inzwischen weiß gewordenen, aber noch rüstigen Wirtin empfangen. »Na, du alte Hexe, lebst du auch noch?« war Wrangels Gruß, auf den sofort die Gegenfrage erfolgte: »Na, du alter Spitzbube, kommst du auch mal wieder?«

Als der spanische Marschall und Politiker Narvaez auf dem Sterbebett lag, trat sein Beichtvater ernst an ihn heran und sagte: »Herr Marschall – verzeihen Sie in dieser Stunde allen Feinden?« Leise sagte der Marschall: »Ich habe keine Feinde.« Und als der Geistliche ihn zweifelnd anblickte, setzte der Sterbende hinzu: »Ich habe keine Feinde. Ich habe sie alle erschießen lassen.«

Der französische General im Krimkrieg Pélissier war ebenso jähzornig wie streng gegen Verfehlungen im Dienst, dabei aber tapfer und gerecht. Als er einst einen Soldaten barsch zur Rede stellte und dieser eine ungehö-

rige Antwort gab, schlug er ihm mit der Reitpeitsche ins
Gesicht. Sinnlos vor Wut riß der Soldat seine Pistole heraus und drückte sie auf Pélissier ab – die Waffe versagte.
»Drei Tage Arrest wegen Nichtinstandhaltung der Waffe!« diktierte der General, ohne eine Miene zu verziehen.

General von Manstein, Feldherr in den Kriegen 1864,
1866 und 1870, haßte Fremdwörter. Bei einer Rekruten-
besichtigung fragte er den linken Flügelmann: »Welchen
Beruf übten Sie bisher aus?« »Haarzubereiter, Herr General!« Manstein nickte wohlgefällig und wandte sich an
die Offiziere seines Stabes: »Haben Sie gehört, meine
Herren? Nicht als ›Friseur‹, sondern als ›Haarzubereiter‹ bezeichnet sich dieser einfache Mann. Klingt das
nicht schöner als jedes Fremdwort?« Er wandte sich
nochmals zu dem Rekruten, klopfte ihm anerkennend
auf die Schulter und fragte: »Und wo übten Sie bisher
Ihren Beruf aus?« »In einer Pinselfabrik, Herr General!«

Auf der Kriegsschule in Wien saßen wieder einmal einige Hauptleute in der Klausur und sollten eine Ab-
handlung schreiben über das Thema: »Was hat unsere
Infanterie aus dem Kriege von 1866 gelernt?« Der
Hauptmann von Rasitzky, der wußte, daß er sowieso
durchfallen würde, schrieb auf die erste Seite: »Nichts«,
und klappte das Heft zu.

Rabbi Berisch Meisels, Rabbiner von Krakau und Warschau, saß in der Eisenbahn einem Hauptmann gegenüber, der einen Hund mit sich führte. Um den Rabbiner

zu ärgern, rief der Hauptmann den Hund wiederholt beim Namen »Abraham«. Da sprach der Rabbiner zu dem Tier: »Wehe dir, Hund, unglücklichstes Wesen auf Gottes Erde!« Der Hauptmann befremdet: »Warum findest du meinen Hund unglücklich?« Und der Rabbiner erwiderte: »Weil der Hund einen jüdischen Namen hat, wird er sein Leben lang nicht zum Hauptmann befördert werden.«

Die erste kaiserliche deutsche Marinemission näherte sich der japanischen Küste. Der Kommandant konnte kein Wort Japanisch, wollte aber nicht hinter der sprichwörtlichen Höflichkeit des Reiches der aufgehenden Sonne zurückstehen. Als die japanische Barkasse am Fallreep anlegte und die Japaner auf Deck erschienen, ging ihnen der deutsche Marinechef ein paar Schritte entgegen und wandte sich an die Besucher, indem er langsam und feierlich, jede Silbe einzeln betonend, sprach: »Ein-und-zwan-zig, zwei-und-zwan-zig, drei-und-zwan-zig!« Niemand verzog eine Miene, auch die Japaner nicht. Dann trat der Führer der japanischen Abordnung vor und erwiderte ebenso feierlich und würdevoll: »Vier-und-zwan-zig, fünf-und-zwan-zig ...«

Albert von Waldersee, Oberbefehlshaber der europäischen Interventionstruppen im chinesischen Boxeraufstand von 1900, fragte die Soldaten, weshalb sie sich freiwillig gemeldet hätten. Ein Berliner sagte: »Um mal eine große Reise zu machen, Exzellenz!« Ein Ostpreuße: »Das daitsche Raich zu rätten, Äxzellänz!« Und ein Sachse: »Aus Bluuddurschd, Egsylenz!«

Zu den Gewohnheiten des Generalquartiermeisters von Stein gehörte es, stets das Essen zu prüfen. Eines Tages traf er zwei Soldaten, die einen dampfenden Kessel aus der Küche trugen. »Halt, Löffel holen!« rief der oberste Quartiermeister. Einer der Soldaten wollte Einwände machen, aber der Vorgesetzte duldete keinen solchen. Also wurde ein Löffel geholt, von Stein kostete, spie entsetzt aus und schimpfte: »Pfui Teufel! Das Zeug schmeckt ja wie Spülwasser! Was soll das denn sein?« »Spülwasser, Herr General!«

Zu Beginn der Schlacht in Flandern 1917 erlitt ein englischer Landser einen Nervenzusammenbruch und lief nach hinten. Nach einiger Zeit wurde er vom Generalmajor Smedley Butler angehalten. »Weißt du nicht, daß eine große Schlacht im Gang ist?« »Ich-weiß-es«, brachte der Landser heraus. »Was willst du dann hier?!« Der Landser schwieg. »Warum antwortest du nicht?!« brüllte der Offizier, »weißt du nicht, wer vor dir steht?!« Der Landser schüttelte den Kopf. »Ich bin dein General!« »O du meine Güte«, rief der Landser, »bin ich schon so weit zurück?« Dann fiel er bewußtlos um.

Falconet, der Leibarzt Ludwigs XIV., hatte im Gespräch mit einem eingebildeten Kranken feststellen müssen, daß der Patient ausgezeichnet schlief, bei gutem Appetit war, mit Genuß trank und sich überhaupt der allerbesten Gesundheit erfreute. »Lassen Sie mich nur machen«, sagte Falconet bissig, indem er die Untersuchung beendete. »Das werden wir bald alles geändert haben!«

Der Arzt Bouvart, der 1787 starb, wurde im hohen Alter schwachsinnig, tastete nach den Armlehnen der Stühle, um ihnen den Puls zu fühlen, und fragte seinen Ordinationsgehilfen einmal, warum denn keine Patienten mehr kämen. »Monsieur«, beruhigte ihn der treue Diener, »es gibt keine Kranken mehr. Sie haben sie alle geheilt!«

Als der Chirurg Samuel Sharp zu einem Lord gerufen wurde, der sich in den Finger geschnitten hatte, schickte er, kaum hatte er die Wunde gesehen, sofort seinen Burschen los, auf schnellstem Weg ein Pflaster zu holen. »Mein Gott«, rief der zitternde Verwundete, »ich will doch nicht fürchten, daß es Gefahr hat?« »O doch«, versetzte ängstlich der Arzt, »falls der Bursche nicht schnell zurückkehrt, heilt die Wunde zu.«

Während der Französischen Revolution machten auch Ärzte ihr Glück, die diese Berufsbezeichnung nicht verdienten. Vor allem der Pariser Mediziner François Thiéry war von sprichwörtlicher Ignoranz. Bei einem Gang durch das Spital, das er betreute, fühlte er einem Patienten den Puls und sagte: »Ich habe den Eindruck, daß es dem Mann heute viel besser geht als gestern.« »Ja, Bürger«, erwiderte der Krankenwärter, »es ist aber nicht mehr derselbe. Der von gestern ist gestorben. Jetzt liegt ein anderer im Bett.« »Richtig, richtig«, sagte Thiéry im Weitergehen, »also geben Sie ihm Kamillentee.«

Der Pariser Arzt Guillaume Dupuytren begnügte sich, statt Rechnungen zu schreiben, im allgemeinen mit dem, was man ihm anbot, aber reichen Leuten gegenüber verhielt er sich doch anders. Einmal erlebte er dabei allerdings einen Reinfall. Ein erfolgreich operierter Patient gab ihm als Zeichen seiner Dankbarkeit zwei 1000-Francs-Scheine, die er in einen 500-Francs-Schein so geschickt gelegt hatte, daß man die Tausender nicht sehen konnte. Dupuytren erkannte tatsächlich nur den 500-Francs-Schein und erklärte sogleich: »Das Honorar beträgt 1000 Francs, mein Herr, bitte!« Der Patient entnahm dem Bündel der drei Scheine 1000 Francs, überreichte sie Dupuytren und steckte die restlichen 1500 Francs wieder in seine Tasche.

Der Arzt Pierre Chirac verfiel sterbend in geistige Umnachtung und sah sich selbst als einen anderen Menschen, und zwar als jemanden, der an das Sterbebett eines Kranken gerufen war und nun dessen Puls fühlte. Mit seiner Rechten hatte er seine Linke gefaßt und zählte. Er schüttelte den Kopf: »Man hat mich zu spät gerufen. Der Kranke liegt im Sterben. Ich habe hier nichts mehr zu tun.«

Jean Nicolas Corvisart, der bedeutendste Arzt Frankreichs im frühen 19. Jahrhundert, weilte in einem französischen Badeort. Beim Umkleiden in der Kabine hörte er aus der Nachbarkabine ein Husten, das ihn auf ein beginnendes Lungenleiden schließen ließ. Als er aus seiner Kabine trat, begegnete er dem Nachbarn, einem muskulösen Riesen von fast zwei Metern Größe. »Mein Herr, ich bin Arzt«, sprach Corvisart ihn an, »wenn ich Ihnen einen Rat geben darf: Achten Sie auf Ihren Husten! Noch scheint er harmlos zu sein, aber er könnte sich verschlimmern.« »Unsinn«, erwiderte der Hüne, »ich bin kerngesund. Der Husten hat nichts zu besagen.« Damit war die Angelegenheit erledigt. Als Corvisart im Jahr darauf abermals in den Badeort kam, teilte man ihm mit, daß der Mann gestorben sei. »Woran?« »An einem Lungenleiden!« lautete die Antwort. Wenn Corvisart diese Begebenheit erzählte, pflegte er am Schluß jeweils zu sagen: »Sehen Sie, das sind die Dinge, die einem Arzt Freude machen!«

Die berühmtesten Ärzte Berlins im ersten Drittel des 19. Jahrhunderts waren Ernst Ludwig Heim und Christoph Wilhelm Hufeland. Einmal unterhielten sich beide über die Wirkungen des Arsens, wobei Hufeland seinem Kollegen Vorwürfe machte, weil er seiner Meinung nach vom Arsen als Heilmittel allzu häufigen Gebrauch mache. »Wie wollen Sie, lieber Freund«, rief Hufeland aus, »es an jenem Tage vor Gott verantworten, wenn er von Ihnen Rechenschaft darüber abfordert?« Heim erwiderte: »Was ich sagen werde? Ich werde ihm sagen: Alter Junge, davon verstehst du nichts!«

Eine Patientin, die auf eine gehobene Sprache Wert legte, erzählte Heim, sie habe eine Explosion nach Berlin gemacht, um ihn zu insultieren, da sie an einer Konfektion nach dem Kopf zu leide. »Na, dann schicken Sie mal rüber in die Hypothek«, sagte Heim, »und lassen sich Rhinozerosöl geben!«

Ein Patient hörte, wie Heim nach einer gründlichen Untersuchung den Befund diktierte. Ob das eine besonders seltene Krankheit sei, fragte er. »Ach, bewahre«, erwiderte Heim, »die Friedhöfe sind voll davon.«

Eine Berlinerin unterhielt sich mit Heim über die alten volkstümlichen Heilmittel und rückte endlich damit heraus, eine Bauersfrau habe ihr gegen Kopfschmerzen geraten, Sauerkraut auf das Haupt zu tun. »Ganz ausgezeichnet«, rief Heim, »ganz ausgezeichnet; aber vergessen Sie nicht, auch eine Bratwurst draufzulegen!«

Heim hatte die Angewohnheit, jedem, der ihm begegnete, die für einen Arzt verständlichen Fragen zu stellen: »Wer sind Sie? Wie heißen Sie? Was fehlt Ihnen?« So begegnete er eines Tages ganz in Gedanken versunken dem Hofprediger Schleiermacher und herrschte ihn geistesabwesend an: »Wer sind Sie? Wie heißen Sie?« Dieser antwortete: »Ich bin der berühmte Doktor Heim.« Worauf Heim zu sich kam, sich faßte und sagte: »Quatsch. Sie heißen Schleiermacher und wollen ein berühmter Philosoph sein! Was fehlt Ihnen?«

Der Medizinprofessor Alois Michael Mayer war ein sehr milder Prüfer. Gewöhnlich prüfte er das, was ihm die Kandidaten zuvor als Thema genannt hatten. So hatte einmal ein Kandidat den Magen als den Brennpunkt seines Studiums bezeichnet. Richtig forderte ihn nun Mayer im Examen auf: »Beschreiben Sie mir den Magen.« Der Student leierte in acht Minuten sein auswendig gelerntes Gebet runter. Mayer sah auf die Uhr und konstatierte, daß noch sieben Minuten an der notwendigen Prüfungszeit fehlten. Er fürchtete, ein anderes, nicht präpariertes Gebiet anzuschneiden, und meinte verlegen: »Nun, weil Sie es so schön zu sagen wissen, beschreiben Sie mir den Magen noch einmal.«

Der Bonner Mediziner Johann Christian Harless war sehr zerstreut. Einmal fuhr er mit dem Postwagen von Bonn nach Köln; unterwegs sah er, als fleißiger medizinischer Schriftsteller, Korrekturbogen durch, und da er glaubte, zu Hause in seinem Arbeitszimmer zu sitzen und neben sich einen kleinen Ablagetisch zu haben, ließ er die durchgesehenen und korrigierten Blätter jedesmal aus dem offenen Fenster auf die Landstraße fallen.

Der Heidelberger Professor der Geburtshilfe Franz Karl Nägele hatte nur Sinn für seine Wissenschaft. Einmal brachte es aber ein Kollege doch so weit, daß er mit ihm die Oper *Fidelio* besuchte. Nach dem zweiten Akt spendete das Publikum rasend Beifall, auch Nägele sagte zu dem Kollegen: »Sehr schön, sehr schön«, fügte aber gleich mit leiser Stimme hinzu: »Junger Freund, glauben

Sie wirklich, daß der Kopf des Kindes jemals im geraden Durchmesser des Beckeneingangs zur Geburt sich stellen kann?«

Philipp Friedrich Vogt war Pharmakologieprofessor in Gießen und ein beliebter Arzt, der, gerade bei Hypochondern, auch spöttisch sein konnte. So klagte eine Dame einmal: »O Gott, es ist schrecklich, ich kann den linken Arm nicht über den Kopf heben.« Ungemein kühl sagte Vogt: »So lassen Sie ihn halt unten.«

Leibarzt Friedrich Wilhelms IV. war Generalstabsarzt Johann Wilhelm von Wiebel, der sich daran gewöhnt hatte, beim alljährlichen Ordensfest eine Auszeichnung zu erhalten. Am Tage des letzten Ordensfestes vor seiner Pensionierung erschien Wiebel zur Morgenvisite im Schloß und wurde vom König mit den Worten begrüßt: »Wir sehen uns ja heute abend beim Ordensfest!« Mürrisch erwiderte der Generalarzt: »Da gehe ich nicht hin. Ich habe ja nichts gekriegt!« »Nichts gekriegt?« fragte der König verwundert, »das ist nicht möglich. Dort liegt die Ordensliste, geben Sie mal her. Da muß ich doch gleich nachsehen.« Friedrich Wilhelm studierte die Liste sorgfältig und meinte schließlich: »Tatsächlich! Sie haben nichts gekriegt! Na, da gratuliere ich, da brauchen Sie ja tatsächlich nicht hinzugehen!«

Carl Ernst Baer, Medizinprofessor in Petersburg, sagte in seinem 80. Lebensjahr, er sei keineswegs davon überzeugt, daß er sterben müsse, und begründete diese Ansicht so: »Es sind zwar bisher, soviel bekannt, alle Menschen gestorben. Allein der Satz: ›Alle Menschen müssen sterben‹ besagt doch zuviel und dürfte eigentlich nur lauten: ›Alle Menschen sind bisher gestorben‹; denn es ist doch bloß ein Erfahrungssatz, der durch einen andern umgestoßen werden kann, kein Axiom, für das eine innere Notwendigkeit vorliegt.« – Aber er starb doch auch.

Der Psychologe Wilhelm Griesinger war in früheren Jahren als praktischer Arzt tätig und konnte an seinen Patienten nichts weniger ausstehen als Geschwätzigkeit. Um so zufriedener war er, als eines Morgens eine Dame in seine Sprechstunde kam, die genau so redete, wie ihm der Schnabel gewachsen war. Wortlos wickelte sie eine Binde von der Hand und hielt sie ihm hin. »Unfall?« »Glasscherbe.« »Wann?« »Gestern früh.« »Schon behandelt?« »Arnikatinktur.« »Noch schmerzhaft?« »Blut pocht.« Es folgte eine kurze energische Untersuchung. »Aua«, entfuhr der Patientin ein Klageschrei. »Zu lang – ›a‹ genügt.« Die Wunde wurde verbunden. »Kostenpunkt?« »Entsprechend dem Benehmen«, antwortete Griesinger und strahlte, »gar nichts, meine Dame, war mir eine Freude!«

Max Pettenkofer, Professor der Hygiene in München, hielt auch Vorträge beim Militär und fragte am Schluß einer Instruktionsstunde: »Unteroffizier, was tun Sie, um das Trinkwasser keimfrei zu machen?« »Um das Wasser keimfrei zu machen, kochen wir es zuerst und filtrieren es dann, Herr Professor.« »Und dann?« »Dann trinken wir vorsichtshalber Bier, Herr Professor!«

Seinen Freunden erzählte Pettenkofer gern, wie ihm ein oberbayerischer Bauer bewiesen hatte, daß Öl schwerer sei als Wasser. »Sehn S', warum schwimmt's denn auf'm Wasser? Weil's schwerer is und aufs Wasser druckt, drum kann's nit aufi.«

Friedrich Theodor Frerichs war Direktor der Berliner Poliklinik und wurde in einem heiklen Fall von einem Kollegen aus der Provinz um Rat gefragt. Nach genauer Untersuchung des Patienten erklärte Frerichs dem Arzt im Brustton der Überzeugung: »Ja, lieber Herr Collega, das ist gar nichts anderes als eine Hysterie im Aggregat-zustand des Gehirns.« Der Kollege erwiderte: »Haben Sie vielen Dank, Herr Professor; Sie wissen es also auch nicht.«

Seinen Patienten gegenüber konnte Frerichs ziemlich kalt sein. Weinend fragte ihn ein nierenkranker Todes-kandidat: »Ach Gott, Herr Professor, ich werde doch wieder gesund?« »Selbstverständlich, ganz gesund«, sagte Frerichs und im selben Atemzug zu seinem Assi-stenten: »Nicht wahr, Herr Kollege, Sie heben mir das Sektionsprotokoll auf?«

Ein Meister plastischer Operationen war Carl Thiersch. Ein Mann kam zu ihm, der durch einen Unfall fast die ganze Nase eingebüßt hatte. »Wo ich geh und steh«, klagte der Mann, »laufen mir die Buben nach und schreien: ›Da schaut, da geht der Mann ohne Nase!‹« Thiersch machte dem Verstümmelten aus seiner Stirnhaut einen neuen Gesichtserker. Nach einem Jahr begegnete Thiersch dem Patienten und fragte ihn, ob er nun zufrieden sei. Aber der entgegnete: »O nein, es ist noch genau wie früher. Wo ich geh und steh, laufen mir die Buben nach und schreien: Da schaut, da geht der Mann mit der Nase!«

König Albert von Sachsen äußerte den Wunsch, einer Operation von Thiersch beizuwohnen. Widerwillig kam Thiersch dem Wunsch nach und amputierte in Gegenwart des hohen Gastes einem Patienten ein Bein. Nach gelungener Operation verbeugte sich der Chirurg vor dem König und fragte höflich: »Befehlen Majestät auch das andere Bein?«

Der Straßburger Chirurg Georg Albert Lücke legte Wert auf Präzision und fragte einmal einen Kandidaten im Examen: »Was tun Sie im Falle eines Vaginalkrampfes in der Kopula?« Der Kandidat antwortete: »Ich führe einen Finger gewaltsam in den Anus.« Lücke: »Ihm? Ihr? Sich? Oder mir?«

Ein bayerischer Bierbrauer kam gichtleidend zum Professor Nepomuk Nußbaum nach München, den er seit langem kannte. »Na, mein Lieber, wo fehlt's denn?« »Herr Geheimrat, ich hab's in den Beinen.« »So, so! Na, schaun S', wenn Sie's oben im Knie haben, nacha is es die Gicht; wenn Sie's aber unten in den Zehen haben, nacha is es das Zipperlein.« »Ich hab's in den Knien.« »So, dann zeigen Sie's mal her! Richtig, das ist die Gicht.«

»Nun, und was hilft dagegen, Herr Geheimrat?« »Ja, schaun S', da denken S' jetzt mal drüber nach, wenn Sie a richtiges Mittel wissen, nacha sagen S' mir's – dann sin ma alle zwoa in einem Jahr Millionär.« »Nun und sonst?« »So trinken S' halt möglichst weni und halten S' das Bein warm und gestreckt.« »Danke schön, Herr Geheimrat, was bin ich schuldig?« »Das kost nix, aber es nutzt auch nix.«

Der Orthopäde Adolf Lorenz hatte ein Buch über den Plattfuß geschrieben. Als er später bei Professor Nußbaum hospitierte, überreichte er dem Kollegen ein Exemplar des Werkes. Nußbaum wog das Buch in der Hand, warf einen Blick auf seinen Titel und rief bestürzt: »Jessas Marand Josef, a ganzes Büchl, grad übern Plattfuß!«

Adolf Lorenz hatte kein gutes Personengedächtnis. Zwischen ihm, seinem Sohn und Assistenten Albert und einem Ehepaar, dessen Töchterchen Lorenz operiert hatte, spielte sich einmal folgende Unterhaltung ab: »Natürlich erinnere ich mich an Sie, gnädige Frau«, begann Professor Lorenz die Konversation, »es ist hoffentlich schon besser mit der Hüfte, nicht wahr?« »Nein, Papa«, unterbrach ihn der Sohn, »der Patient ist ja –« »Natürlich, verzeihen Sie«, sagte Lorenz und wandte sich an den Gatten: »Die Wirbelsäule macht Ihnen keine Beschwerden mehr?« Abermalige Unterbrechung durch den Sohn: »Nein, Papa, es handelt sich um das Kind der Herrschaften.« »Na, freilich«, meinte Lorenz, »wo ist denn der Bub?« »Nein, Herr Hofrat«, erwiderte die

Mutter, »es ist ein Mädel . . .« »Natürlich«, sagte Lorenz, »ich habe es ja an Hüftverrenkung operiert.« »Nein, Papa«, versuchte wieder der Sohn zu helfen, »du erinnerst dich doch noch an das Mädel –« »Freilich«, sagte Lorenz, »du meinst das mit den O-Beinen, das wir operiert haben.« »Herr Hofrat«, erklärte die Mutter, »es war wegen der Verkrümmung des kleinen Fingers!« »Ah, richtig, natürlich! Also dann auf Wiedersehen«, verabschiedete sich Lorenz freundlich.

Der Breslauer Anatom Emil Ponfick, ein zerstreuter Professor, ging mit einem Bekannten durch den Park. Ein Frosch hüpfte ihnen über den Weg. Schnell fing ihn Ponfick und meinte zu seinem Begleiter: »Dem Burschen muß ich doch mal den Puls fühlen.« Er zog die Uhr, die er stets lose in der Tasche trug, hervor und hielt sie in der anderen Hand. Nach einer Weile rief er unwillig: »Der Bursche scheint überhaupt keinen Puls zu haben, ich fühle nichts!« Damit warf er in weitem Bogen die Taschenuhr in den Teich und steckte den Frosch in die Tasche.

Einmal führte der Dermatologe Ernst Neumann seinen Studenten eine Frau vor mit den Worten: »Meine Herren, hier haben Sie ein prächtiges Beispiel von Skrofulose; sehen Sie die dicke Nase, die triefenden Augen, das aufgedunsene Gesicht.« Die Frau unterbrach ihn: »Na wissen Sie, Herr Professor, der Schönste sind Sie gerade auch nicht.«

Der Chirurg Ernst Bergmann war als Schüler keineswegs fleißig. Eines Tages hatte sein Lehrer einen Preis ausgesetzt für den besten Klassenaufsatz über das Thema »Was ist Faulheit?« Bergmann lieferte stolz den längsten Aufsatz ab: drei Seiten! Auf der ersten Seite stand »Das«. Auf der zweiten Seite stand »ist«. Auf der dritten Seite stand »Faulheit«. Er bekam den Preis.

Der Wiener Anatom Wenzel Gruber war ein Fanatiker seines Faches. Freunde nahmen ihn zu einem Ballettabend der Tänzerin Adele Grantzow mit, bei deren Anblick er begeistert ausrief: »Welche Muskeln! Die möchte ich präparieren!«

Der Chirurg Johann von Mikulicz-Radecki hatte mit der jüdischen Bevölkerung besten Kontakt, weil er seit seiner Jugend in Czernowitz hervorragend jiddisch sprach. Einst kam ein Jude mit einem großen Gesichtsfurunkel in die Sprechstunde und brachte einen Verwandten als Dolmetscher mit. Kaum hatte er das Sprechzimmer betreten, da fragte Mikulicz: »Nu, was hat man fier e Schlamassel im Ponim?« Glückstrahlend drehte sich der Patient zu seinem Dolmetscher um: »Cohn! Du därfst ze Hause gehn – der Herr Perfesser verstehn daitsch.«

Ein Offizier kam in die Sprechstunde des Dermatologen Ernst Schwenninger und antwortete auf die Frage, was er bisher gegen seine Beschwerden getan habe, er sei lediglich bei einem Homöopathen gewesen. »Und welchen idiotischen Rat hat Ihnen dieser Homöopath gegeben?« fragte Schwenninger. »Er hat gesagt, ich soll zu Ihnen gehen«, antwortete der Offizier.

Der Wiener Arzt Johann Schnitzler, der Vater Arthur Schnitzlers, empfing eine Schauspielerin, die nicht gerade als unzugänglich galt. Als er sie aufforderte, sich auszuziehen, zauderte sie. »Machen Sie keine Geschichten«, sagte Schnitzler. »Tun Sie, als ob ich kein Arzt wäre!«

Burghard Breitner war Chirurg in Innsbruck. Einmal wurde ein Mann in der Klinik eingeliefert, der besinnungslos auf der Straße zusammengebrochen war. Eine schnell durchgeführte Untersuchung ergab, daß der Bewußtlose eine harte Bauchdecke hatte, worauf Breitner alles für eine sofortige Operation vorbereiten ließ. Der Mann wurde entkleidet, und nachdem man den Oberkörper frei gemacht hatte, fand man an einer Schnur um seinen Hals ein Schildchen, auf dem stand: »Bin schon dreimal operiert. Leide an Epilepsie!«

Einmal soll Breitner nach einer Operation befriedigt festgestellt haben: »Die Operation ist gelungen. Nachdem der Schädel trepaniert, die schadhaften Extremitäten amputiert, Lunge und Magen reseziert, Nieren und Milz exstirpiert sind, können wir die Operation glücklich als beendet ansehen.« Fragte der Krankenwärter: »Bitte, Herr Professor, was kommt ins Bett zurück?«

Der Chirurg August Bier galt als der Prototyp des zerstreuten Professors. Seine Studenten behaupteten, er verfasse auf Reisen vor dem Schlafengehen Erinnerungszettelchen, die etwa lauteten: »Schuhe vor die Tür gestellt. Zweiten Anzug zum Bügeln gegeben, kann um neun Uhr geholt werden. Uhr auf dem Nachttisch. Geheimrat Bier im Bett.«

Der Pharmakologe Franz Penzoldt war zwei Meter groß. Als er dem kleinwüchsigen Künstler Adolph Menzel vorgestellt werden sollte, wehrte er die Ehre ab mit den Worten: »Das kann ich ihm doch wohl nicht antun.«

Der Kreisphysikus Heinrich Berger führte bei einer unangemeldeten Schulbesichtigung in Neustadt bei Hannover folgendes Zwiegespräch mit einem Jungen: »Was muß man tun, wenn man seine Zähne schön und gesund erhalten will?« »Putzen.« »Gut; und wann muß man sie putzen?« »In der Frühe.« »Brav; auch zu einer anderen Tageszeit?« »Abends.« »Gut gemacht, mein Junge. Und womit putzt man die Zähne?« »Mit einer Zahnbürste.« »Schön; hast du nun auch eine gute Zahnbürste?« »Nein.« »Dein Vater?« »Nein.« »Deine Mutter?« »Nein.« »Aber woher weißt du das von der Zahnbürste?« »Weil wir's in unserem Laden verkaufen.«

Der Berliner Psychiater Emanuel Mendel pflegte bei der Erhebung der Anamnese nach etwaigen erotischen Anomalien zu forschen. Einmal fragte Mendel eine kranke Frau: »Haben Sie einen Geliebten?« Die Frau: »Ja.« Darauf Mendel zu seinem Assistenzarzt: »Schreiben Sie ›moralisch haltlos‹.« Die nächste Kranke beantwortete dieselbe Frage mit »Nein«. Mendel: »Schreiben Sie ›schizophren‹.«

Der Psychiater Theodor Meynert, dem bedeutende Fortschritte in der Gehirnanatomie gelangen, war im täglichen Umgang eine skurrile Persönlichkeit; er sprach mit großem Pathos und dem rollenden ›R‹ der Burgschauspieler. Wenn er sich erkundigte, ob man gut geschlafen habe, fragte er: »Hat Ihrrr Zentrrralorrrgan derrr nötigen Rrruh genossen?«

Der Wiener Anatom Julius Tandler pflegte seine Vorlesungen durch kleine Vorführungen aufzulockern. So legte er einmal ein kleines Papier vor sich auf den Tisch und verkündete: »Meine Herren, um Ihnen meine Ansicht besser zu exemplifizieren, habe ich hier in dem Paket einen Frosch mitgebracht. Ich bitte, ihn genau zu betrachten.« Der Professor begann das Papier feierlich auseinanderzuschlagen. Langsam wurde der Inhalt sichtbar: Zwei Butterbrote und ein Ei. Leise sagte Tandler: »Ich hätte doch schwören können, daß ich mein Frühstück gegessen habe.«

Als Vorbild für seinen Sherlock Holmes diente Conan Doyle der Chirurg Joseph Bell. Einmal wurde ein Mann in seine Vorlesung gebracht, den Bell kurz betrachtete, dann erklärte er, es handle sich um einen Militärmusiker. Als Begründung gab er an: »Der Mann hat einen kurzen

Haarschnitt und eine oben blasse, weiter unten ge-
bräunte Stirn. Also Soldat. Außerdem leidet er an Läh-
mung der Backenmuskulatur infolge Überanstrengung.
Welches Instrument blasen Sie, mein Freund?« Der
Mann antwortete: »Die Pauke, Herr Professor!«

Rudolf Virchow, der bekannte Pathologe, prüfte einmal
einen Russen. Er legte ihm ein mikroskopisches Präpa-
rat vor und fragte: »Was ist das?« »Das Lebber.« »Gut,
gut«, meinte Virchow. »Zwar heißt es nicht Lebber, sondern Leber, auch nicht das Leber, sondern die Leber, und
außerdem ist es nicht die Leber, sondern die Niere, aber
im übrigen war Ihre Antwort ganz richtig.«

Virchows Ausdrucksweise blieb stets präzise. Einmal
wurde Virchow zu einem Kranken gerufen. Als er eintraf, konnte er aber nur noch den Tod feststellen. »Ich
bedaure sehr, daß ich Sie umsonst bemüht habe«, sagte
die Witwe. »Umsonst ja nun gerade nicht«, korrigierte
sie Virchow, »aber vergeblich.«

Eines Tages besuchte ein junger Arzt den berühmten Robert Koch in seinem Laboratorium und sah, wie sich der
Bakteriologe intensiv mit einem zugedeckten Topf auf
einem Spirituskocher beschäftigte. »Nun raten Sie mal,
was in diesem Topf kocht«, sagte Robert Koch. »Kugelbakterien!« »Nein.« »Streptokokken!« »Nein.« »Spiro-
chäten!« »Nein.« »Dann bin ich am Ende meiner Weisheit«, sagte der junge Arzt. Worauf Robert Koch den
Deckel lüftete: »Würstchen, mein Lieber, Würstchen!«

In Berlin wurde eine junge Frau in die Klinik des Gynäkologen Ernst Bumm eingeliefert. Die Ärzte versammelten sich um ihr Bett, und sie hörte, wie einer von ihnen sagte: »Wenn es Komplikationen gibt, rufen wir am besten Bumm!« »Und Sie glauben, daß das hilft?« fragte die Patientin mißtrauisch.

Bumm liebte es nicht, privat um ärztlichen Rat gefragt zu werden. Als ihm eines Tages Unter den Linden eine Dame der höheren Gesellschaft begegnete und ihn, nachdem sie ihre sämtlichen Leiden geklagt hatte, um ein Mittel bat, rief Bumm laut: »Da muß ich Sie erst mal untersuchen. Ziehen Sie sich bitte aus, gnädige Frau!«

An der Berliner Universität lehrte der Pathologe und Anatom Otto Lubarsch, der in jedem Semester seine Vorlesung mit der Feststellung einleitete: »Meine Herren, ich heiße Lubarsch. Die dazu passenden Witze sind alle bereits gemacht worden. Ich danke Ihnen, meine Herren.«

Alexander Fleming war Schotte und von legendärer Wortkargheit, mit welcher er schon als Assistent im Laboratorium des St. Mary Krankenhauses in London glänzte. Dort begann der Arbeitstag mit einer Diskussion über ein Experiment, das man durchführen wollte. Jeder trug seine Ansichten vor, und als die Reihe an Fleming kam, sagte er: »Versuchen.« Dann begann er zu arbeiten, bis er um Punkt fünf Uhr nachmittags auf die Uhr blickte und sagte: »Tee«. Er kam den ganzen Tag mit diesen beiden Worten aus.

Der berühmte Verfasser des Buches *Die vollkommene Ehe*, der niederländische Frauenarzt und Sexualforscher Theodor Hendrik van de Velde, kam eines Abends müde und abgespannt heim und schob seine sich ihm zärtlich nähernde Gattin mit den Worten beiseite: »Aber Liebling, warum denn schon wieder fachsimpeln?«

Der berühmte Chirurg Ferdinand Sauerbruch prüfte einen Kandidaten: »Wieviel würden Sie dem Patienten von dieser Medizin geben?« »Vier Kapseln, Herr Professor.« Die Zuhörer erstarrten vor Schreck. Als der angehende Mediziner das merkte, sagte er: »Ich möchte meine Antwort korrigieren, eine Kapsel.« »Zu spät«, sagte Sauerbruch. »Der Patient ist bereits seit 20 Sekunden tot.«

Vier Kandidaten warteten klopfenden Herzens auf ihren Richter Sauerbruch. Endlich erschien er, in weißer Hose, weißem Jackett und in Begleitung seines Schäferhunds. »Guten Morgen, meine Herren«, begrüßte er seine Opfer. »Was ist das?« deutete er auf seinen Hund. »Ein Hund«, antwortete der gefragte Kandidat. Hierauf fragte er den zweiten: »Und was sehen Sie an dem Hund?« Der Kandidat sah nichts. Der dritte genausowenig und der vierte auch. Keiner konnte antworten. Darauf Sauerbruch: »Der Hund wedelt mit dem Schwanz. Warum wedelt der Hund mit dem Schwanz?« Wieder wußte es keiner. Sauerbruch: »Meine Herren, der Hund will Ihnen auf diese Weise zu Ihrem bestandenen Doktorexamen gratulieren, guten Morgen!« Und schon war Sauerbruch wieder fort.

Bei einem Abendessen hatte Sauerbruch eine Tischdame, die von dem berühmten Mann soviel wie möglich profitieren wollte und ihn mit allen möglichen Fragen löcherte. Schließlich fragte sie, was der Unterschied zwischen ›konvex‹ und ›konform‹ sei. Nach einer Schrecksekunde antwortete Sauerbruch: »Das ist doch ziemlich einfach, Verehrteste, das ist ungefähr derselbe Unterschied wie zwischen Brustübel und Bräustübl oder wie zwischen Pettenkofer und Patentkoffer.«

Sigmund Freud spielte gerne Karten. Eines Tages wollte ein Mitspieler ihm anstelle der bereits stark abgegriffenen Tarockkarten einen Satz neuer Karten aufdrängen. Freud sagte: »So lassen Sie uns doch das bißchen Behagen in der Unkultur!«

Als Sigmund Freud von den Nazis die Genehmigung zur Ausreise bekommen hatte, sollte er eine Erklärung unterschreiben, daß er gut behandelt worden sei. Freud unterschrieb das Papier, setzte aber einen Satz hinzu: »Ich kann die Gestapo jedermann aufs beste empfehlen.«

Zu Sigmund Freud kam einst ein Mann, der ihm einen seltsamen Traum mitteilte. Sein Es habe – im Traum – Triebansprüche geäußert, das Über-Ich habe sie zu unterdrücken versucht, das Ich habe sie daraufhin sublimiert.

»Haben Sie das wirklich geträumt?« fragte Freud.
»Ja«, entgegnete der Mann.

Freud überlegte einen Moment und sagte dann: »Die Erklärung des Traums ist einfach. Ihr Es wird vom Über-Ich unterdrückt und äußert Triebansprüche, die vom Ich ...«

»Das ist aber keine Erklärung, das ist mein Traum«, unterbrach ihn der Mann.

»Wenn Sie nicht wollen, daß ich Ihnen Ihre Träume erkläre, brauchen Sie es mir nur zu sagen«, antwortete Freud schroff und entließ den Mann, den von Stund an ein schrecklicher Minderwertigkeitskomplex befiel.

Robert Gernhardt

Professor Christiaan Barnard, Ende 1967 durch die erste Herzverpflanzung weltberühmt geworden, trieb auf Reisen mancherlei Allotria. In Montreal war er es satt, immer wieder denselben, wortwörtlich ausgearbeiteten Vortrag vor Ärzten zu halten, tauschte mit seinem Chauffeur den Anzug und beauftragte diesen, einen agilen, sprachgewandten Burschen, den Vortrag zu verlesen. Der tat das auch erstaunlich geschickt. Doch plötzlich bekam er einen massiven Zwischenruf. Ohne mit der Wimper zu zucken, erwiderte er: »Ich muß mich doch wundern, daß Sie mit einem so billigen Einwand kommen. Dazu kann sogar mein Chauffeur Stellung nehmen, der dort hinten im Cordanzug sitzt. Fragen Sie ihn nach dem Vortrag, und stören Sie mich nicht weiter.«

Sonstige Anekdoten

Nebst den Pferden, Kühen und Gärten hatte mein Vater von seinem Vorfahren im Amte auch einen alten Kutscher übernommen, der Matthias hieß und von komischem Wesen war. Er war wie der Polichinell im Marionettenspiele, wie ein Hofnarr, dem man seine auch oft derben Späße nicht übelnahm. Als einmal ein großes Gastessen im Hause war, entfiel ihm vor der Tür die volle Suppenschüssel. Er ließ sich aber dadurch nicht aus der Fassung bringen, öffnete die Tür und sagte zu den Versammelten: »Meine Herrschaften, die Suppe wurde hier außen angerichtet, nehmen Sie die Löffel mit!«

Justinus Kerner

Der Bischof von Hermannstadt mußte sich unterwegs einmal von einem Dorfbarbier rasieren lassen. Der spuckte kräftig in die Hände und schlug mit der Spucke Seifenschaum. Der Bischof rief entsetzt: »Machen Sie das immer so?!« Der Barbier beruhigte ihn: »Nein, hochwürdiger Herr, den gewöhnlichen Leuten spucke ich gleich ins Gesicht.«

Ein Schaubudenbesitzer hatte auf der Kirmes ein Zelt aufgestellt, das ein großes Schild zeigte mit der Aufschrift: »Noch nie dagewesen! Das Kind mit den sechs Beinen! Noch nie dagewesen!« Das Publikum strömte in die Bude, fand aber nur den Besitzer vor, der die Leute mit den Worten empfing: »Wie Sie draußen gelesen haben, ist das Kind mit den sechs Beinen noch nie

247

dagewesen, es ist auch heute nicht da!« Die Leute hatten für diesen Witz allerdings wenig Verständnis und demolierten die Bude.

Der Hellseher Hanussen bekam Besuch von einem Mann, der von seiner Trunksucht geheilt werden wollte. Hanussen stellte ihm ein Glas Sliwowitz vor die Nase, hypnotisierte den Mann, strich über dessen rechten Arm und murmelte: »Sie werden das Glas nicht in die Hand nehmen können!« Dann befahl er ihm, die Augen zu öffnen, und sagte: »Jetzt trinken Sie auf mein Wohl!« Der Mann nahm das Glas und leerte es auf einen Zug. Er war Linkshänder.

Auf der Straße stand ein Zeitungsjunge und rief aus: »Die Abendzeitung – Sonderausgabe – 30 Pfennig!« Ein Herr kaufte sich das Blatt, blickte darauf und kehrte zum Verkäufer zurück: »Sie, sagen Sie mal, Sie verlangen 30 Pfennige für die Zeitung, und da steht, daß sie nur 20 kostet!« »Das schon«, meinte der Junge, »aber Sie müssen nicht alles glauben, was in der Zeitung steht.«

Ein Penaal [Schüler]. Ward über eine mahlzeit neben einer Jungfrawen gesetzt: über der mahlzeit saß er ein gute zeit wie ein stock: endlich nahm er seyn gäbelgen / stach die neben ihm sitzende Jungfraw in die händ / und sagte: Gick / Jungfraw Catharin. lachte darauff so trefflich / als wann er ein lächerlichen possen erzehlet hett.

Teutsche Apophthegmata 5

Kalifornien war schon früher ein beliebtes Reiseziel, und die Bundesregierung hatte einst einen Manager eingesetzt, Mr. Thompson, der fleißig dafür warb. Eines Tages wohnte Mr. Thompson in New York der Beerdigung eines Mannes bei, und der Geistliche fragte nach der Predigt, ob noch jemand ein paar Worte über den Verstorbenen sprechen wolle. Alles schwieg. Schließlich trat Mr. Thompson an das Grab und sagte: »Da doch niemand etwas über den teuren Dahingegangenen zu sagen hat, nehme ich mir die Freiheit, Ihnen etwas über die Vorzüge der kalifornischen Badeorte zu erzählen.«

Ein junger Kerl tat vor einem Juden gewaltig groß, was er für einen sichern Hieb in der Hand führe, und wie er eine Stecknadel der Länge nach spalten könne mit einem Zug. »Ja gewiß, Mauschel Abraham«, sagte er, »es soll einen Siebzehner gelten, ich haue dir in freier Luft das Schwarze vom Nagel weg auf ein Haar und ohne Blut.« Die Wette galt, denn der Jude hielt so etwas nicht für möglich, und das Geld wurde ausgesetzt auf den Tisch. Der junge Kerl zog sein Messer und hieb und verlor's, denn er hieb dem armen Juden in der Ungeschicklichkeit das Schwarze vom Nagel und das Weiße vom Nagel und das vordere Gelenk mit einem Zug rein von dem Finger weg. Da tat der Jude einen lauten Schrei, nahm das Geld und sagte: »Au weih, ich hab's gewonnen.«

Johann Peter Hebel

Schachgroßmeister Alexander Kotow fuhr mit dem holländischen Exweltmeister Max Euwe durch Moskau und überschritt dabei die zulässige Geschwindigkeit. Ein Verkehrspolizist stoppte das Fahrzeug an einer Kreuzung. »Ihren Führerschein, bitte! Ach so, Sie sind Kotow? Na, dann gut, fahren Sie weiter!« »Sie kennen mich also?« stieß Großmeister Kotow mit merklichem Stolz hervor. »Nein.« »Warum lassen Sie mich dann laufen?« »Ich heiße auch Kotow!«

In der Brüsseler Einkaufspassage Saint Hubert gab es in den 60er Jahren einen Kaufmann, schon 95 Jahre alt, der ein fanatischer Schachspieler war. Wieder einmal spielte er im Hinterstübchen mit einem guten Bekannten, als plötzlich die Klingel der Ladentür ging. Der Alte rührte sich nicht. »Warum gehst du nicht hinaus?« fragte der Freund. »Pst! Rühr dich nicht!« sagte der Kaufmann. »Vielleicht geht er wieder.«

Anfang 1970 erhielt der Dressurreiter und olympische Goldmedaillengewinner Josef Neckermann die Ehrendoktorwürde der Universität Gießen. Ein Bekannter, der die akademisch bereicherte Visitenkarte Neckermanns sah, fragte, was das »h. c.« zu bedeuten habe. Er bekam Bescheid. »Das heißt hufes causa.«

Carl Uwe Steeb hatte glatt in drei Sätzen 0 : 6, 0 : 6, 0 : 6 verloren, da er kaum einen Aufschlag reinbrachte und seine Bälle zwei Meter aus dem Feld oder drei Handbreit unter die Netzkante schlug. Benommen wankte er vom Platz und klagte: »Einen schlechteren Tennisspieler als mich gibt es wohl nicht.« »Ach, Herr Steeb«, tröstete ihn der Balljunge, »es gibt noch schlechtere. Aber die spielen nicht.«

Vor einem Fußballänderspiel traf der Torhüter Maier zufällig mit Dr. Grzimek zusammen. »Eigentlich besteht zwischen uns nur ein kleiner Unterschied«, sagte dieser lächelnd. »Sie schützen das Tor, ich schütze das Tier.« »Laßt mich der Dritte im Bunde sein«, rief ein unscheinbarer Zuhörer, »ich bin Wächter beim Straßenbau und schütze den Teer.«

»Dann gehöre ich ebenfalls zu euch«, sagte ein Vierter, »ich komme auch vom Bau.«

Zu seiner Verwunderung machten seine Worte jedoch nicht den geringsten Eindruck auf die drei, und so blieb ihm nichts anderes übrig, als sich mit leisem Groll zu trollen.

Robert Gernhardt

Ein mecklenburgischer Landmann, namens Jonas, war seiner Leibesstärke wegen, im ganzen Lande bekannt.

Ein Thüringer, der in die Gegend geriet, und von jenem mit Ruhm sprechen hörte, nahm sichs vor, sich mit ihm zu versuchen.

Als der Thüringer vor das Haus kam, sah er vom Pferde über die Mauer hinweg auf dem Hofe einen Mann Holz spalten und fragte diesen: ob hier der starke Jonas wohne? erhielt aber keine Antwort.

So stieg er vom Pferde, öffnete die Pforte, führte das Pferd herein, und band es an die Mauer.

Hier eröffnete der Thüringer seine Absicht, sich mit dem starken Jonas zu messen.

Jonas ergriff den Thüringer, warf ihn sofort über die Mauer zurück, und nahm seine Arbeit wieder vor.

Nach einer halben Stunde rief der Thüringer, jenseits der Mauer: Jonas! – Nun was gibts? antwortete dieser.

Lieber Jonas, sagte der Thüringer: sei so gut und schmeiß mir einmal auch mein Pferd wieder herüber!

Heinrich von Kleist

Ein einäugiger. Ward von einem / der so groß / das er auffrecht unter einem Tisch durchlauffen könt / verspottet / in dem er zu ihm also sagt: du hettest noch woll ein aug von nöhten. Ja wol zwey / sagt der einäugige / wann ich einen solchen grossen riesen / als du bist / recht sehen will.

Teutsche Apophthegmata 5

Ein Hamburger Herr fuhr auf dem Rad ins Holsteinische, und da er es eilig hatte und im Augenblick nicht wußte, wo er sich befand, rief er schnell einen Bauern, der behaglich schmauchend vor seinem Hoftor stand, mit den Worten an: »Wie heet dat hier?!« Der Bauer nahm langsam seine Pfeife aus dem Mund und sagte: »Hier heet dat ›Gun Dag‹!«

Bei der Eisenbahnverwaltung beschwerte man sich, daß die Reisenden auf dem Darmstädter Hauptbahnhof den stationansagenden Beamten nicht verstehen könnten. In Zukunft möge doch das ›r‹ in dem Namen deutlicher ausgesprochen werden. Von nun an wurde es besser, denn die staunenden Reisenden vernahmen es klar und deutlich: »Station Dammstardt«.

»Wie heißt dieser Fluß!« fragte ein Wiener. »Der Rhein!« war die Antwort. »Sonderbar«, erwiderte derselbe, »bei uns heißt er die Donau.«

Berliner Anecdoten

Als der Marquis de Biron aus der Schweiz heimkehrte, fragte man ihn, wie ihm das Land gefallen habe. »Nicht schlecht«, sagte er, »aber es ist überall in der Schweiz das gleiche. Ist man oben, so schaut man hinunter, und ist man unten, so schaut man hinauf.«

Zwei Zecher hatten gewaltig getankt. Schließlich erklärte der eine, er müsse jetzt Schluß machen, und will aufstehen. Der andere entrüstet: »Was?! Nach so viel auf einmal gar nichts?«

Verzeichnis der Autoren, Texte und Druckvorlagen

Die Texte folgen den hier verzeichneten Druckvorlagen oder wurden vom Herausgeber nacherzählt. Die Orthographie der Texte aus dem 19. Jahrhundert wurde behutsam modernisiert, der Abdruck davor veröffentlichter Anekdoten erfolgte nach der Textgestalt der Vorlage.

Anekdotenalmanach, 1808   Anekdotenalmanach auf das Jahr 1808. Gesammelt und hrsg. von Karl Müchler. Berlin: in der Buchhandlung des Commercien-Raths Matzdorff, [o. J.].

Anekdotenalmanach, 1809   Anekdotenalmanach auf das Jahr 1809. Gesammelt und hrsg. von Karl Müchler. Berlin: in der Buchhandlung des Commercien-Raths Matzdorff, [o. J.].

Anekdotenalmanach, 1810   Anekdotenalmanach auf das Jahr 1810. Gesammelt und hrsg. von Karl Müchler. Berlin: in der Buchhandlung des Commercien-Raths Matzdorff, [o. J.].

Anekdotenalmanach, 1815   Anekdotenalmanach auf das Jahr 1815. Gesammelt und hrsg. von Karl Müchler. Berlin: Duncker und Humblot, [o. J.].

Anekdotenlexikon   Anekdotenlexikon für Leser von Geschmack. Hrsg. von Karl Müchler. 2 Bde. Neue, verm. und verb. Aufl. Berlin: Bei Karl August Stuhr, 1817.

Berliner Abendblätter   Berliner Abendblätter [1810–11]. Hrsg. von Heinrich von Kleist. Reprogr. Nachdr. hrsg. von Helmut Sembdner. Wiesbaden: VMA-Verlag, [1973]. S. 81 (aus: 20. Blatt).

Berliner Anecdoten   Berliner Anecdoten und Geschichtchen. Berlin: Burmeister und Stange, 1839.

F. W. Bernstein (d. i. Fritz Weigle, geb. 1938)   *Jürgen Mozart*; *Lortzing* aus: F. W. B.: Die Stunde der Männertränen. Texte auf Papier. Zeichnungen auch. Hrsg. von Klaus Bittermann. Berlin: Bittermann, 1995. S. 54 (u. d. T.: *Schwindel*), 55 (u. d. T.: *Der Titel*). – © 1995 Edition Tiamat, Verlag Klaus Bittermann, Berlin.

Nicolas Chamfort (d. i. Sébastien Roch Nicolas, 1741–1794)   *Als Frau von Esparbès mit Ludwig XV. schlief*; *Die folgende Anekdote ist Tatsache* aus: N. Ch.: Ein Wald voller Diebe. Maximen Charaktere Anekdoten. Übers. von Fritz Schalk. Nördlingen: Greno, 1987. S. 221, 143. – © 1979, 1992 Sammlung Dieterich Verlagsgesellschaft mbH, Leipzig.

Theodor Fontane (1819–1898) *Ein Jugenderlebnis* aus: Th. F.: Sämtliche Werke. 2. Abt.: Wanderungen durch die Mark Brandenburg. Bd. 2. Hrsg. von Walter Keitel. München: Hanser, 1967. S. 773 f. (aus: Saalow. Ein Kapitel vom alten Schadow).

Peter Frankenfeld (1913–1979) *An Blacky Fuchsberger; Als Horst Jankowski* aus: P. F.: Meine schönsten Anekdoten und Witze. Hrsg. von Lonny Kellner-Frankenfeld. Frankfurt a. M.: Ullstein, 1987. S. 95 f. (u. d. T.: *Bourbon*), 57. – © 1984 F. A. Herbig Verlagsbuchhandlung GmbH, München.

Egon Friedell (1878–1938) *Peter Altenberg sagte zu mir; Eines Tages kam ich ins »Casino de Paris«; Einmal sagte Peter Altenberg; Wir waren einmal* aus: Das Friedell-Lesebuch. Hrsg. von Heribert Illig. München: Beck, 1988. S. 76 f. (u. d. T.: *Das Gespräch über Novalis*), 78–80 (u. d. T.: *Das Gespräch vom Nigger*), 80 (u. d. T.: *Das Gespräch von der Keuschheit*), 80 f. (u. d. T.: *Das Gespräch über die Veroneser Salami*). – Mit Genehmigung von Edwin Kotab, Kufstein (Österreich).

Werner Fuld (geb. 1947) *Gérard Depardieu erholte sich; Jeanne Moreau erzählte später* aus: W. F.: Als Kafka noch die Frauen liebte. Unwahre Anekdoten über das Leben, die Liebe und die Kunst. Hamburg: Luchterhand Literaturverlag, 1994. S. 89, 81. – *Robert Musil sah in seinen erfolgreichen Kollegen; Heiner Müller hörte geduldig zu; Den deutschen Feuilletonisten; Vollkommen betrunken* aus: W. F.: Als Rilke noch die Polka tanzte. Neue unwahre Anekdoten über das Leben, die Liebe und die Kunst. München: Luchterhand Literaturverlag, 1995. S. 90, 41, 92, 7.

Mit Genehmigung von Werner Fuld, Inning/Ammersee.

Fürst Bismarck Das kleine Buch vom Fürsten Bismarck. Charakterzüge und Anekdoten aus dem Leben unseres großen Staatsmannes. Nordhausen: Verlag von Adolph Büchting, 1872.

Robert Gernhardt (geb. 1937) *Der sarkastische Humor des Alten Fritz; Zu Sigmund Freud; Vor einem Fußballländerspiel* aus: R. G.: Die Blusen des Böhmen. Geschichten, Bilder, Geschichten in Bildern und Bilder aus der Geschichte. Frankfurt a. M.: Zweitausendeins, 1977. S. 150 (u. d. T.: *Friedrich der Große*), 151 (u. d. T.: *Sigmund Freud*), 153 (u. d. T.: *Sepp Maier*). – Mit Genehmigung von Robert Gernhardt, Frankfurt am Main.

Der musikalische Gesellschafter Der musikalische Gesellschafter. Eine Sammlung vorzüglicher Anecdoten, Miscellen und lustiger Geschichten [. . .]. Hrsg. von Johann Ernst Häuser. Meissen: Friedrich Wilhelm Goedsche, 1830.

Johann Peter Hebel (1760–1826)   *Ein junger Kerl* aus: J. P. H.: Schatzkästlein des rheinischen Hausfreundes. Krit. Gesamtausg. mit den Kalender-Holzschn. Hrsg. von Winfried Theiss. Stuttgart: Reclam, 1981 [u. ö.] S. 113 f. (u. d. T.: *Schlechter Gewinn*). (Universal-Bibliothek. 142.)

Eckhard Henscheid (geb. 1941)   *Einmal nach der Uraufführung der »Entführung«*; *Gut lachen* aus: E. H.: . . . über Oper. Verdi ist der Mozart Wagners. Ein Opernführer für Versierte und Versehrte. Erw. Neuausg. Stuttgart: Reclam, 1992. S. 52, 242. – *Auch unsere Spitzenpolitiker*; *Wieder einmal plagte sich Hegel*; *Früher schon einmal*; *Schon am Tübinger Stift*; *Um die verzweifelte Stimmung* aus: E. H.: Wie Max Horkheimer einmal sogar Adorno hereinlegte. Anekdoten über Fußball, Kritische Theorie, Hegel und Schach. Mit Zeichnungen von F. W. Bernstein. Zürich: Haffmans, 1983. S. 33 f., 75 f., 83 f., 79, 55–57. – © 1983 Haffmans Verlag AG, Zürich.

Justinus Kerner (1786–1862)   *Nebst den Pferden* aus: J. K.: Ausgewählte Werke. Hrsg. von Gunter Grimm. Stuttgart: Reclam, 1981. S. 217 (aus: Der Kutscher Matthias). (Universal-Bibliothek. 3857.)

Heinrich von Kleist (1777–1811)   *Bach, als seine Frau starb*; *Der in Frankfurt an der Oder*; *Ein mecklenburgischer Landmann* aus: H. v. K.: Sämtliche Werke und Briefe. Hrsg. v. Helmut Sembdner. Bd. 3. München: Hanser, 1982. S. 268, 265 f. (u. d. T.: *Mutwille des Himmels*), 271.

Der Kurtzweilige Hanß-Wurst   [N. L.:] Der Kurtzweilige Hanß-Wurst von Frölichshausen. [O. O.] 1712. S. 40. Nr. 44.

Jörg Metes (geb. 1959)   *Unzählige Legenden* aus: Simone Borowiak: Heiteres und Besinnliches rund um den dicken, aber sympathischen Vorsitzenden. In: Titanic 10. Jg. 1988. H. 11. S. 62. – Mit Genehmigung von Jörg Metes, Wien.

Alexander Puschkin (1799–1837)   *Potjomkin litt*; *Spetschinskij*; *Der kleine Mohr*; *Als Kretschetnikow aus Polen zurückgekehrt war* aus: A. P.: Erzählungen und Anekdoten. Hrsg. und übers. von Johannes von Guenther. München: Biederstein, 1964. S. 469 f., 471, 464, 475. – © 1964 C. H. Beck'sche Verlagsbuchhandlung, München. Die erste Auflage dieses Werkes ist im Biederstein Verlag, München, erschienen.

Hans Reimann (1889–1969)   *Kronprinz August*; *Eine Brücke im Vogtland*; *Auch im Gewandhaus*; *Einer von seinen Ministern* aus:

H. R.: Sächsische Miniaturen. Frankfurt a. M.: Weidlich, 1957. S. 77, 79 f., 95, 92. – Mit Genehmigung von Wilma Reimann, Hamburg.

Roda Roda (d. i. Sándor Friedrich Rosenfeld, 1872–1945) *Mein Vater hatte einen verspäteten Bruder* aus: R. R.: Der Ritt auf dem Doppeladler. Wien: Zsolnay, 1993. S. 81 (u. d. T.: *Die Gelehrten*). – © 1993 Paul Zsolnay Verlag Gesellschaft m.b.H., Wien. – *Die Barone Engelhardt*; *Wenn der alte Herr von Thedla* aus: R. R.: Baltische Anekdoten. In: Uhu 3 (1927) H. 7. S. 113. – © 1996 Thomas Sessler Verlag, Wien.

Julius Stettenheim (1831–1916) *Skierniewice* aus: J. S.: Wippchen's sämmtliche Berichte. Bd. 4. Berlin: Hoffmann, 1887. S. 39–42.

Der Teutschen Scharpfsinnige kluge Sprüch Der Teutschen Scharpfsinnige kluge Sprüch / Durch Julium Wilhelm Zincgrefen. Straßburg: Bey Josiae Riheln Sel. Erben, 1626.

Teutsche Apophthegmata 3 Teutscher Nation Apophthegmatum [...]. Dritter Theil. [...] zusamen getragen durch Iohannem Leonhardum Weidnerum. Leyden: Bey Frantz Hegern, 1644.

Teutsche Apophthegmata 4 Teutscher Nation Apophthegmatum [...]. Vierdter Theil. [...] zusammen getragen durch Johan Leonhardum Weidnerum. Frankfurt und Leipzig / In Verlag Mauritz Georg Weidmanns, 1683.

Teutsche Apophthegmata 5 Teutscher Nation Apophthegmatum [...]. Fünffter Theil. [...] zusammen getragen durch Johan Leonhardum Weidnerum. Franckfurt und Leipzig / In Verlag Mauritz Georg Weidmanns, 1683.

Für Anregungen und Hinweise bedankt sich der Herausgeber bei Hans Becker von Sothen, Gunter Ehrhard, Harald Fricke, Geert Pötter, Jürgen Röhling und Thomas Schaefer.

Literaturhinweise

[Anonym:] [Ohne Titel]. In: Anekdotenalmanach auf das Jahr 1808. Hrsg. von Karl Müchler. Berlin [o. J.] S. IX–XVI.

[Anonym:] An den Leser. In: Neue Anekdoten von Peter dem Großen. Nach dem russischen Original bearbeitet. Gesammelt durch Johann Golikow. Riga 1802. S. III ff.

Bausinger, Hermann: Formen der »Volkspoesie«. Berlin 1968. S. 199–212.

Dalitzsch, Max: Studien zur Geschichte der deutschen Anekdote. Diss. Freiburg i. Br. 1922.

Doderer, Klaus: Die Kurzgeschichte in Deutschland [1953]. Mit einer Vorbemerkung und bibliogr. Ergänzungen 1951–79. Reprogr. Nachdr. Darmstadt 1980.

Grothe, Heinz: Anekdote. Stuttgart ²1984. (Sammlung Metzler. 101.)

Hein, Jürgen: Nachwort. In: Deutsche Anekdoten. Hrsg. von Jürgen Hein. Stuttgart 1976. S. 353–384.

– Die Anekdote. In: Formen der Literatur. Hrsg. von Otto Knörrich. Stuttgart 1981. S. 14–20.

Jolles, André: Einfache Formen. Legende, Sage, Mythe, Rätsel, Spruch, Kasus, Memorabile, Märchen, Witz. Halle a. d. S. 1930. S. 200–217.

[Kayser, Albrecht Christoph:] Über den Werth der Anekdoten. In: Anekdotenlexikon für Leser von Geschmack. Hrsg. von Karl Müchler. Bd. 1. Berlin 1817. S. XI–XVI. [Zuerst in: Der Deutsche Merkur 4 (1784) S. 82 ff.]

Kopp, Gerhard: Geschichte der deutschen Anekdote in der Neuzeit. Diss. Tübingen 1949.

Moser-Rath, Elfriede: Anekdote. In: Enzyklopädie des Märchens. Wörterbuch zur historischen und vergleichenden Erzählforschung. Hrsg. von Kurt Ranke. Berlin 1977. Bd. 1. S. 528–541.

Neureuter, Hans Peter: Zur Theorie der Anekdote. In: Jahrbuch des Freien deutschen Hochstifts. 1973. S. 458–480.

Reimann, Hans: Die Anekdote. In: H. R.: Literazzia 3. München 1954. S. 29–41.

Röhrich, Lutz: Der Witz. Seine Formen und Funktionen. Mit tausend Beispielen in Wort und Bild. München 1980. S. 6–8. [Erstausg. Stuttgart 1977.]

Schäfer, Rudolf: Die Anekdote. Theorie – Analyse – Didaktik. München 1982.

Schäfer, Walter Ernst: Anekdote – Antianekdote. Zum Wandel einer literarischen Form in der Gegenwart. Stuttgart 1977.

Schlaffer, Heinz: Anekdote. In: Reallexikon der deutschen Literaturwissenschaft. 3. Aufl. Hrsg. von Klaus Weimar [u. a.]. Bd. 1. Berlin 1997. S. 87–89.

Schrader, Monika: Epische Kurzformen. Theorie und Didaktik. Königstein i. Ts. 1980. S. 155–181.

Theoretische Texte zur Anekdote. In: Anekdoten. Hrsg. von Rudolf Schäfer. Stuttgart 1988. S. 57–86.

Weber, Volker: Anekdote. Die andere Geschichte. Erscheinungsformen der Anekdote in der deutschen Literatur, Geschichtsschreibung und Philosophie. Tübingen 1993.

Weiskopf, Franz Carl: Notiz. In: F. C. W.: Gesammelte Werke. Hrsg. von der Deutschen Akademie der Künste zu Berlin. Bd. 6: Anekdoten und Erzählungen. Berlin 1960. S. 9 f.

Dichtung als Wahrheit: die Anekdote

1. Die Glaubwürdigkeit der Anekdote

Ob der unbekannte Mann, der dem Kaiser Augustus ähnlich sah, tatsächlich so kühn war, auf die Frage des Imperators, ob seine Mutter einmal in Rom gewesen sei, mit »Nein« zu antworten und »– aber mein Vater« fortzusetzen? Blieb Bundespräsident Heinrich Lübke bei seiner Rede am Muttertag wirklich nach dem ersten zögerlichen Satz »jeder von uns hatte eine Mutter …« stecken und wußte nicht mehr weiter? Hatte Kardinal Frings überhaupt einen Papagei, und wenn ja, nahm er ihn tatsächlich mit nach Rom, und wenn ja, schenkte er ihn tatsächlich dem Papst, und wenn ja, rief der Papagei, als er den Papst im vollen Ornat sah, tatsächlich »Kölle Alaaf«?

Der Geschichtsschreiber soll einfach berichten, wie es gewesen, hatte der Historiograph Leopold Ranke im 19. Jahrhundert gefordert; der anekdotische Geschichtenschreiber aber meldet, wie es gewesen sein könnte. »Was ist Wahrheit?« – diese Frage kann man der Anekdote stellen. Aber »was ist schon Wahrheit«, könnte sie antworten, »die steht ja oft nicht einmal in den Nachrichten.«

Die Anekdote tut nur so, als ob. Während sie anscheinend Tatsachen berichtet, ist sie tatsächlich oft fiktiv. In Friedrich Torbergs Roman *Die Erben der Tante Jolesch* (1978) tritt »der alte Raabe-Jenkins vom *Prager Tagblatt*« auf: »Wenn man dem eine Geschichte dadurch schmackhaft machen wollte, daß man sie ausdrücklich als wahr bezeichnete, pflegte er brummig zu erwidern: ›Wahr is egal – gut muß sie sein.‹«

Die Anekdote ist scheinbar wahr und tatsächlich gut erfunden. »Ihre Glaubwürdigkeit wird bestimmt«, so versuchte der unbekannte Übersetzer der Anekdoten Peters des Großen im Jahr 1802 des Problems Herr zu werden, »1) durch Originalurkunden, 2) durch mündliche Überlieferungen von Augenzeugen, deren Wahrheitsliebe die Mitwelt verbürgt, und die Nachwelt anerkannt hat, 3) durch glaubwürdige Personen, welche ihre Nachrichten, entweder von zuverlässigen Augenzeugen, oder von eben so zuverlässigen Nachkommen und Freunden derselben erhalten haben« – womit also am Ende der Wahrheitsgehalt der Anekdote ebenso schwer zu ermitteln ist wie der einer »sagenhaften Geschichte von heute«, die ja auch der Freund eines Kollegen vom Nachbarn seiner Schwägerin zuverlässig erfahren hat.

Wichtiger als eine penible Haltung in Fragen der Wahrheit ist es, Aufmerksamkeit zu erregen. »Man begreift unter dem Namen Anekdote kleine Erzählungen, welche interessante Vorfälle schildern«, heißt es in der Anrede »An den Leser« zu den Anekdoten Zar Peters; und sie »erzählen von wirklichen, und wenn sie öffentlich gedruckt werden, von wichtigen Personen«, hatte bereits 1784 Albrecht Christoph Kayser erkannt.

In der Regel sind es bekannte Persönlichkeiten aus Geschichte oder Gegenwart, deren Existenz mit an Sicherheit grenzender Wahrscheinlichkeit verbürgt ist. Aber auch namenlose Unbekannte können in der Anekdote die Akteure sein; dann treten sie in der Regel vor dem Hintergrund eines bekannten Ereignisses auf und erscheinen so als reale Personen: »Zu Beginn der Schlacht in Flandern 1917 erlitt ein englischer Landser« usw. Oder man setzt explizit die Bekanntheit voraus: Niemand kennt einen Anwalt Alsberg – aber wer »den berühmten Berliner Anwalt Dr. Alsberg« nicht kennt, ist selber schuld.

Aber weder ein historisches Ereignis noch ein berühmter Name bürgen für Echtheit. Auch wo Ort und Zeit genannt sind und namhafte Personen auftreten, kann es sich um Fiktion handeln, zum Beispiel um eine Wanderanekdote. Die erwähnte Anekdote um Kaiser Augustus wurde bis ins vorige Jahrhundert mit wechselnden Monarchen erzählt. Eine Anekdote muß eben nicht stimmen, sondern passen. Oder:

Eine Anekdote ist auch dann wahr, wenn sie nicht stimmt. Die Wahrheit liegt darin, daß die Anekdote wahr sein könnte.

In der Wanderanekdote werden Stoffe und Personen aktualisiert und der Zeit angepaßt. Aus dem Altertum ist diese Anekdote erhalten:

Auf die Frage: »Als was siehst du einen Menschen an, der beim Ehebruch ertappt wird?« erwiderte ein gewisser [!] Pontidius: »Als allzu langsam.«

1500 Jahre später, 1683, teilte Johann Leonhard Weidner diese Sentenz mit, die die subversive Tendenz bewahrt, aber den Akzent von der Moral aufs Recht verlegt:

Ein Jurist.
Ward gefragt / was er von denen halte / die auff frischer that begriffen werden? der antwortet: er hielt sie vor faule bengel.

Angeblich soll die Anekdote zwar eine Geschichte sein, »die Vorgänge, Verhaltensweisen und Charaktere gewissermaßen blitzartig erhellt, dergestalt, daß die Mit- und Nachwelt den Kern eines Menschen, die Quintessenz einer Situation, den Herzpunkt eines gesellschaftlichen oder historischen Zustandes präsentiert bekommt« (Franz Carl Weiskopf). Würde aber jede Anekdote einen Charakter zeichnen, so wäre Gustav Mahler, weil er bei einer Orchesterprobe einschläft und, vom Konzertmeister geweckt, aufs Pult klopft und »Zahlen!« ruft, tatsächlich ein Säufer.

Es liegt auf der Hand, »daß Anekdoten sehr unsichere Kennzeichen eines Charakters sind«, denn »ein Mann, beurtheilt nach einer Anekdote, erscheint gut und edel, ohne es wahrhaft zu seyn. Auch der Wüthrich kann nach einem Freudenmahle am wallenden Busen einer reizenden Buhlerin gütig und gerecht seyn« (Kayser), woraus zu folgern ist, daß die gut erfundene Anekdote wahrer sein kann als die authentische Nachricht.

Vielen komischen Anekdoten kann man eigentlich nur entnehmen, daß die Leute eben witzig, geistreich und schlagfertig waren – oder daß sie es gerade nicht waren, sondern stieselig und verknarzt. Wieder andere Anekdoten präsentieren ausgerechnet solche Verhaltensweisen und Charakterzüge, die ohnehin bekannt sind. Werner Fuld berichtet über eine Autorin:

Ulla Berkéwicz gab eine Party und ging von Gast zu Gast: »Nun wollen wir endlich mal von Ihnen sprechen. Wie finden Sie mein neues Buch?«

Daß Künstler narzißtisch sind, ist eine geläufige Vorstellung, und dieses Klischee wird ausgenutzt, um einen witzigen Text zu konstruieren. Ob die Charakterisierung im konkreten Fall stimmt, ist, siehe Gustav Mahler, eine andere Frage – jedenfalls paßt sie.

Anekdoten können charakterisieren, müssen aber nicht. Es sollen lediglich das Personal und der interessante Vorfall ebenso zusammenpassen wie das Vorwissen der Leser und der Inhalt der Anekdote. Deren Ziel und Zweck ist dabei weniger die Charakterisierung als die Unterhaltung – für die eben das reibungslose Zusammenspiel der genannten Faktoren Bedingung ist. So kann man etwa für ein Sprachspiel anekdotisch einen geeigneten Kontext erfinden:

Eines Morgens hörte der alte General Waldersee während der europäischen China-Intervention das Zwiegespräch zweier Soldaten aus dem Elsaß. »Schang, tschiengt d'Sunn tschoon?« fragte der eine, und der andere sagte: »D'Sunn tschiengt tschon tschön.« »Fabelhaft«, meinte der Graf, »wie schnell unsere Leute die Landessprache lernen!«

2. Definition und Abgrenzungen

Die Anekdote wird jemandem nachgesagt oder zugeschrieben. Sie ist nicht ganz verbürgt und kann es auch kaum sein, berichtet sie doch keine öffentlichen und offiziellen Vorgänge, sondern von eher privaten, manchmal delikaten Angelegenheiten, die man nur vom Hörensagen weiß. Zudem sind, ein weiterer Grund für ihre Popularität, Anekdoten keine anstrengende Sache, sondern leicht konsumierbar, nämlich kurz und überraschend.

Kürze ist relativ; aber sie hat eine Folge für die Struktur: Geschildert wird nur eine Episode, eine Nebenhandlung gibt es nicht.

Die Anekdote ist pointiert: Sie endet unerwartet. Ob die Pointe zündet, hängt außer vom Wortlaut und dem Aufbau des Textes auch vom Vorwissen und der Einstellung des Lesers ab. Aber »die meisten dieser Anekdoten und Karakterzüge sind fähig genug, das Zwergfell des Lesers auf eine heilsame Art in Bewegung zu setzen« (so Karl Friedrich Bahrdt im »Vorbericht« zu seinen *Anekdoten*, 1793). Freilich nicht alle: Manche Anekdoten sind eher geistreich als witzig, wie jene berühmte, in der Talleyrand den Unterschied zwischen einem Diplomaten und einer Dame erläutert. Manche sind lehrreich:

Der österreichische Botschafter Graf Karoly fragte Bismarck, ob er im Sinn habe, den Gasteiner Vertrag von 1865 zu brechen. »Nein«, erwiderte Bismarck. »Wenn ich es aber im Sinne hätte – glauben Sie, daß ich Ihnen eine andere Antwort geben würde?«

Die Anekdote ist also eine kurze, pointierte Erzählung von einem ungewöhnlichen Vorfall, der glaubhaft, aber nicht bewiesen ist. Anders ausgedrückt: Die Anekdote ist eine »kurze, pointierte Geschichte, die einer wirklichen Person nachgesagt wird« (Heinz Schlaffer).

Ähnliches könnte man vom Witz sagen. Aber die Anekdote ist angeblich wahr, und möglicherweise gibt es ein einfaches äußeres Unterscheidungsmerkmal: Witze stehen im Präsens, Anekdoten im Präteritum – zumindest einleitend; allerdings nicht notwendigerweise durchgängig, denn »Vergangenheit wirkt steif. Gegenwart macht die Sache lebendiger. Sprunghaftes Wechseln der Zeiten erweist sich, Pedanten zum Trotz, als reizvoll« (Hans Reimann).

Durch einfachen Tempusaustausch kann man manche Witze zu Anekdoten machen:

> Marilyn Monroe und Liz Taylor hatten beide eine Zeitlang jüdische Ehemänner und waren daher zum Judentum übergetreten. Sie unterhielten sich in einer Drehpause, als auch Brigitte Bardot hinzutrat. Die Monroe zu Liz: »Please, speak Yiddish, the shikse comes here!«

Wäre die Anekdote also der angeblich wahre Witz über eine wirkliche Person. (Im zitierten Beispiel könnte man zur Erhöhung der Glaubwürdigkeit noch den Film nennen, bei dem dieses bemerkenswerte Zusammentreffen stattfand, z. B. *Sunrise in Paradise*, oder hieß er vielleicht *Stairway to Heaven No. 7*?) Es gibt weitere Übergänge: Ein Witz wird zur Anekdote, wenn die anonymen Personen die Namen berühmter Leute erhalten (der Betrunkene wird zu Harald Juhnke), umgekehrt wird die Anekdote zum Witz, sobald das in ihr geschilderte Geschehen anonym wird. Eben die Anonymisierung des Geschehens und der Wechsel vom historisch fixierenden Präteritum zum Präsens dürfte Ende des 18., Anfang des 19. Jahrhunderts wesentlich zur Entstehung der Textsorte Witz beigetragen haben. Übrigens stehen gerade viele komische Kürzestgeschichten aus der Antike auf dieser Stufe: Zum echten Witz fehlt ihnen allein das Präsens.

Ähnliche Überschneidungen gibt es zwischen Anekdote und Apophthegma, dem kurzen, in einer bestimmten Situation getätigten sinnreichen Ausspruch einer Persönlichkeit. Auch da wurden zunehmend die Leute mit großen Namen verdrängt von den »Anonymia. Deren Namen von den

Authorn nicht gesetzt werden«, wie es bei Julius Wilhelm Zincgref 1626 heißt; auch schwanken viele Apophthegmata zwischen Präteritum und Präsens.

Wie die Anekdote sei das Apophthegma historisch wahr. Aber das Apophthegma muß in einem Ausspruch gipfeln, die Anekdote nicht, zudem ist das Apophthegma sentenziös und beansprucht Geltung über jenen Augenblick hinaus, mit dem die Anekdote es genug sein läßt. Auch muß das Apophthegma keine Pointe haben: Der Sinnspruch kann planvoll an das zuvor Gesagte anschließen. Allerdings verloren die Apophthegmata seit Ende des 17. Jahrhunderts das lehrhafte Gepräge, wurden privater und unverbindlicher und näherten sich der Anekdote, bis sich die Unterschiede schließlich verwischten.

Als der Dirigent Arthur Nikisch einen Orchestermusiker entlassen mußte und über dessen künstlerische Qualitäten befragt wurde, sagte er: »Die Lücke, die er hinterläßt, ersetzt ihn vollkommen.«

Berührung hat die Anekdote auch mit dem Schwank. Beide haben einen interessanten Vorfall zum Inhalt, beide können den Akzent aufs geistesgegenwärtige Wort (das tut eher die Anekdote) und aufs listige Handeln (das tut eher der Schwank) legen, und da lange Anekdoten und kurze Schwänke den gleichen Umfang haben können, ist auch die Kürze kein sicheres Trennungsmerkmal. Der Unterschied liegt vielmehr darin, daß die Anekdote von einer realen, ja einer wichtigen Person berichtet.

Auch hier gibt es eine Schnittmenge: die Schwänke um Eulenspiegel, Hersch Ostropoler, Hodscha Nasreddin usw., die zwar historische Figuren waren, aber als Kunstfiguren literarisch fortleben, so daß der Wahrheitsanspruch nebensächlich ist.

Von der Kurzgeschichte und von der kleinen Novelle unterscheidet sich die Anekdote schon deshalb, weil ihr Wortlaut nicht festgelegt ist – das ist er nur bei künstlerischen Anekdoten wie von Hebel oder Kleist; von der Kurzgeschichte außerdem durch die Berufung auf historische Wirklichkeit und von der kleinen Novelle durch den Verzicht auf Nebenhandlungen. Wilhelm Schäfers *Anekdoten* sind daher keine. Es sollten ja auch keine sein: »Als ich im Jahre 1907 das erste schmale Bändchen *Anekdoten* heraus brachte, sollte das eben nur ein Titel, kein Begriff sein«, schrieb Wilhelm Schäfer im Vorwort zu seinen *Hundert Histörchen* von 1940. »Ich war der Meinung, Novellen, nicht Anekdoten geschrieben zu haben.«

Weitere Abgrenzungen der Anekdote von anderen Gattungen wären möglich, zum Beispiel: Als man 1932 die *Kasseler Post* nach dem Unterschied zwischen Anekdote einerseits und Märchen und Melodien andererseits fragte, antwortete sie: »Während Märchen und Melodien gleichsam lotrecht durch die geistige Weltordnung sich bewegen, an den Raum – die Erdrinde – sich schmiegen, ist die Lebensrichtung der Anekdoten sozusagen senkrecht.«

Dieses Zitat aus der Nr. 41 der *Kasseler Post* des Jahres 1932 ist authentisch.

3. Die Geschichte der Anekdote

Die Anekdote ist eine ursprünglich mündliche Angelegenheit, weshalb ihr Wortlaut je nach Erzähler, Publikum und Umständen veränderlich ist. Anekdoten sind Gebrauchsliteratur. Noch das bekannte Goethe-Wort aus den *Maximen und Reflexionen* veranschaulicht den geselligen Rahmen: »Eine Sammlung von Anekdoten [...] ist für den Weltmann der größte Schatz, wenn er [sie] an schicklichen Orten ins Gespräch einzustreuen [...] weiß.«

Der Drang, Geschichten und Erlebnisse zu erzählen, dürfte zur Grundausstattung des Menschen gehören, und ob die erste Anekdote nun eher einem Augenzeugenbericht entsprang oder eher der Phantasie, ob der Wunsch nach Information oder das Verlangen nach Klatsch und Tratsch überwog, bleibe offen.

Die Anekdote ist eigentlich eine Alltagserzählung, doch nachvollziehbar ist ihre Tradition nur insoweit, als schriftliche Aufzeichnungen vorliegen. Diese Gattungsgeschichte wäre nun eine »interessante Aufgabe, zu deren Lösung freilich erst einmal Material aufgearbeitet und Reflexionen angestellt werden müßten« (Jürgen Hein). Erschwert wird dieses Arbeiten und Nachdenken dadurch, daß die Anekdote auch unter anderen Namen auftritt und daß umgekehrt da, wo »Anekdoten« draufsteht, nicht unbedingt nur solche drin sind. Als »Sammlung solcher kleiner Erzählungen, Bonmots, Scherze und Einfälle« bzw. als »ein Gemisch von kleinen Erzählungen, Witzworten, scherzhaften Einfällen und sinnreichen Bemerkungen« charakterisierte beispielsweise Karl Müchler seinen *Anekdotenalmanach auf das Jahr 1808*, und bis auf den Tag offeriert man in den Anthologien neben Anekdoten auch Witze, Sinnsprüche, Schwänke, kleine Novellen usw., da eben Unterhaltungsbücher zuvörderst dem Vergnügen der Leser dienen sollen, nicht philologischer Korrektheit.

Bei den Chinesen soll schon im 4. Jahrhundert v. Chr. ein gewisser (!) Mo Zi anekdotische Prosa geschrieben haben. Noch früher finden sich »spärliche Reste anekdotischer Erinnerungen« (Max Dalitzsch) in der ägyptischen Literatur des mittleren und neueren Reiches. Griechen und Römer kannten Anekdoten als Beiwerk in der Geschichtsschreibung und Philosophie und als selbständige kleine Erzählung. Das Anekdotische im Rahmen längerer Schriften, dessen Tradition bis auf Herodot und die Logographen des 7. und 6. vorchristlichen Jahrhunderts zurückgehen soll, pflegten bei den Griechen beispielhaft Plutarch und Diogenes Laertios, bei den Römern u. a. Livius, Tacitus und Cornelius Nepos.

Zugleich wurden bemerkenswerte Handlungen und Äußerungen prominenter Leute wie Sokrates, Cato und Cicero auch als eigenständige kleine, pointierte Geschichten aufgeschrieben, gesammelt und veröffentlicht; doch hieß die Sache nicht »Anekdote«, sondern, mal griechisch, mal lateinisch, »Spruch«, »Sinnspruch«, »witziger Ausspruch« oder »Denkwürdigkeiten«.

Das griechische Wort »anékdotos« gab es allerdings: Es bedeutete »nicht herausgegeben«, war ein Fachbegriff für unveröffentlichte Schriften und wurde noch im 19. Jahrhundert als publikationstechnischer Ausdruck gebraucht.

Unveröffentlicht waren auch des Prokopios von Cäsarea geheime Aufzeichnungen über den Hof des oströmischen Kaisers Justinian aus der Mitte des 6. Jahrhunderts. Um das Jahr 1000 bezeichnete das byzantinische *Suda*-Lexikon diese Skandalgeschichte als »Anekdota« im doppelten Sinn, editorisch und moralisch: als unveröffentlichtes, sozusagen geheimes Werk und als verheimlichte, weil skandalöse Geschichten.

Mit dem *Suda*-Lexikon hatte sich die Bedeutung vom Publikationsaspekt auf den Inhalt selbst verschoben. Im galanten Frankreich des 17. Jahrhunderts wurden dann die Plural-»Anekdota« zur Singular-»Anecdote«, die im 18. Jahrhundert nach Deutschland wanderte: als »ein geheimer unbekannter Umstand, ingleichen ein kleiner unwichtiger Umstand des Privatlebens«, wie Johann Christoph Adelungs *Grammatisch-kritisches Wörterbuch der Hochdeutschen Mundart* von 1793 definierte.

Die Geschichte der Anekdote im Mittelalter liegt weitgehend im Finstern. Es gab das Predigtmärlein: eine kurze, leicht faßliche Geschichte, die an einem scheinbar historischen Einzelfall Tugenden und Schwächen der Menschen vorführte, aber stets in einen längeren Text eingebettet war und mit einer Lehre schloß, denn sie sollte Moral oder kirchliches Dogma illustrieren. Predigtmärlein nennt man die Sache, weil die Predigt ihr bevorzugter Einsatzort war – das verweist auf die lateinische Tradition: Predigtmärlein sind anschauliche kleine, manchmal witzige Beispielerzählungen, wie in der antiken römischen Gerichtsrede das Exemplum. Solche lateinischen Exempel wurden, zu theologischer und moralischer Unterweisung und zur Auflockerung der Predigt, auch im Mittelalter gesammelt, z. B. vom

Zisterzienser Caesarius von Heisterbach (etwa 1180–1240). Am bekanntesten sind die *Gesta Romanorum* aus dem 14. Jahrhundert.

Das Predigtmärlein stand Sage, Märchen, Fabel, Legende usw. nahe; es konnte auch anekdotische Züge tragen und sogar zum Lachen verführen. Aber es war stets eine geistliche Angelegenheit.

Erst am Ausgang des Mittelalters löste sich die unterhaltsame Kurzprosa aus dem religiösen Zusammenhang. Mit der Novelle und dem Schwank entstand unbemerkt und ohne eigenen Namen auch die Anekdote als neue Art der Scherzgeschichte. Augustinus Tünger und Johann Agricola im 15. Jahrhundert, Georg Wickram und Martin Montanus im 16. Jahrhundert überlieferten in ihren Schwankbüchern auch Anekdoten; eine Praxis, die die unterhaltsamen Kurzprosasammlungen bis ins 18. Jahrhundert hinein fortführten. Außerdem edierten im 17. Jahrhundert Leute wie Julius Wilhelm Zincgref, Johann Leonhard Weidner und Georg Philipp Harsdörffer in dickleibigen Büchern Apophthegmen, also historische Kürzestgeschichten, die in einem prägnanten Ausspruch gipfeln. Daneben gab es das Anekdotische in Abraham a Sancta Claras Predigten und Satiren und in den Briefen der Liselotte von der Pfalz.

Im 18. Jahrhundert emanzipierte sich die Anekdote unter französischem Einfluß von Schwank, Apophthegma und Predigtmärlein (das sich im katholischen Süddeutschland bis an die Schwelle der Aufklärung behauptet hatte) und etablierte sich als eigenständige Unterhaltungsliteratur. Regelrecht Mode wurde die Anekdote in der ersten Hälfte des 19. Jahrhunderts. Vor allem Karl Müchler (1763–1857) tat sich als Erzähler, Sammler und Herausgeber von Anekdoten hervor. Schon 1784 brachte er erstmals das *Anekdoten-Lexikon* heraus, von 1808 bis 1845 erschien mit wenigen Unterbrechungen sein jährlicher *Anekdotenalmanach*, 1809 publizierte er zusätzlich den *Anekdotenfreund*. Ein Kind dieser Zeit ist auch der *Lahrer Hinkende Bote*, der seit 1800 bis heute erscheint.

Anfang des 19. Jahrhunderts wurde die Anekdote auch als Kunstform entdeckt: von Johann Peter Hebel und Heinrich von Kleist. Ihre Anekdoten gelten als klassische Vorbilder, doch blieben sie für die Anekdote als Gebrauchsform ziemlich folgenlos (Schlaffer), und in der ersten Hälfte des 20. Jahrhunderts endet die Anekdote als Kunstform in der Sackgasse: in Franz Carl Weiskopfs »erbaulichen sozialistischen Anekdoten« (Schlaffer) einerseits und Wilhelm Schäfers reaktionären Anekdoten und Histörchen andererseits.

Bei Weiskopf fällt das Überraschungsmoment der planvollen Illustration einer bekannten Weltanschauung zum Opfer, und das Individuelle verkommt zum Typischen im Allgemeinen. Wilhelm Schäfers Anekdoten wiederum sind entweder gar keine oder schlechte. Die *Anekdoten* sind kleine Novellen, und den weitschweifigen *Histörchen* von 1940 fehlen Kürze und Prägnanz. »Schäfer hat die Anekdote zur Kunstform ausgeweitet? Ausgeweitet – sicherlich! Zur Kunstform – keinesfalls!« urteilte kurz und prägnant Hans Reimann. Die Gründe für Weiskopfs wie Schäfers literarischen Ruhm sind wohl weniger in der Literatur als in der jeweils genehmen Weltsicht zu suchen.

4. Die Funktion der Anekdote

»Zu was mögen wohl Anekdoten gut seyn? – Zur Unterhaltung?« fragte schon Albrecht Christoph Kayser und kam als vernünftiger Aufklärer des 18. Jahrhunderts zum Schluß, »hauptsächlich der Werth wahrer moralischer Handlungen« sei wichtig. Die Doppelfunktion von Amüsement und Belehrung hatten Anekdoten seit der Antike, wobei die lehrhafte Aufgabenstellung ihnen in der Neuzeit mehr und mehr abhanden kam: Praktische Information und Unterweisung erhält man anderswo besser, und abstrakte Lehrhaftigkeit, z. B. in puncto Moral, hätte heutzutage nur mehr Altbekanntes zu predigen (weshalb solche Anekdoten für

Kinder geeignet sind und, wie zum Beispiel Fabeln, in der Schule eingesetzt werden mögen).

Gewiß können Anekdoten politisch aufklären, moralisch erziehen, eine gediegene Erfahrung weitergeben, aber genauso können sie politisch zurichten, moralisch korsettieren und eine fragwürdige Erfahrung zementieren. Da in dieser Hinsicht also beides möglich ist, muß die Funktion der Anekdote woanders liegen.

Die Anekdote läßt einen am Leben der Mächtigen, Wichtigen und Besten teilhaben. Das befriedigt nicht nur die Neugier, es stärkt auch das Selbstgefühl, weil die Anekdote nicht das betont, was die Großen von der Masse trennt, sondern das, was sie mit den gewöhnlichen Menschen verbindet und was man selber auch kann: Man sieht Robert Koch in seinem Labor werkeln, gerade ist er intensiv mit einem Topf auf einem Spirituskocher beschäftigt, aber woran er da arbeitet, sind keine Kugelbakterien und keine Streptokokken, sondern – Würstchen.

Anekdoten zeigen nicht Amt, Beruf, Rolle, sondern wie jemand, z. B. Robert Koch, sein Amt ausfüllt, seinen Beruf ausübt, seine Rolle spielt. Der Reiz beruht also auf dem Zusammenspiel des Persönlichen und Offiziellen, des Privaten und Öffentlichen, von Rolle und Eigenart, und bei den Haupt- und Staatsaktionen liegt der Akzent auf den Nebensachen und Begleitumständen.

In Belgien wurde Marie Jansson Spaak im Jahr 1921 als erste Frau ins Parlament gewählt. Als später auch ihr Sohn Paul-Henri Spaak, der nachmalige Außenminister und Ministerpräsident Belgiens und Generalsekretär der Nato, Abgeordneter wurde, begann er eine Rede im Parlament mit den Worten: »Meine Damen und Herren, liebe Mama!«

Amt, Beruf, Rolle – sie stecken den Rahmen ab. Sie geben die Norm vor. Wer aber nur die Norm erfüllt, ist unauffällig und gewöhnlich. Die Anekdote dagegen zielt aufs Merkwürdige und Interessante, sie nimmt die Abweichung von der Konvention wahr, berichtet vom Besonderen und Sonderbaren, wie im Fall des alten Goethe:

Als einmal Almanache ankamen, nahm Goethe einen nach dem anderen, hielt sie an seine und seiner Frau Ohren und fragte sie: »Hörst du was? Ich höre nichts. Nun, wir wollen die Kupfer betrachten, das ist doch das beste.«

Die Anekdote, das ist merkwürdig und interessant, zeigt das Besondere und Sonderbare, die Abweichung von der Konvention als etwas Positives; die meisten Helden der Anekdote sind sympathisch. Für viele Anekdoten gilt zudem: Das Sympathische bei den Mächtigen, Wichtigen und Besten ist gerade, siehe Robert Koch, daß sie wie die einfachen Leute denken, handeln und reden.

Wenn die Anekdote Verstöße gegen Konventionen schildert, kann sie natürlich auch als Ventil dienen, durch das man eigene Aggressionen herausläßt. Sie erfüllt das Bedürfnis nach Tabubruch und Respektlosigkeit, indem man andere für sich handeln läßt, wobei die eigene Haltung durch das Vorbild legitimiert wird.

Der Maler Max Liebermann lebte bürgerlich, dachte aber links. Als man ihn fragte, ob er bereit sei, Reichspräsident Hindenburg zu malen, knurrte er nur: »Hindenburg malen? – Nee, det Jesicht piß ick in'n Schnee.«

Stellvertretend kann man die Lust am Schimpfwort ausleben:

Bei einer Aufführung des *Fliegenden Holländers* war ein Gast aus den USA eingesprungen. Nach einigen Takten des Sängers murmelte der dirigierende Hans Knappertsbusch vor sich hin: »Dem Kolumbus sollte man ins Grab scheißen.«

Auch der Menschenfeind kommt auf seine Kosten:

»Hallo, ihr Menschen!« rief Diogenes von Sinope mit Stentorstimme. Schon kamen die Leute angerannt, er aber jagte sie weg und sagte: »Nach Menschen habe ich gerufen, nicht nach Drecksäcken!«

Nun scheinen heute allerdings die Lebensbedingungen gleichförmiger, die Individuen gleichartiger, der Druck zu Anpassung und Konformität stärker zu werden, und das Eigenartige, auf das es in der Anekdote ankommt, geht womöglich verloren oder unbemerkt in der Masse unter. Das gilt für Verhaltensweisen, für Charakterzüge und für die Helden von einst: Ärzte, Politiker, Künstler gibt es massenhaft; sie sind nicht per se etwas Seltenes und Besonderes und ziehen nicht mehr durch ihre bloße Existenz die Aufmerksamkeit auf sich.

Nun könnte da, wo massenhaft Menschen agieren, eigentlich massenhaft Material für die Anekdote anfallen, doch im Gegenteil: Fast alles ist schon einmal dagewesen. Das vermeintlich Originelle erweist sich oft als altbekannt, das Bekannte aber wird langweilig, wenn es sich wiederholt.

Diese Entwicklung gilt auch für die Anekdote selbst. Wohl deshalb führen die wenigen heutigen Anekdotenautoren nicht mehr einfach die alte Form fort, sondern setzen sich komisch oder experimentell mit der Anekdotentradition und der Anekdotenform selbst, den Bedingungen der Anekdote, auseinander. Man parodiert den betont seriösen Inhalt und Stil der anekdotischen Überlieferung, vor allem aber ignoriert man den Wahrheitsanspruch der Anekdote. Damit knüpft man an populäre Parodien an, die schon vor Jahrzehnten kursierten und sich um Glaubwürdigkeit (und um die angebliche Charakterisierungsfunktion) nicht scherten, wie diese über »Die Leutseligkeit Karls des Großen«:

Karl der Große begegnete einst auf einem Spaziergang einem alten Weibe. »Guten Tag, altes Weib«, sprach da Karl der Große. »Guten Tag, Karl der Große«, antwortete das alte Weib. Diese und ähnliche Geschichten erzählt man sich von der Leutseligkeit Karls des Großen.

Leutseligkeit, könnte man den Faden aufnehmen und fortspinnen, ist auch eine Eigenschaft der Anekdote: Ihre Funktion ist eine Art Vermittlung der Großen mit den kleinen Leuten, ihr Ursprung ist gesellig, überhaupt ist sie eine Gebrauchsform und ihr erster Zweck Unterhaltung. Vielleicht hat sie also doch eine lange Zukunft – im Fernsehen und überhaupt den elektronischen Medien. Möglicherweise ist die Anekdote längst in die Talkshows, Latenightshows und Nachmittagsmagazine einerseits und in Sendungen vom Typ *Versteckte Kamera* oder *Pleiten, Pech und Pannen* andererseits abgewandert. Damit wäre sie nach dem Ausflug ins Reich der gedruckten Unterhaltung bis hinauf auf die Höhen der Kunst wieder dort unten angelangt, wo sie immer war: im Alltag.

Reclam zum Vergnügen

»Stillsitzen kann ich einfach nicht«
Cicero zum Vergnügen

183 Seiten. 13 Abb. UB 9652

*»Frühling mit Nachtigallen
und anderem Zubehör«*
Eichendorff zum Vergnügen

149 Seiten. 12 Abb. UB 9670

»Alles kommt auf die Beleuchtung an«
Fontane zum Vergnügen

179 Seiten. 7 Abb. UB 9317

»Ich bin nun, wie ich bin«
Goethe zum Vergnügen

176 Seiten. 25 Abb. UB 8752

»Der Liebe Glut, sie geht zum Teufel«
Heine zum Vergnügen

167 Seiten. 9 Abb. UB 9630

*»Es ist traurig, wenn man nichts behält
als den Kopf«*
Jean Paul zum Vergnügen

157 Seiten. 9 Abb. UB 9602

»Die Welt steht auf kein' Fall mehr lang«
Nestroy zum Vergnügen

172 Seiten. 11 Abb. UB 9409

»Stehlen ist oft seliger als nehmen«
Nietzsche zum Vergnügen

167 Seiten. 9 Abb. UB 18050

*»Habt ihr auch Schnupftücher
genug bei euch?«*
Shakespeare zum Vergnügen

167 Seiten. 17 Abb. UB 9779

»Mein Name ist Prinz Paradox«
Oscar Wilde zum Vergnügen

188 Seiten. 9 Abb. UB 18059

Philipp Reclam jun. Stuttgart